2014 年度陕西省社科基金后期资助项目（基金号：2014HQ10）

多元视角下中国建筑业转变经济发展方式研究

张静晓 著

中国建筑工业出版社

图书在版编目（CIP）数据

多元视角下中国建筑业转变经济发展方式研究/张
静晓著.—北京：中国建筑工业出版社，2018.1
ISBN 978-7-112-21298-9

Ⅰ.①多… Ⅱ.①张… Ⅲ.①建筑业-经济发展模式-
研究-中国 Ⅳ.①F426.9

中国版本图书馆CIP数据核字（2017）第243183号

本书以我国建筑业实际发展为背景，以陕西省建筑业为调研对象。通过对建筑业转变经济发展方式的区域视角、产能过剩视角、企业环境力视角、服务价值创新视角、国有建筑企业规制改革视角和建筑产业现代化政策激励视角的多维度分析，辅以行业领导型建筑业企业成功转型发展的案例说明，形成了关于建筑业转型发展方式增长点和动力机制的理论解释、定量分析和实践指南，对建筑业的转型发展及企业运行具有相当的理论价值和实践价值。

责任编辑：牛　松　李笑然
责任设计：谷有稷
责任校对：王　烨　李欣慰

多元视角下中国建筑业转变经济发展方式研究
张静晓　著
*
中国建筑工业出版社出版、发行（北京海淀三里河路9号）
各地新华书店、建筑书店经销
北京佳捷真科技发展有限公司制版
廊坊市海涛印刷有限公司印刷
*
开本：787×1092毫米　1/16　印张：9¾　字数：233千字
2018年1月第一版　2018年1月第一次印刷
定价：**30.00**元（含网络下载）
ISBN 978-7-112-21298-9
（31014）

前　言

　　改革开放 30 多年来，我国建筑业对国民经济的贡献以及取得的巨大成就举世瞩目，但是建筑业的发展仍然面临一些问题，诸如从业人员素质亟需提高、市场交易行为有待规范、产业结构不尽合理等。十八届三中全会《中共中央关于全面深化改革若干重大问题的决定》对产业发展提出了新的要求，强调使市场在资源配置中起决定性作用，加快完善现代市场体系、宏观调控体系、开放型经济体系，加快转变经济发展方式。作为国民经济的支柱产业，建筑业的发展站在一个新的历史起点上，面临着产业转型、增强产业控制力、经济力、影响力以及健全"现代建筑业服务市场"的机遇和挑战。中国建筑业如何清除市场壁垒，构建商品和要素自由流动、平等交换的现代市场体系，提高资源配置效率和公平性，实现产业成功转型，是政府、学术界和实业界众多专家学者关心的重要问题之一。

　　本书以我国建筑业实际发展为背景，以陕西省建筑业为调研对象，融合经济学、管理学、工程学、应用数学的知识和方法论，采用计量经济、系统仿真和问卷调研等方法，通过对建筑业转变经济发展方式的区域视角、产能过剩视角、企业环境力视角、服务价值创新视角、国有建筑企业规制改革视角和建筑产业现代化政策激励视角的多维度分析，辅以行业领导型建筑业企业成功转型发展的案例说明，并注重大型建筑业企业转型发展实际情况摸底调研，最终在宏观和微观层次上形成了关于建筑业转型发展方式增长点和动力机制的理论解释、定量分析和实践指南，对建筑业的转型发展及企业运行具有相当的理论价值和实践价值。主要在以下几个方面进行了探索性研究：

　　第一，比较系统地分析了建筑业转变经济发展方式的内涵。建筑业转型发展方式的内涵在于以解决发展什么、为谁发展、怎样发展的问题为核心的多目标生产资源配置与重组整合过程，产业结构调整和项目生产力效率与效益的提高是根本要求，应以"产业结构转型"、"经营模式转型"、"科技先导转型"、"人才强企转型"、"管理创新转型"五大转型为核心。

　　第二，首次比较系统地界定建筑业产能过剩概念、分析其结构基础并进行指标定量测度。研究发现我国建筑业产能过剩存在厂商盲目进入，不存在厂商过度进入，行业利润率对厂商进入的调控作用和建筑业固定资产新增投资的拉动作用都很显著，银行资本费用对建筑业固定资产新增投资具有抑制作用。并从区域市场、资本渠道、生产一体化和高端市场进入壁垒四个方面提出了化解建筑业产能过剩的对策。

　　第三，比较系统地对建筑业转型发展的三大环境力即经济力、文化力和行政力进行了逐个定量分析，为使建筑企业价值得以有效提升，需对三大环境力的协同创新进行研究，因此提出一种新的组合方法定量分析三大环境力的协同效率，通过选取陕西省 10 家建筑企业进行案例分析，结果证实环境力的内生互动发展可以有效促进企业的价值提升，实现价值赶超。

　　第四，理论分析了转型过程中建筑企业服务价值创新能力及随机性诱因诊断、建筑企业服务价值创新的市场结构随机性风险，研究结果显示在我国现有的建筑业管理体制下，可以对建筑企业服务价值创新的能力以及市场容纳能力进行预警性诊断，并且当前建筑业企业市场结构的运行给我国建筑企业服务价值创新带来的随机性风险较大，不利于建筑企业服务价值创新。

第五，对国企改革成长、预算软约束和项目财政分权三者进行了比较系统的文献分析和统计分析，提出预算软约束、项目财政分权对国企改革成长作用的四个逻辑假设，通过模型对假设进行验证，得出国企改革政策对国家预算软约束政策和项目财政分权政策具有较强的纠正作用，推动了国企市场工作能力的成长，并从产值角度和产业地位角度分析了预算软约束改革和项目财政分权与国企改革成长的关系。

第六，针对建筑产业现代化政策激励进行研究，提出了建筑产业现代化政策激励评价指标体系，构建了基于可持续视角的建筑产业现代化政策激励实施效果评价及提升框架，为建筑产业现代化政策激励的实施效果评价及进一步提升提供了理论依据，并选取陕西省建筑企业作为研究对象进行实证研究，针对建筑产业化的未来发展提出相关建议。

最后，本书总结了建筑业转型发展的适应性战略和动力机制。建筑业转型发展的适应性战略主要为：用先进技术改造传统建筑业，推进新型建筑工业化，大力发展绿色施工，推进建筑节能减排；调整优化产业结构，形成现代产业体系等。建筑业转型发展的动力机制为：与需求结合，有效拓展市场空间；与资本结合，提升产业活动平台；与先进管理手段结合，保障质量，创立品牌等。

本书共分为7章，第1~6章由长安大学经济与管理学院张静晓教授撰写，第七章由杭州大江东产业集聚区规划国土建设局黄成撰写。

本书是作者近十年研究建筑经济与管理的探索与前进，由于水平有限，对于建筑业转型发展方面的认识和研究仍然存在缺点甚至错误，敬请读者批评指正。

目　　录

1 中国建筑业转变经济发展方式内涵与途径

> 本章主要介绍建筑业经济发展方式的内涵、影响因素、存在的问题与类型分析，并且总结出建筑业转变经济发展方式的五大类型，简要分析其政策选择与发展路径。

1.1 建筑业经济发展方式的内涵

经济发展方式是指决定经济发展的各种因素的结合和作用以实现经济发展的方法和途径，涉及发展什么、为谁发展、主要是怎样发展的问题。资源配置，是指按照社会需求在各个经济地区、部门、单位中分配和利用经济资源，以生产各种产品和劳务。经济发展的过程也就是资源配置和利用的过程，因此经济发展方式实际上也就是资源配置的方式。广义的经济发展方式实际上包括经济体制，涉及经济管理体制或经济运行机制，即从市场与计划的角度而言的资源配置方式，既包括所有制、企业制度、分配方式等基本经济制度及其具体形式的作用，也包括发展目标的确定和实现目标的途径、生产要素使用的类型和方式、经济结构的调整和优化、对外经济技术联系、出口拉动或内需推动、进口替代与出口导向、积累（投资）与消费的关系、国内外收支的联系、速度与结构和效益的关系、发展与人口资源环境的关系、发展与增长的关系、短期发展与长期发展或可持续发展的关系、发展与就业的关系、发展与民生的关系、公平与效率的关系等方面的处理和确定的方法和途径。本项目所论述的经济发展方式既涉及宏观上的社会经济发展方式，也包括微观层面（企业）发展方式，主要是大型建筑业企业商业模式、规制改革、资产结构、业务蔓延与赢利情况。

由"转变经济增长方式"到"转变经济发展方式"经历了"九五"至"十二五"的重大转变。1995年制定"九五"计划时，中央第一次提出从根本上转变经济增长方式，至2000年，制定"十五"计划时再次提出"加快转变经济增长方式"，到党的十七大提出"加快转变经济发展方式"，党的十八大提出，加快经济发展方式转变作为"十二五"时期中国经济社会发展的主线。这里的"增长方式"是指社会物质增长过程中资本、资源、劳动等要素投入的效率，而"发展方式"不仅包括能源资源消耗的降低、经济效益的提高，也包括了经济结构的优化、生态环境的改善、物质福利的提高、发展成果的合理分配等，使生产力发展从主要依靠要素投入转向依靠科技创新、技术进步和劳动者素质提高，使高投入、高消耗、高污染、低科技含量、低附加值、低效益向低消耗、低污染、高科技含量、高附加值、高质量和高效益转变。

转变经济发展方式，不仅包括实现经济由粗放型增长转变为集约型增长，而且包括经济结构、质量、效益以及生态平衡和环境保护等多方面协同优化的转变。世界各国在工业

1

化进程的初期由于技术水平低，主要依靠资源投入来促进经济增长。当工业化进入到一定阶段、经济总量达到一定规模，明显受到资源、环境制约时，就必然要求转变经济增长方式。当前，我国建筑业发展已经面临规模扩张与资源、环境、技术、人才和体制等方面的矛盾与约束，面临产业工人缺乏、资本融合低效等发展问题，迫切需要转变经济发展方式。

建筑业经济发展方式的影响因素，从发展经济学角度来看，主要有以下几个方面：

第一，发展的条件。经济发展的条件是决定或影响发展方式的基本因素，主要是自然条件、资源禀赋、生产要素拥有及其变化情况、国际经济环境等，具体包括劳动力数量、质量、工资水平、资本及价格等。

第二，发展的阶段。社会经济发展所处的阶段是影响发展方式的重要因素。由于不同的发展阶段经济发展的条件不同，经济结构特别是产业结构的特征不一样，技术水平更是不同，因此不同阶段的发展方式必然具有不同的特点。比如：在工业化初期和中期，由于技术水平不高和以工业为主的产业结构特征，发展方式往往以粗放型、资源消耗型、环境污染型为主；在工业化后期，由于技术的进步、产业结构的优化和科学的管理，发展方式只有走向以集约型、高效型、资源节约型、环境友好型为主，才可能实现可持续发展。

第三，制度因素。经济制度和经济运行机制或管理体制是发展形势形成和演进的关键因素。制度直接制约人们的行为或决定人们的利益，进而影响人们的经济行为，从而制约发展方式的选择和转换。市场机制更能促进发展方式由粗放型、资源消耗型向集约型、资源节约型转变，逐步实现产业结构的优化升级，但是难以防止环境污染，无法保证实现可持续发展；合理的政府调控有利于防止污染、保护环境、促进资源节约和可持续发展，但是过度的或不合理的国家干预则可能造成增长粗放、结构畸形、比例失调、效益低下。

第四，发展的观念。发展的观念即发展的本质、目的、内涵、要求和方式的看法，也是影响发展方式确定和调整的重要因素。对发展本质和目的的看法直接决定发展目标和达到目标的途径或确定，关系到发展是追求速度、数量、规模还是结构、质量和效益，是以人为本还是为增长而增长；对发展的要求和方式的看法，则影响着发展是靠要素投入还是靠技术和管理，是过多消耗资源、牺牲环境还是节约资源、保护环境。

1.2 建筑业经济转型发展存在的问题与结构调整要点

一般地，经济发展转型主要有以下三种视角：

第一大转变主要是从需求结构的角度而言的。目前，我国需求结构中投资和出口需求过旺，而消费需求不足。从投资需求来看，1978～2005 年间，我国的年均投资率为 38.9%，2003 年以来一直维持在 40% 以上的高位上，目前世界各国的投资率一般都在 20% 左右。与投资率相比，我国的消费率则处于一个较低的水平，并呈现下降趋势。从 1978 年的 62.1% 下降为 2006 年的 50%，远远低于 79%～80% 的世界平均消费率，年均消费率为 57.4%，其中，年均居民消费率为 42.8%，2006 年居民消费率降到 36%，是历史上的最低点。投资与消费比例失衡，使得居民生活不能随着经济快速增长而同步提高，导致国内市场规模受限，生产能力相对过剩。消费率的持续下降，还对扩大内需造成严重制约，使得经济增长对出口的依赖程度不断提高，而过多地依赖出口带动经济增长具有极大的风险。因此，无论是着眼于改善民生，还是着眼于产业结构调整和国际收支平衡，都要坚持扩大消费需求，形成消费、投资、出口协调拉动的格局。

第二大转变是从产业结构的角度而言的。近些年来，我国第一、二、三产业都有了很大发展，但仍存在农业基础薄弱、工业素质不高、服务业发展滞后等问题。2002～2006年间，全国第二产业增加值占国内生产总值的比重由44.8%上升到48.7%；第三产业增加值占国内生产总值的比重只有40.1%，服务业从业人员占全部就业人口的比重只有32.2%，这不仅大大低于发达国家，也明显低于发展中国家的平均水平。从产业贡献率（产业增加值增量与国内生产总值增量之比）来看，2006年我国三大产业的贡献率分别为5.9%、55.5%、38.6%。从三大产业对国内生产总值增长的拉动作用来看，2003年以来，我国的GDP增长率都在10%以上，但第一产业的贡献率都在0.8个百分点以下，第二产业在5.3个百分点以上，第三产业在4个百分点左右。这就充分表明，我国第一和第三产业对经济增长的贡献率比较低，而第二产业的贡献率过高。要保持国民经济平稳健康发展，就必须把主要依靠第二产业拉动经济增长转变为三大产业共同拉动，巩固第一产业，做大第三产业，提升第二产业，发展现代产业体系。

第三大转变是从生产要素的角度而言的。生产要素是生产经营过程中不可缺少的因素或条件，主要包括劳动、管理、技术以及物质资源等。从推动我国经济增长的生产要素来看，长期以来主要依靠消耗大量的物质资源，具有较强的粗放型增长的特征。很多产业仍以粗放式经营为主，制约了我国经济的有效增长。各种资料表明，我国单位GDP所消耗的能源、水资源、矿产资源等要远远高于发达国家，大量消耗物质资源必然使现有的物质资源自身难以支撑庞大的经济规模和快速经济增长对资源的需求，而且带来更多的污染，破坏了环境。而科技不断进步、劳动者素质不断提高和管理不断创新等方面对经济增长率的贡献虽然有所提高但不明显。从总体上看，自主创新能力不足，科技成果转化水平不高，劳动生产率和经济效益与国际先进水平相比还有较大差距。不论是从国际科技竞争加剧的趋势看，还是从国内低成本竞争优势减弱的现实看，都到了必须更多地依靠科技进步、劳动者素质提高和管理创新带动经济发展的历史阶段。因此，要实现国民经济的持续健康发展，就必须转变发展方式，由主要依靠消耗物质资源向主要依靠科技进步、劳动者素质提高和管理创新转变。

从以上三种视角出发，我国建筑业长期以来经济发展方式粗放，明显存在以下四大问题：

第一个问题，长期以来，我国工业增长主要依靠增加物质资源消耗和劳动力低成本优势，高投入低产出，经济增长的能源、资源环境制约日益突出。我国建筑业经济增长整体上还存在"三个过度依赖"，即经济发展过度依赖能源和原材料消耗、过度依赖低成本生产要素投入、过度依赖企业规模扩大和产品产量扩张。目前，推动经济增长由主要依靠物质资源消耗向主要依靠科技进步、人力资源素质提高和管理创新转变，从资源依赖型、投资驱动型向创新驱动型为主转变，推动资源利用方式向绿色低碳转型。

第二个问题，较长时期以来，我国建筑业经济增长过度依赖加大投资和内部市场，固定资产投入高。

第三个问题，建筑业企业研发投入少，科技创新能力不强，生产性服务业的思想和意识还比较欠缺。

第四个问题，我国不少建筑业企业生产技术装备和工程项目管理技术手段利用率不高，导致项目生产力低效。

转变经济发展方式的根本要求是调整优化产业结构。要以产业结构的适应性调整和战略性调整作为加快转变经济发展方式的主要突破口，但是需要注意的是，转变经济发展方式和调整优化产业结构是个系统工程，两者是相辅相成的有机整体，坚持在发展中抓转变，促调整；在转变、调整中谋发展，实现发展与调整的动态互撑。实际上，产业结构的优化目标往往是多重的。在社会经济发展过程中，产业结构的调整往往会受到不同利益集团和不同条件的制衡。单一的产业结构优化目标很难同时满足不同利益集团和制约条件的要求。实现产业经济快速增长是产业发展的最重要的经济目标，它可以解决产业工人教育、失业和需求不足等问题，但是过快的单一的经济增长会与能源消耗和环境保护等这些目标相互冲突，解决产业结构调整的多目标问题，必须根据经济发展不同阶段的特点和条件，在不同目标之间进行权衡。产业结构调整应从三个层面进行，即政府、市场和企业。政府通过制定和实施产业结构政策或采用行政手段，影响产业经济系统的供给结构和需求结构，推进产业结构的合理化发展。在完善的市场经济条件下，市场可以发挥自发性调节的作用，价格和利润信号促使资源的跨产业或业务市场流动，从而实现资源优化调整。在微观层面上，企业是产业结构优化调整的主体，企业根据市场信息、政府的相关政策、宏观经济形势和自然环境的变化，调整他们在研发、采购、生产和销售等活动中的行为，以谋求企业三维价值空间的最大化。如果市场的信息和政府的政策是正确的，所有企业的自利性决策行为最终会促使产业结构合理性调整。

从产业结构调整的角度看，建筑业转变经济发展方式，主要包括以下三个要点：

第一，产业结构调整优化是一个动态过程，是产业结构逐步趋于合理、不断升级的过程，在区域经济发展的不同阶段，产业机构调整的目标和衡量标准是不同的。

第二，产业结构调整的原则是产业间协调发展和适度效率原则。

第三，产业结构调整的目标是资源配置最优化和宏观经济发展效益最大化。其主要对象包括供给结构的调整和需求结构的调整。供给结构包括产业投入要素的资本结构、投资结构、劳动力数量和质量的供给结构、技术供给结构、资源禀赋和资源供应结构，以及产出品的供给结构。供给结构调整主要是对产业生产过程中的这些投入和产出要素进行结构性调整。

需求结构包括在一定的收入水平所产生的政府需求、企业需求和市场需求分布在不同产业结构上的构成；它既包括对中间产品和最终产品的需求结构，也涉及对中间产品需求与最终产品需求之间的比例关系，以及投资与消费之间的比例关系。需求结构调整就是要求对这些要求要素进行结构性调整。

具体而言，建筑业转变经济发展方式的战略性调整必须围绕建立结构优化、布局合理、技术先进、清洁安全、产业链完善、吸纳就业能力强的现代生产性服务业产业体系，把大力推进产业经济结构调整作为加快转变建筑业发展方式的主要努力方向，坚持走中国特色新型工业化道路。主要通过以下途径：

第一，调整优化产业经济增长的动力结构。注重产业自身的良性发展，加快培育产品或服务的技术、品牌、质量、服务方面的竞争新优势。

第二，调整优化产业结构。主要是注重生产性服务业的拓展，加强与服务咨询业的融合发展与互动发展。

第三，调整优化产业组织结构。

第四，调整优化产业布局结构。

第五，调整优化产品结构。

1.3 建筑业转变经济发展方式的类型分析

建筑业转变经济发展方式的类型，主要有：

第一，按照经济增长要素投入不同，将经济增长方式划分为内涵式和外延式经济增长方式。

第二，从经营方式或经济增长效率的角度，将经济增长方式划分为粗放型和集约型经济增长方式。粗放型增长主要依靠大量资金投入、使用劳动力、原材料和能源等资源的消耗来支撑，其结果是高投入、高消耗、低质量、低效益。集约型增长则主要依靠提高活劳动和物化劳动利用率来增加产品的生产量，这种增长方式更注重生产要素效率的提高，其结果是低投入、低消耗、高质量、高效益。但这种方式太粗糙，不能区分所谓"粗放型"增长方式中各种要素投入的变动对经济增长的相对贡献；另外，这两个术语本身给人一个先入之见，那就是"集约型"增长方式比"粗放型"增长方式要好，或者说以全要素生产率的提高为主的增长方式优于以增加要素投入为主的增长方式。因此，有学者把"集约型"增长方式称之为"TFP增进型"（TFP即全要素生产率）增长方式，而把"粗放型"增长方式称之为"要素积累型"增长方式；根据经济增长中各要素贡献的相对大小，"要素积累型"增长方式又分为劳动密集型增长方式、资本密集型增长方式和土地密集型增长方式三大类。

虽然集约型必然是高效型，但粗放型不能完全等同于低效型或无效型。因为有无经济效益的关键在于产出是否大于投入，而增长的投入并不必然总是大于增加的产出，外延的扩大仍然是扩大，并不必然是无效的浪费，只要投入小于产出，就有效益，就不是浪费；只有投入大于产出，才是浪费，才是无效益负效益；生产要素投入增加到一定规模，就会产生规模效益，生产要素的效能可以得到更好的发挥，这就有了内涵上的扩大、集约的增长、效益的提高；如果增加的生产要素是效率更高的要素，如高效的新机械设备和掌握高新技术的劳动力，上新项目采用的是最新的先进技术，这种粗放经营中就含有集约因素，也能提高效益。

第三，按要素贡献度的不同，将经济增长方式划分为劳动密集型、资金密集型、技术密集型、知识密集型增长方式。一般而言，一个国家在发展初期主要靠劳动力实现经济增长，属于劳动密集型；随着经济的发展，进入工业化中期，经济增长主要靠资金拉动，属于资金密集型；到了工业化后期，经济增长主要靠技术和知识推动，属于技术知识密集型。但是，需要注意的是，把实现经济增长从粗放型向集约型的转变，仅仅理解为从劳动密集型向资本或技术密集型转变，进而把外延增长、粗放增长等同于劳动密集型，并倡导废弃劳动密集型，是增长方式选择的误区。

第四，按照经济增长动力的不同，将经济增长方式划分为投资拉动型与消费拉动型经济增长方式。投资拉动型经济增长是指经济增长主要依靠投资推动；消费拉动型经济增长则是指经济增长主要依靠消费需求拉动。经济理论表明，以投资为主推动的经济增长是不可持续的，消费拉动型经济增长方式是未来经济增长的方向。目前我国正处于典型的投资推动阶段。

第五，按照经济增长的体制不同，将经济增长方式划分为政府主导型与市场主导型经济增长方式。政府主导型经济增长是指一国经济的增长与这个国家政府行政力量的作用和变更息息相关，政府干预经济运行的手段比较直接，如在我国，经济增长周期与政府换届一直保持着明显的相关性。并且在政府的驱动下，近几年的固定资产投资常常大幅提高，这都是政府主导型经济增长的体现。市场主导型经济增长是指主要由市场力量推动和调节的经济增长，与一个国家或地区的政策变化并不具有很大的关联。目前，我国正在积极争取经济增长方式由政府主导型向市场主导型转变，以期促进经济的良好运行和健康增长。

第六，按照经济增长的质量或可持续性不同，将经济增长方式划分为发展型经济增长与欠发展型经济增长方式。发展型经济增长就是经济的可持续发展，抽象来讲，是指既能满足当前需要同时又不损害满足未来需要能力的发展；具体来讲，则是指具有以下七大特征的发展：消除贫困、经济增长、群体和谐、政府廉洁高效、生态环境宜人、国家经济安全、创新能力强。他是经济增长的和谐、理性和安全状态。而欠发展型经济增长则仅包括经济体中的数量的增长而不包括质量的提高，虽然经济总量有所增加，但是经济结构没有得到改善，社会福利状况趋坏，生态环境没有得到很好的治理和改善，社会公平公正遭到破坏，于是引起政治、社会、环境等的发展停滞不前，甚至出现政局不稳、社会动荡、环境恶化等危害国家政治经济安全的不利局面。

第七，按照经济发展过程和结果的特点或者追求的目标或重点的不同，把经济发展方式分为速度型与效益型或数量型与质量型。速度型（数量型）发展方式是指片面追求数量、产值和速度，表现为质量低、效益差和结构失衡等；而效益型（质量型）发展方式则注重经济增长质量和效益的提高，以及产业结构的协调等，包括经济效率的提高、结构优化以及运行状态良好等多方面的内容。

第八，从经济增长源泉（或动力）的角度，把经济发展方式分为投入驱动型和效率驱动型。这是西方经济学最普遍的分类方法。这种分类把影响经济增长的因素划分为两大类，即要素投入的增加和要素生产效率的提高。要素投入的增加是指劳动、资本和资源投入量的增加，要素生产率的提高是由知识进展、技术进步、规模经济、资源配置的改善等带来的。投入驱动型发展方式是指经济增长主要依靠生产要素（劳动、资本、资源）投入的增加；效率驱动型发展方式是指经济增长主要依靠生产效率的提高。

此外，还有按照经济增长的主导主体的不同，把经济增长方式划分为政府主导型和企业主导型；按照经济增长领域范围的不同，把经济增长方式划分为宏观经济增长方式和微观经济增长方式；按照对外经济联系的情况不同，把经济增长方式划分为内向型和外向型；等等。

1.4　建筑业经济发展的"五大转型"

当前是贯彻落实党和国家关于加快转变经济发展方式的攻坚时期，今后相当长一个时期，建筑业发展仍然面临着许多有利条件。首先是中央扩大内需、调整产业结构、保持经济平稳较快增长的基本政策取向必将保持投资的合理增长，将为建筑业提供持续发展的空间。其次是近年来我国陆续出台了西部大开发、振兴东北工业基地、京津冀都市圈、环渤海经济圈、武汉都市圈、皖江城市带、海西经济区、中原经济区等区域发展规划，且大多数规划已经上升为国家战略。这些发展规划的逐步实施已带来铁路、轨道交通、高速公路、电力、水利等大型基础设施，以及城市市政基础设施、保障性安居工程等新一轮城镇化投资热潮。面对如此好的发展机遇，我们必须紧紧围绕科学发展这一主题，抓住转变发展方式这条主线，牢固树立机遇意识、责任意识、质量意识、安全意识、服务意识、发展意识、竞争意识和创新意识。准确判断，把握形势，抢抓机遇，乘势而上，努力实现建筑企业快转型、好转型、树"品牌"、大发展。

1. 深化产权制度改革，实现产业结构转型

改革开放以来，我国建筑业先后经历了第一轮、第二轮承包经营制改革、扩大企业自主权改革直到企业改组改制改革，为建筑企业发展注入了巨大的活力。但是，目前仍然有相当一部分企业，产权制度改革不彻底、不到位，真正意义上的现代企业制度和法人治理结构还没有形成，企业融资能力尤其是到资本市场直接融资的能力不强，企业分配制度、用人机制和激励机制不完善，创新机制不健全。

面对新的形势，特别是"十二五"规划赋予建筑业的新任务，建筑企业必须继续深化改革，坚持走改制、改组、改造的发展道路，加强体制机制创新，转换经营机制，改革现行企业管理制度中与市场经济不相适应的东西，建立起规范化的现代企业制度，增强企业的内生动力和市场综合竞争力，全面推进和促进行业转变发展方式，实现持续发展。特别是一些建筑大省，也应通过新一轮的企业改制、兼并、重组等方式，构建母子公司体制，再造企业管理流程，优化股本结构，实现以资产经营带动生产经营，资本向产业链上游转移和建筑产品的生产者向自主拥有者转化，从而使企业上升到新的市场竞争层次和高度。打造区域建筑航母，实现建筑大省向建筑强省转变。

这里特别强调的是建筑企业在转型升级中要结合形势和市场变化不断调整产业结构。这就要紧跟全社会固定资产投资方向，围绕新的市场需求，与资本市场、建筑产品开发等有机结合，形成新的业务发展模式，提升产业层次，拉长产业链条。房屋建筑企业要积极与交通、电力、水利、邮电、通信等施工企业兼并整合，尽快形成涵盖诸多领域、具有各类施工能力的大建筑业格局。要向低碳发展的理念转变，聚焦绿色建筑和节能减排领域，培养环保、节能、核电等新的经济增长点。大力实施"走出去"战略，积极开拓境外市场，努力增加外埠和高端市场份额，扩大建筑业国际发展空间。

2. 坚持多元化发展，实现经营模式转型

目前我们大多数建筑企业都是以房建综合施工承包为主，同行之间的竞争趋于同质化。而且垫资、欠款严重，企业单靠传统的生产经营，可以说生存空间有限。一个有前瞻性战略思维的企业经营者，就必须掌握前沿经营管理模式，积极开辟新的渠道，努力将单一的以生产经营为主的经营方式，尽快调整为多元化经营发展和资本运营并重的方向上来。在经营方针上，要坚持"一业为主、多种经营"的一体化和多元化发展战略。有条件的企业要向非建筑领域渗透发展新兴产业，对具有优势和增长潜力的产品，沿其经营链条的纵向和横向拓展业务；再生产方式上，要大力推进工程总承包和建筑工业化生产，逐步实现建筑设计标准化、构配件生产工厂化、现场施工装配化。支持集设计、生产、施工于

一体化的工业化基地建设，依托总承包和工业化的杠杆优势，带动企业多元经营、工业化生产、集团化发展；在资本运作上，可效仿西方发达国家企业的发展道路，建立银企联盟，推进银行资本与产业资本的融合，以财团的金融资本支持总承包企业采取 BT、BOT 等模式冲刺和强占高端市场并向深度和广度发展；在产值增速上，要坚持适度规模经营，控制产能过剩、无限扩张导致的管理跨度失控，以规避市场风险和"三低一高"恶性蔓延，从而引导企业转型升级，业绩考核的重心进一步转向质量、效益指标。

这几年，不少企业在生产经营转型和适合规模经营方面都取得了很多好的成功经验，比如，中建、中铁、上海建工、南京大地等企业的经验就值得我们在全行业推广以加强学习和借鉴。同时，作为行业协会，也将通过多种渠道为企业做好宣传，积极与政府主管部门联系沟通，发挥桥梁纽带作用，为鼓励和支持企业与企业之间的相互合作、强占高端市场、领先前沿技术、提高企业融资能力、增强综合实力等方面，创造良好的外部环境。

3.加快企业技术进步，实现科技先导转型

当今世界，高新技术日新月异，纵观国际化的挑战，我国企业与发达国家企业的差距，归根结底还是科技水平和管理创新能力的差距。实现新时期企业转型升级，最根本的是依靠科技进步，最关键的是提高企业的自主创新能力。我们只有进一步加强企业技术创新力度，坚持重点跨越、示范引领、抢占先机，争取发展主动权，建筑企业才具有广阔的发展空间和远大前景。

一是要建立完善企业科技进步与创新体系。这包括领导组织构架建立、科研中心的创建、各项管理制度的完善，加强与高校科研机构合作政策的制定、科技创新课题的管理实施等；形成以企业为主体，市场为导向，科研院校积极参与，建设行政主管部门规划指导、分工协作、和谐共事的"产学研"相结合的技术创新体系。

二是要加大企业科技投入力度，主要包括经费投入不低于年度生产经营总额的 0.05%～1%，同时要制定优惠政策积极吸引优秀专业人才，重点是科技研究人才，从企业层面采取具体措施为科技人才提供良好的工作环境和办公设备条件。

三是要加快建筑信息化建设，注重统筹规划，以用为主，打造具有"生命力"的企业信息化网络操作应用系统平台，实现以项目生命周期、业务线前后、横向、纵向交叉"四通"为基础的管理流程，在企业层面实现多项目"横向到边"，在项目层面实现"纵向到底"，全面完成企业所有项目进度、质量、安全、成本、环保、节能等各项目标的完成。当前不少企业已经开始推广应用 BIM 建筑信息技术，形成了建筑施工模块管理。

四是要以工程项目为载体，深化工程项目管理内涵，积极推进创精品工程、绿色施工示范工程和新技术示范工程三大活动，以科技先导、标杆示范、高端引领加快科技创新新成果转化，促进产业链低端向产业链高端延伸。

五是要以开发工法与研发专利为突破口，走拥有企业自主知识产权与核心技术的科技创新之路，积极推进"十项新技术"和新材料、新工艺、新设备，特别是针对不同工程项目的技术难点和施工亮点进行工艺革新，提升建筑业企业科技含量。

4.注重人力资源开发，实现人才强企转型

人才对于提高建筑企业核心竞争力，确保企业可持续发展具有重要的战略意义。加强人力资源开发和人才培养是行业转变发展方式的素质支持，也是企业转型升级过程中内增长、创新驱动的迫切需求。从经济学的角度看，经济增长靠各种生产要素起作用，包括自然资源、资本资源、劳动资源、人力资源。第二次产业革命之后转入现代经济增长，主要靠的是人力资本。它与物质资本最大的不同是，不但不损耗而且还由于其技能和知识水平的更新和提高，可以产生"回报递增"。所以加强人才培养对企业转型升级、提高核心竞争力和综合效益具有决定性的作用。当前建筑业急需两种人才，一是复合型的高端管理人才，二是一线操作技能产业工人。为加快人才资源开发，推动城乡建设持续快速发展，前不久，国家和住建部分别出台了《国家中长期人才发展规划纲要（2010—2020年）》。企业要认真落实《国家中长期人才发展规划纲要》，采取有效措施，积极引进和培养高端人才，下气力做好劳务工人岗前培训和专业工种技能考核认定，是管理人才不断充实三大知识（专业知识、管理知识、社会知识），提高三个能力（沟通社交能力、组织协调能力、技能实践能力），同时要建立以岗位价值为基础的薪酬体系，建立利润分享、股权回馈等长期积累机制，要严格执行各种有利于人才身心健康的休假、体检、疗养制度，营造关爱人才、留住人才的良好气氛。

5.树立"品牌"发展战略，实现管理创新转型

人们常说管理为纲，纲举目张。这就告诉我们企业的一切经营活动都要通过管理来实现。企业管理水平的高低最终体现在企业在社会的影响力、诚信度和综合实力。其实质就是企业占领市场的核心竞争力。企业发展靠市场，市场开拓靠诚信，诚信提升靠管理，管理进步靠创新。市场需求是管理创新的牵动力，有效的机制是管理创新的新动力，科技进步是管理创新的驱动力，全员参与是管理创新的原动力。"品牌"战略是企业管理创新的核心力。

我们讲管理创新转型，就是要面向企业转型升级，坚持"以人为本"，牢固树立全员发展意识。管理创新是高层次的服务，要积极推动管理方式与企业和工程项目实际的紧密结合，从企业"品牌"发展战略的高度找准管理创新的主攻方向，加快信息化与建筑工业化的融合，务实地把先进企业和优秀项目管理创新成果转化为现实生产力，切实做到通过创新向管理要效益，使粗放管理转化为细化管理，常规管理转化为高端管理，传统管理转化为现代管理。这就要求我们必须建立以市场为需求、企业为主体、员工为核心、机制为动力、科技为支撑、完整有效的创新管理模式来引领企业跨越式发展与整体型升级。

加强和促进管理创新必须注重四个方面：管理理念创新、管理体制创新、管理制度创新、管理技术创新。管理理念创新是前提，没有理念创新，创新活动就失去了基础支撑；管理体制创新是条件，没有体制创新，建设工程领域条块分割，政出多门，行业垄断等阻碍建筑企业发展的弊端就不能从根本上解决；管理制度创新是基础，建立和完善现代企业制度是企业转型升级持续发展的根本保障；管理技术创新是关键，在知识经济和信息化时代，技术进步和管理创新，将成为企业未来生存发展和当前转型升级的灵魂。

1.5 建筑业经济发展方式转变的障碍因素简析

1.市场形势变化快，不确定因素增加

未来五年，企业发展的政策环境不确定性增加。国家财政货币政策转向稳健，银根收紧的变化客观上会使投资方资金趋紧，项目变化风险增加。房地产开发目前已成为相当一部分建筑企业重要的利润来源，国家房地产调控政策势必加大市场销售难度，降低企业的

收益预期。国际、国内重要资源价格普遍抬升，国内物价上升势头的持续推高了建筑工人、材料、设备价格，建造成本难以控制，给企业经营带来一定困难。各地政府土地收益下降也将使企业展开的城市综合开发的经营风险加大。从国际形势看，西方发达国家经济复苏道路艰难曲折，各国造成经济危机的深层次、长期累积原因短期内难以消除，西方国家经济形势的不稳定越来越对我国经济造成影响。我国传统的国际建筑市场——西亚、北非等地区政治动荡不断，市场环境趋于恶化，稳定发展的和平环境到来尚待时日。

2.产品需求结构改变，业主服务模式要求多样

未来五年，固定资产投资将更加集中于规模较大、结构复杂、技术含量高的大型基础设施建设，对于企业的承包能力，提出了更高的要求。城市及区域的综合开发建设、房屋建筑的保障房建设，要求企业能够有效控制成本和风险，才能取得多赢效果。业主在选择承包商时，也会有更多的服务模式种类，如开发建设一体化、BT、BOT、工程总承包等，传统建筑业必须应对新的需求结构，满足业主新的服务模式要求。

3.市场机制仍不健全，政策激励及严格监管仍被渴求

建筑市场主体行为不规范，各类市场违规问题大量存在，虚假招标投标、肢解发包、围标串标、转包、挂靠、违法分包以及拖欠工程款等问题依然突出，这种状况扼杀了企业发展壮大、增强真正竞争力的动力，造成"优不胜、劣难汰"，制约行业的健康发展。建筑市场法规制度不完善，现行法律法规对市场主体违法行为界定不清、定性不准、执法效力弱，缺乏有效的制约和处罚机制，不适应监管和执法的需要。

4.企业发展模式相对滞后

多年来，建筑业的发展很大程度上依赖于我国持续多年的积极财政政策和高速增长的固定资产投资规模。总体上，我国建筑业仍处在规模不断增长、经营管理粗放、效益效率较低的中低端状态，全行业持续地依靠外延扩大再生产运行。企业普遍存在承接任务逐年大比例增长、营业收入不断创出新高，但利润增长少及来自施工的利润比率不断降低的状态。产业在持续发展能力上仍存在较大欠缺。突出表现在：企业科技积累不足，科技研发投入较低，专有技术和专利技术拥有的数量少，转化效率低；企业人才、资本等关键要素普遍缺乏；企业的对外合作、要素组织能力、资本市场运作能力、投资建设一体化能力、工程总承包能力、重大工程技术管理能力存在明显不足。对于节能减排技术、工艺、材料重视程度有待提高，投入有待加大。

5.产业素质偏低

建筑业企业的现代化管理水平、科技创新能力、技术装备水平、建筑工业化程度、有创新的建筑设计、高端技术管理人员数量、操作人员业务素质与发达国家相比存在相当大的差距，部分领域建造方式传统落后，围绕发展目标的资源整合水平低，围绕最终建筑产品的不同生产环节组织融合度低，科技研发管理不足，整合应用能力不强。建筑产品质量不均衡、不稳定，重大质量安全事故时有发生。行业一线操作人员职业化水平低，技术素质不高，高资质企业实施施工能力弱化，中、小精、专企业得不到充分健康发展。企业社会责任意识有待加强，诚信安全的产业基本素质有待提高。

6.企业缺乏战略意识

对于建筑业来讲，充足的市场空间、良好的市场环境，是转变经济发展方式的必要条件。企业只有坚持不懈地关注国内外建设形势，研究建设产品需求结构、地域结构，发现

并主动迎合新的市场需求，抓住市场机遇，创新自己的业务内容和模式，才能拥有市场，实现企业、产业的长远发展。

7.政府对于建筑业未来发展方向引导力度较弱

任何产业的发展除了受"看不见的手"——市场的引导之外，还需要有"看得见的手"——政府的宏观调控为其保驾护航。税率、市场进入壁垒增长率、节能减排率、科技贡献率分别对建筑业的转型与发展具有明显影响，而政府调控对此"四率"又有显著影响，但是当下政府部门对此还缺乏引导。

第一，税率。税率对建筑业增加值的增长速率有一定影响，当它降低时，建筑业增加值会增长得相对慢一点，当它增长时，建筑业增加值会增长得相对快一点，但它并不会使建筑业增加值产生大的波动，所以税率不改变它的社会效益自稳定增长。

税率对建筑业净利润的增长速率没有影响，不过当它降低时，建筑业净利润相对原来会整体升高，而当它增加时，建筑业净利润相对原来会整体降低。所以说为了使建筑业产生更好的经济效益就应该降低建筑业的税率。

第二，市场进入壁垒增长率。市场进入壁垒增长率对建筑业增加值的增长速率有一定影响，当它降低时，建筑业增加值会增长得越快，当它增长时，建筑业增加值会增长得越慢，但它并不会使建筑业增加值产生大的波动，所以市场进入壁垒增长率不改变它的社会效益自稳定增长。市场进入壁垒增长率对建筑业净利润有很明显的影响，当它降低时，建筑业净利润会明显增长，当它增长时，建筑业净利润将在未来五年不断下滑，建筑业市场进入壁垒增长率，对他的经济效益有很大的影响。

第三，节能减排率。节能减排实施率对建筑业增加值的增长速率有一定影响，当它降低时，建筑业增加值会增长得越慢，当它增长时，建筑业增加值会增长得越快，但它并不会使建筑业增加值产生大的波动，所以节能减排率不改变它的社会效益自稳定增长。节能减排实施率降低，建筑业增加值会逐渐下滑，当节能减排实施率增长了，建筑业增加值会逐渐上升，所以说节能减排实施率会影响到建筑业的经济效益自稳定增长。

第四，科技贡献率。科技贡献率降低，建筑业增加值会逐渐下滑，当科技贡献率增长了，建筑业增加值会逐渐上升，所以说科技贡献会影响到建筑业的经济效益自稳定增长。

1.6 建筑业经济发展方式转变的政策选择

如何转换经济发展方式，根据以往不同视角的研究，可以大致归纳为以下几类：

（1）经济体制改革。现行经济体制是传统经济增长方式的根源之一，因此深化经济体制改革是实现增长方式转变的根本途径。实现经济体制改革可以从解决资源优化配置问题、建立有效的激励机制和约束机制、企业产权和生产要素产权制度改革、环境资源产权制度改革、市场体系和价格体制改革、财税体制改革、投资体制改革和行政管理体制改革等方面进行考虑，另外，也有学者提到了金融体制改革的问题。

（2）产业结构转换。产业结构的变化有助于经济增长从粗放型向集约型转变。尤其是，生产性服务业能够为市场交易提供基础设施并降低交易成本，而且有助于把技术进步引入生产过程，促进社会分工，也会影响技术创新的方向，因此，发展生产性服务业有助于促进经济增长方式的转换。

（3）技术进步。技术进步能从根本上引起产业结构的变化，从而有助于经济增长方式的转变。而要促进技术进步，可以加大科技投入，并建立以企业为主体的技术进步机制；或者进行体制改革，消除行政化、官本化、等级制度等积习以及建立现代市场体制，对技术进步能有进一步的促进作用。

（4）国有企业改革。转变经济增长方式的重要内容之一是形成有效的经济约束机制。当前经济约束机制不健全，主要表现为国有企业的约束机制不健全，因此形成有效的经济约束机制，核心是完善对国有企业的经济约束。尤其是当总量扩张阶段结束后，随着企业生产增长受阻，企业内部分配偏向于增加个人收入和缺少核算监督所引发的问题就突出出来。解决国有企业的问题，要摒弃以增强企业活力为中心的国有企业改革模式，将建立严格的国有财产经营管理制度与国有企业改组、改造结合起来。也可以从改革企业运行机制方面考虑该问题。

（5）政府职能转换。政府也是传统经济增长方式的根源之一，由于一些计划经济体制被保留下来，如各级政府对重要经济资源的配置权力，把GDP的增长作为各级政府政绩的标志，结果就有一种内在的力量推动经济增长向老路上走。政府的制度安排也造成了粗放型增长。因此转变经济增长方式的出路之一在于政府的转型，或者说转变经济增长方式关键在于政府职能转变。因此，进行政府自身改革，转换政府职能，限制政府权力，把财政政策目标从需求管理转向供给推动，这样更有利于提高经济效率、转变经济增长方式。

（6）其他方面。第一，经济发展战略重点和经济增长机制互相联系，而经济增长机制又是决定经济增长方式的主要因素，因此转变经济增长方式必须重新确定发展战略的重点，构造新的、与发展战略要求相一致的经济增长机制。第二，实现经济增长方式的转变，要摒弃传统观念、完善核算体系、调整经济结构、发展循环经济、推进科技进步、加快体制创新、强化企业管理、引导合理消费和提高国民素质等。第三，经济增长方式是由其要素价格体系决定的，消除要素价格体系的扭曲是实现经济增长方式转换的关键。这就要求我国加快市场化改革，使原材料价格、能源价格以及利率的决定都实现市场化，使其反映相应要素的稀缺性。在我国目前利率不能大幅度提高的前提下，可以通过提高原材料价格和能源价格以及征收资源、能源使用税来提高资本的使用成本，从而实现向最优经济增长方式的转换。第四，在转变经济增长方式过程中，还应有一系列的配套政策措施：一是要实行从紧的总量政策，约束总需求的过快扩张，制止总量扩张的增长倾向，促其转到追求结构升级方面来；二是要制定与工业结构升级要求相一致的进出口管理政策，既扶助国内装备工业体系和主要工业品国产化体系的建立，又能充分利用国际先进技术和设备，尽快用高水平的工业生产设备装备我国工业，形成自己的高水平设备制造能力；三是要建立严格的工商、税收管理，加强对企业的经营监督，按市场竞争的要求择优汰劣，使各种所有制企业都要经历严格的市场考验，推动技术更快进步；四是要制定与工业结构升级配套的产业政策和技术进步政策，确定科技攻关的重点，指导设备投资活动。第五，实现信息化、转变贸易增长方式和开发人力资源对于转换经济增长方式也具有重要意义。

【案例1】中建总公司的集团管控

近20年的国有建筑企业改革，在由中国特色的社会主义理论的指导下，取得了令人瞩目的成就。但是，国有建筑企业效益的连年滑坡和亏损面的逐步扩大是不争的事实。

中建总公司在新的国有资产管理体制框架下，近几年的改革发展取得了令人惊喜的进展，体质机制也发生了深刻的变化，并且积累了宝贵的经验。主要抓好了以下几个方面：

1. 加大企业组织结构调整力度

建立规范合理的工程建设总分包管理体系。按照社会化大生产和市场经济要求，建立"综合总包、专业分包、劳务分包"三大层次的工程建设总分包管理体系。综合总包类企业，即指在工程承发包市场上独立承包综合类工程的建筑业企业。专业类分包企业一般只能在分包市场上向总包单位分包工程任务（特殊工程除外）。劳务分包类企业既可向综合总包类企业分包任务，也可向专业分包类企业分包任务。

规范发展建筑企业集团。依法建立规范的集团体制，处理好母公司与子公司的关系。集团母公司要逐步增强科研开发功能、工程总承包功能、投资融资功能和跨国经营功能。集团内部的集团层次不宜过多，各子公司之间的经营范围应各有所侧重，以避免内部同业竞争。鼓励和支持建筑业企业集团发展，充分发挥企业集体技术优势互补的组合效应、专业分工协作的规模效应、资金集中运作的放大效应和整体效应。

2. 全面推进企业建立现代企业制度

完善企业法人治理结构。严格按《公司法》建立和完善企业管理体制和运行机制，依法建立决策机构、执行机构和监督机构，形成相互依托、相互制衡的法人治理结构。

企业依法行使法人财产权。出资人以投入企业的资本为限承担有限责任，并依附股权比例行使重大决策、人事任免和收益权，不得直接干预企业的生产经营活动。企业依法享有资产占有、使用、支配和处分权，建立健全企业的激励机制和约束机制。

逐步解除企业历史负债和社会包袱。要根据企业债务形成的不同原因，分别采取不同的政策和措施予以妥善处理。要避免不良债权债务带入改制后的企业中，企业办社会职能要结合当地条件和可能，逐步移交给地方社区服务组织统一办理，近期内可采取联办或托管方式逐步过渡，明确责任主体，保证企业轻装前进，参与市场公平竞争。

3. 继续推进建筑业企业项目管理体制改革

完善项目经理责任制。项目经理是企业法定代表人在工程项目上的代理人，受企业法定代表人的委托和授权，在授权范围、授权内容和授权期限内行使职权，不得越权。项目经理在授权范围内指挥本工程项目的生产经营活动，调整并管理进入工程项目的人力、资金、物资等生产要素，有权决定项目内部具体的分配方案和分配形式；设备购置、主要材料采购、资金回收与使用等权力应集中于企业。

建立和完善项目成本核算制度。推行项目管理要坚持："企业是利润中心，项目是成本中心"的原则，正确处理企业与项目的经济利益关系。企业应当坚持每个项目单独核算，落实责任会计，加强成本管理。项目实施建立健全原始记录和费用台账。企业一般应以项目成本作为项目经理经济责任的重要考核依据，项目完工后，应通过审计确认的项目经济责任目标实现情况，认真落实奖罚。

按照优化和动态的原则组建项目管理班子。项目管理班子的人员配备应本着"精干高效、结构合理"的原则，根据工程项目的规模、结构、工艺和技术复杂程度及管理工作量的大小来确定；人员来源于企业各职能部门，由项目经理提名，企业审批。项目班子成员在接受项目经理领导的同时还应接受企业职能部门的指导、检查、监督和考核。项目经理部人员尤其是项目经理从工程开工到竣工施工全过程，一般不应随便调换。

4.进一步加强企业领导班子建设，要配备好一把手

加强企业领导班子建设。加强企业领导班子考核和评价，健全民主生活制度，开展批评和自我批评，加强民主监督，坚持职代会评议企业领导干部制度；对因经营管理不善而严重亏损的企业一把手，一年黄牌警告，两年予以撤换；切实加强和完善企业领导制度，将那些事业心强、责任感重、懂经营、善管理、通技术、精业务的优秀人才充实到各级领导岗位。

抓好企业领导班子成员培训。不断增长其法律、经贸、外语、财会、科技、信息和现代营销等知识，逐步提高经营素质和管理水平。努力造就一支职业化、社会化和市场化建筑企业家队伍。

5.推进建筑企业技术进步，提高企业整体素质

支持企业进行技术改造。要通过政策引导和经济支持，鼓励企业推广应用新技术、新工艺、新材料、新设备，提高工程建设的科技含量。支持企业特别是大型国有企业和企业集团建立技术开发中心，加大科技投入，提高技术装备水平。

加强企业的人员培训。支持大企业和企业集团设立培训中心。重点培训企业经营管理人员、项目经理和关键岗位操作工人，并将培训、考核与上岗、晋升挂钩。切实加强企业管理。重点是建立健全企业内部规章制度和完善基础管理工作。

从改革与发展的关系来看，国有建筑企业的战略性重组将成为未来经济改革的重中之重。以国有企业的战略性重组为核心，必将引起其他配套机制的改革和跟进，其中包括政资关系、政企关系、政社关系、政府框架、企业管理、劳动就业制度、社会保障制度、财税制度、会计制度，以及民商法规等各方面的变革，这些制度的变革，主要是围绕国有企业的战略重组来开展的，但是从深层次上看，这些制度变化恰恰是整个社会主义市场经济体制的建立和完善的重要组成部分。从现在的经济发展势态来看，国有大中型建筑企业要以改革为动力，加强企业改组、技术改造和企业内部管理，综合运用各种手段，解决企业历史包袱问题，采用各种措施增资减债，改善企业负债结构，使企业轻装进入市场，参与竞争，增强活力，大大提高产业的整体素质和企业效益。优质、高效、快速地完成工程建设任务，向社会提供质量优良、功能完善、价格合理的建筑产品。

1.7 建筑业转变经济发展方式的路径分析

1.调整产业结构，促进产业转型

建筑业产业结构，反映着建筑业各类资源的配置结构与方式，以及各类生产能力的构成结构及其相互关系。建筑业产业结构影响着建筑业企业的市场行为，深入分析建筑业产业结构，有助于正确把握建筑业过度竞争的结构性因素，为合理制定建筑业发展的产业政策提供方向。在经济全球化背景下，建筑业在快速发展的过程中已经日益暴露出在结构上失调的状况，成为建筑业发展的一大难题，严重制约了建筑业整体素质的提高，影响了建筑业未来的持续发展。其主要表现为：一是所有制结构不合理，二是产业组织结构不合理，三是市场布局结构不合理，四是人才结构不合理，五是技术结构不合理。

为满足国民经济和社会的发展需求，适应经济全球化带来的系列变革，建筑业的所有

制结构和组织结构等都急需调整，只有这样才能使产业结构不断合理化和高级化，进而促进经济持续增长。

2. 与需求结合，有效拓展市场空间

对于建筑业来讲，充足的市场空间、良好的市场环境，是转变经济发展方式的必要前提。企业只有坚持不懈地关注国内外建设形势，研究建设产品需求结构、地域结构，发现并主动迎合新的市场需求，抓住市场机遇，创新自己的业务内容和模式，才能拥有市场，任务充足。总结建筑企业市场拓展经验，可知其途径主要有如下六方面：前瞻性拓展、综合性拓展、跨地域拓展、跨领域拓展、创新性拓展、品牌拓展。

3. 进行建设环节整合，提高建设项目投入产出效益

继续克服传统技术体制在建设工程建造全过程的环节分割，克服由此造成的资源浪费和低效率，逐步尝试在适合的工程建设项目上，围绕最终产品，以成本、工期、品质为核心，组成更加综合的项目管理机构或专业咨询服务班子，采用设计、施工、采购、运营环节一体化的建设组织方式，加强不同环节的协调互动，实现不同环节的相互参与、深度融合、协同推进、整体优化。在推进的过程中，应当避免只是将不同环节纳入一个行政机构，环节之间没有实质性优化整合行动的行政性一体化。

4. 与先进技术结合，推进建筑工业化

长期以来，建筑业的劳动生产率提高速度慢，与其他行业和国外同行业相比，大多数企业施工技术比较落后，科技含量低，施工效率差，劳动强度大，工程质量和安全事故居高不下，工程质量通病屡见不鲜，建设成本不断增大。

促进建筑业与先进的材料技术、制造技术、信息技术、节能技术的结合，将现代先进技术成果在建筑产品中整合运用并创新，使建筑业承载更多的技术含量，改善技术落后的面貌，增强产业竞争力，是一个大有潜力和前景的领域，也是未来建筑业竞争力的根本所在。有研发能力的企业专项技术研发基地也可以依据本企业的核心竞争力，独立或与外部机构、单位联合建立专门的技术研究机构或试验室，成为能够代表国家或地方某工程领域专业技术水平的领头企业，成为专项技术研发基地；中小建筑业企业也要重视专门技术、设备工具、管理手段的研发运用，成为依托专项技术的经营载体，向着小而精、小而专、小而强的方向发展；各类企业都应当积极参与工程建设技术标准、工法的研究制定和应用，不断提高建设工程产品和建造过程的技术含量；在当前时期，企业应当高度关注相关的绿色建筑设计、施工技术、节能减排技术和装备、工业化建造、精致建造技术、节能和绿色建筑新材料技术、建筑垃圾处理技术和装备等，积极采用相关新技术、新材料，主动承担建设资源节约型社会和环境友好型社会的责任，提高建造过程的工业化制造和装配水平，增加绿色建筑比重，促进建筑产品品质的提高。而以构件预制化生产、装配式施工为生产方式，以设计标准化、构件部品化、施工机械化、管理信息化为特征，且能够整合设计、生产、施工等整个产业链，实现建筑产品节能、环保、全生命周期价值最大化的可持续发展的建筑工业化则是我国建筑业发展的必由之路。

总结近几年研究和推广应用建筑工业化的实践，由实践可知：第一，从微观层面看，建筑工业化是我国建筑业企业转型升级的应有之义。当前，所有建筑业企业都把转型升级作为改革发展的主线。转型升级是一个大的系统工程，包括创新企业体制机制和经营方式、管理方式、施工方式等，而建筑工业化则是施工方式的根本性创新变革。转型升级的

本质要求是由数量型向质量型、速度型向效益型、劳动密集型向科技密集型、粗放型向集约型转变，而建筑工业化能大幅减少用工、缩短工期、降低劳动强度、节能降耗、提高综合效益，完全体现了转型升级的本质要求。第二，从宏观层面讲，建筑工业化是中国建筑业发展的必由之路。参照国际上建筑业的发展过程，当国内生产总值达到人均 1000～3000 美元后，开发新型的预制混凝土结构体系、实现工厂化生产，就成为克服传统建筑生产方式缺陷、促进建筑业又好又快发展的主要途径。目前，建筑工业化结构体系在国外建筑领域的应用已相当成熟，尤其在发达国家，建筑市场占有率高达 70% 以上。世界建筑业发展的大趋势大潮流告诉我们：中国已到了加快推进建筑工业化的重要历史时期，时不我待，刻不容缓。必须通过建筑工业化，彻底告别高能耗、高污染、低效率、低效益的传统建筑业。

5. 调整优化管理方式，提高企业管理效率

第一，以信息化为依托的精细化管理

工程建筑是典型的资金密集型行业，每个运行的项目都沉淀着大量的资金，由于项目在地域分布上较为分散，因此资金管控难度很大，不仅资金使用效率低，而且资金风险也很大。为了能够适应当下建筑业的发展与产业转型，企业就必须依托先进技术优化、创新管理方式，使企业能够在动态地管理工程项目建设，动态分析每个项目的成本和盈利的基础上及时地进行决策。

面对经济转型的大考验，国务院发展研究中心研究员吴敬琏先生曾指出，中国企业一定要意识到自己的角色转变，一定要主动参与世界范围内的竞争，在压力、动力和能力的推动下进行主动创新，提高自身的核心竞争力和全球竞争力，以效率的提高推动经济增长方式的转变，这才是中国企业以后要走的道路。

这就意味着在原料、资源、物流等众多成本骤增的高压之下，企业要得到持续的发展，就必须要开源节流，修炼"内功"，建立高效的管理体系，实现管理升级与管理创新。创新力是企业的核心竞争能力，特别是在互联网经济环境下，新的商业模式、新兴技术手段等层出不穷，企业要把握住发展机遇，唯有关注创新。那么，企业如何主动创新呢？我们认为创新不是结果，而是一个过程。创新是可以检查的，在管理实务中设定相应的实践方法、解决问题的方法评估、体制及政策的调整，而如果能够找到最佳的管理手段和解决办法，这些就是创新。

与此同时，还需要量化管理，使管理可视化。在高成本的经营背景下，实现精细化管理，不仅仅是简单的压缩管理压力，而是围绕企业的执行计划体系构建一整套流程和制度，以及相应的员工能力标准、培养体系，保证所有目标要责任到人，所有过程和结果是可量化的，并且可以随时检查，进而提升执行力。以典型的企业协同应用场景业务流程来说，这些看似无形而有力的东西往往隐含在组织和团队执行企业战略的日常行为习惯中。这也是越来越多的企业选择通过信息化系统将企业习惯、员工习惯通过流程等工具来加以规范和引导，比如协同软件的作用就是让这些看似无形的管理价值观——行为管理、过程监控、结果导向等诉求也能通过协同管理软件的使用被看到和感知，亦称为"可视力"，即企业管理有形化，增加管理透明度，让管理看得见。

第二，企业灵魂——企业文化

伴随着知识经济时代的悄然来临，世界多极化和经济全球化趋势日渐强劲。这种变化

趋势不仅深刻地改变着整个社会的发展进程，而且将会引发一场重大的管理革命，从而使未来的企业竞争变得更加激烈。企业文化作为现代企业的管理理论和管理方法，越来越受到国内外学术界的高度重视。从世界经济和企业的发展来看，知识经济和企业文化已呈现出明显的互动性，企业管理和企业文化的不断发展、不断创新不仅推动了企业的发展，而且也推动了时代和社会的进步。

在确立市场经济体制的重要时期，就必须加强对"文化力"的研究。经济与文化的一体化发展是现代市场经济走向的一个重要趋势，社会主义市场经济体制的确立和市场经济模式以及框架的构筑，是依赖于文化的推动和支撑的。加强在市场经济发展中"文化力"的研究，有利于突破经济与文化脱节的传统思维模式，从经济和文化综合协调发展的新视角来剖析市场发展规律，重新认识发展的手段和目标，构造市场经济的新体制和新的发展模式。

第三，完善工人队伍建设和管理，培育高素质劳务队伍

建筑业是支撑国家经济发展的支柱性产业，同时又是一个劳动密集型产业。在这样一个产业中，产业队伍，产业工人的素质、地位以及归属问题长期以来未得到有效的解决，这直接影响到了建筑行业的健康发展。面对此日益严重之趋势，政府部门与企业应当高度重视，积极应对。一是加强与劳务分包企业、劳务输出地、分包协作方的合作共建关系，稳定劳务供应；二是尽力落实一线工人与企业人才的各项社会保障及应有的福利待遇，为其职业发展提供良好的条件；三是努力改善一线施工作业条件和环境，提高安全保障水平，改善食宿条件，提高施工自动化、机械化、工业化、信息化水平，丰富企业职工的业务文化生活，增强其归属感；四是要特别重视本企业年轻的作业技术骨干的培养，保证企业自身拥有一支作业技能水平高、基本素质好的骨干工人队伍，为企业的长远发展做好人才储备；五是发挥行业协会、专业院校和大企业的作用，加强对工人队伍的培训；六是强化对劳务企业的政策扶持，提高企业的运营效益。

6.整合资源，提升企业竞争力

随着经济全球化和市场竞争的日益加剧，企业仅靠内部资源的重组优化已远远不够，建筑业国际巨头的发展经验与市场需求为我建筑业指明了前进的方向——把目光投向企业外部资源，即整个供应链环节；同时，实现资本集中。

第一，并购重组，积极做大做强。

建筑业与国家社会经济的整体发展相同步。自改革开放以来，建筑业成为我国经济发展的领军产业之一。改革开放初期的深圳速度以及持续不断的基础设施建设均为我国经济发展做出了应有的贡献。

2008年金融危机使我国建筑业也受到沉重打击的同时亦为建筑业战略结构调整带来了契机。若想在激烈的市场竞争环境中实现可持续发展，建筑企业优胜劣汰进程必须加快。通过分化改组和联合兼并，使资产重组，资本向少数大企业集中，企业集团化将得到新推进和发展，同时也会促进大公司走向海外，开拓国际工程承包市场（中东石油输出国、拉美和东亚），并能够带动我国成套设备、技术和资本输出的增长。中小建筑企业在大公司挤压的夹缝中、在细分市场中寻找生存定位和发展空间，或被大公司"择优录取"，成为中间产品和服务的提供者、分包商和施工队；或培育发展企业核心能力，以"精、专、特"适应建筑市场特别是房建市场多元化和个性化需求；否则就被淘汰出局。

第二，战略合作，实现优势互补。

对于大多数建筑业企业尤其是中小型企业来说，由于市场激烈的竞争，企业的专业化或者一体化经营都越来越艰难。不仅如此，由于中小型建筑企业在争夺、保留人才的天生劣势，人力资本匮乏，企业将自身定位于建筑服务这种知识、技术服务的供给者难度日益增加，其竞争能力也日趋衰微。以上问题产生的一个后果是，企业"自力更生"式的发展越来越难（当然，不是说自力更生不好）。因此，中小型建筑企业有必要联合起来共谋发展，毕竟企业间开展深层次、多形式、全方位的合作，可实现优势互补、合作共赢。

一般来说企业选择战略合作可实现以下目标：

（1）提高创新开发能力

创新开发新技术是提高企业竞争能力的重要因素，但是新技术开发的费用不断增长，对于单独的企业来说是一项沉重的负担，如果以企业联盟的方式共同参与看法，则可以共同分担。不仅如此，单个建筑企业往往缺乏进行高端新技术研发的技术能力，而建筑技术很难成为一种长期垄断的技术，企业想要完全依靠自身能力开发创新并掌握核心竞争力的时代恐怕已经一去不复返，因此，行业间企业的联盟合作可以得到更好的创新，也可以获得互补技术。

（2）增强企业竞争力

一般意义上，建筑企业竞争的方式是采取一切手段占有更多的市场需求，在区域内打败对手、甚至是击垮对手。也就是说，建筑企业的成功是以其他对手的削弱为基础。不过，在经济高速发展的时期，由于建设需求的大幅扩张和建筑企业竞争激化的共同作用，一般意义上的竞争方式发生了一些变化，"你死我活"的局面不复存在，而（竞争）企业间的合作成为趋势，保证了企业的生存与成长。由于各类建筑企业普遍实力不强，但是各自有各自的优势，优势结合可以形成更大的优势，使企业竞争力增强。

（3）减少过度竞争

建筑业最大的问题之一就是竞争过于激烈，导致利润率不高。由于建筑业进入壁垒较低，随着建筑需求的扩张，竞争越来越激烈，市场呈混乱的状态，显然这种状况对业主十分有利，而建筑企业只能忍气吞声。另外，在某些高端市场，唯有某些大企业有实力和竞争力，也会造成这种零星市场竞争的两败俱伤。企业间通过联盟，可以加强合作，使市场竞争激烈程度降低，维护市场的合理秩序。

（4）资源共享促发展

资源是有限的，也是分布不均的，建筑企业尤为如此。但是，通过企业联盟，无论建筑企业拥有何种优势或者某种不足，都可以通过联盟起到优势互补、劣势弥补的效果，减少了企业发展的坎坷程度，避免了某些不必要的成本花销。当企业在价值内部增值受到阻碍的情况下，企业联盟可以以较少的投入，有效改善企业所处的不利状况，各联盟成员也会降低各自承担的成本并提高企业效益。譬如说，开发的建筑产品，是 A 的施工，B 的勘察、设计，C 的可行性研究，D 的规划，而 A、B、C、D 属于一个联盟。

（5）市场开拓

开拓市场是企业在市场上生存的唯一法宝，尤其是企业传统领域以外的市场。随着经济行政壁垒的不断打破，建筑企业可以向其他区域渗透，而建立企业联盟是很好的市场开拓的办法。每个企业都具有不同的优势，譬如，具有产品优势和营销优势的两个企业的联合，可以在两个企业所在区域分别共享对方的优势（前提是两者客户对象不冲突），可以节省销售网络建设的成本与产品开发成本，增加双方的经济效益。

7.稳固传统市场，加快"走出去"步伐

虽然转型是产业升级必经之路，但不是一蹴而就的，相反它需要经历一个转变过程，为了能够实现健康转变，必须保证传统市场能够为其提供良好的转变基础，辅之以技术、管理创新、优化等方可实现彻底转变。由此可知，加快"走出去"步伐，并不代表失去传统市场，相反，应该强化对传统市场的控制力度，以确保转型成功。而就我国经济发展大环境而言，国内市场或企业传统市场之效用尤为明显。

十二五时期，对国内宏观经济和建筑业来讲是更高层次、更高水平和更大规模发展的时期，而从世界经济形势来看是后危机时期，准确把握建筑市场的发展变化，寻找新的经济增长点是当前和今后相当长一段时期行业发展的紧迫任务。在北京奥运、上海世博和广州亚运这些大型的热点建设项目后，我国建筑市场将由点向面展开：各类级别的开发区（经济区）增加或扩大；城镇建设量加大；高铁路网建设密集；地铁市政建设持续升温。

同时，国际化固然为市场发展趋势，但是我国建筑业整体发展状况依旧与发达国家有较为明显的差距，为了实现建筑业国际化，我们依旧需要以国内项目为基础来提供一个健康的企业发展环境，以促使我国建筑业逐步实现国际化目标。

【案例 2】南京大地建设集团有限责任公司的工业化实践

1.南京审计学院国际学术交流中心

南京审计学院国际学术交流中心，位于南京市北圩路，框架结构，地下 1 层，地上 6 层，建筑面积 13360m²，柱网尺寸 8m×8m，楼板结构厚 100mm（其中预制板厚 50mm，后浇层厚 50mm）。采用预制柱、预制预应力混凝土叠合梁、叠合板的全装配框架结构形式，主体工程造价比现浇框架结构降低了 10%左右。

2.南京金盛国际家居广场

南京金盛国际家居广场位于大桥北路，建筑面积 16 万 m²，3 层框架结构。由于该工程工期紧，普通现浇结构无法在指定工期内完成，故采用世构体系安装技术。采用现浇柱、预制预应力混凝土叠合梁、叠合板的半装配框架结构形式，柱网尺寸为 8m×8.5m、8m×7.8m，梁高为 550mm、600mm；楼板结构厚 100mm（其中预制板厚 50mm，后浇层厚 50mm）。该工程划分为三个大区，公司组织两个项目经理部共同施工，工程主体结构仅用 92d 即全部完工，体现了世构体系的优越性。施工中，板底支撑跨度为 2m，节约 70%的模板、钢管等周转材料，主体工程造价比现浇框架结构降低了 10%左右，为建设单位取得了良好的经济效益，赢得了社会效应。

3.红太阳家居广场迈皋桥店

红太阳家居广场迈皋桥店，位于南京市栖霞区万寿村，框架结构，地下 1 层，地上 4 层，建筑面积 10 万 m²，柱网尺寸 9m×8.4m、9m×9m，楼板结构厚 120mm（其中预制板厚 60mm，后浇层厚 60mm，采用现浇柱、预制预应力混凝土叠合梁、叠合板的半装配框架结构形式）。

该工程工期紧，基础、结构主体计划施工工期仅仅 90d，普通现浇结构根本无法完成。

把该工程划分为两个大区，每个大区分为三个小区，由两个项目部同时施工，近 2 万 m² 的地下室，项目部仅用 30d 完成了施工，近 8 万 m² 的主体工程仅用 56d 即全部完工。施工中，板底支撑跨度为 2m，节约 70% 的模板和周转材料，主体工程造价比现浇框架结构降低了 13% 左右，赢得了建设单位的赞誉，进一步提高了世构体系的社会效应。

【案例 3】 首都建筑业大规模开展农民工培训，为农民工办实事好事

农民工是 20 世纪 90 年代以后在中国社会出现的一个浩大的新型社会群体，他们的户籍在农村，但已从农民中分离出来，不再从事农业生产，较大程度地融入了城市社会。这部分脱离了土地的农民工大军，一方面为城市的发展建设做出了贡献，另一方面用务工经济促进了当地经济的发展，在中国改革开放加快发展的进程中，农民工为中国社会的发展、改革和稳定做出了重大贡献。

1. 提高农民工素质，打造新型工人阶级队伍，任务繁重、势在必行

目前，全国已经有 1.1 亿农民工进城务工，并已成为劳动密集行业的主力军。农民工在我国煤炭采掘业占到 90%，在建筑业占到 80%，在纺织业占到 70%，在服务业占到 60%，农民工已经成为新时期的工人阶级主体。然而，由于普遍存在文化素质低、技能水平差的问题，加之教育培训工作滞后等原因，农民工在政治觉悟、文化理念、专业技能、组织纪律性等各方面距离现代化的工人和将融入城市的居民有相当大的差距。

建筑业农民工素质低下的问题尤为突出。据调查资料显示，目前在建筑业就业的农民工，90% 以上文化程度在初中及初中以下，其中初中毕业的大体占到 70%，小学及以下占到 20%，90% 以上就业前没有接受过规范的职业技能培训、无岗位技能证书，在政治觉悟、文化理念、专业技能、组织纪律性等各方面距离现代化的工人和将融入城市的居民有相当大的差距，很难适应目前建筑业发展的需要。如何提高我国农民工群体的素质，管理好这支队伍，加强进城务工农民工培训教育，建设新型工人阶级大军，使他们成为现代化建设中一支强大的生力军和文明之师，是从中央到地方政府都非常重视的一项重要工作。

2. 政府花钱培训，农民工技能取证，实事得民心

党中央、国务院和北京市委市政府对农民工问题高度重视，2006 年国务院 5 号文件指出："解决好农民问题直接关系维护社会公平正义，保持社会稳定，要站在建设中国特色社会主义事业全局和战略的高度，充分认识解决好农民工问题的重要性、紧迫性、和长期性"。

北京作为首都，吸引了全国各地的农民前来务工，加上大规模奥运建设和城市基础设施建设，全市建设行业的农民工已有近百万人，是首都建设的主力军。随着建设行业的迅速发展，新材料、新技术的大量应用，设计和施工水平的提高，建筑行业对农民素质的要求也在逐步提高。加强对农民工队伍的培训，发挥广大农民工的积极性、创造性，鼓励更多的农民工钻研技能、自主成才，是打造具有高素质、高技能和较高管理水平新型建筑主力军的重大历史使命。为此，北京市积极实施农民工培训工程，其中，政府掏钱，农民工拿证的"外来农民工职业技能培训工作"效果尤为显著。

北京市自 2006 年以来投入巨资，2007 年市政府又投资 7 千万元，大规模开展"外来农民工职业技能培训工作"，结合实施第二期"三年百万"职业技能培训计划，将外来农

民工职业技能培训纳入全市总体培训规划，建筑业、奥运窗口行业、现代制造业、服务业等北京支柱产业中的外来农民工，均可以得到免费的职业技能培训。那些承担培训的教学机构可获得财政补贴，最高可达每培训一人补贴600元。

北京市要求，各区县局、总（集团）公司及各用人单位要将提高农民工就业素质问题纳入本地区、本部门、本单位的发展规划，制定培训工作目标，明确职责和任务，定期进行督促检查，确保农民工技能培训工作落到实处。各用人单位应当组织外来农民工到定点的培训机构参加培训，提高他们的就业素质，保障他们的合法权益，并为农民工参加技能培训提供时间、培训资金等方面的支持，为农民工参加培训出具所需的各项申请材料。

被招用后稳定就业超过6个月的外来农民工个人，经用人单位同意，可以持单位推荐信和劳动合同，到定点培训机构报名参加技能培训。用人单位组织或农民工个人到定点培训机构参加《中华人民共和国职业分类大典》中尚未规定职业标准的职业（工种）培训，培训时间超过120学时、取得《北京市职业技能培训结业证书》的，可以享受每人400～600元的一次性职业培训补贴。培训机构负责为各类企业分别制订有针对性的培训计划。职业道德、安全生产、消防常识、卫生防疫、劳动法等知识，都列入培训课程，以全面提高农民工能力。

同时，北京市还创建了农民工业余学校，加强对农民工的组织管理和教育培训，将农民工培训纳入城市终身教育体系并提上工作日程。截至2007年5月底，全市已设立农民工夜校3497所，覆盖全部施工现场，奥运工程已建立190多所农民工夜校，实现农民工100％入场培训。据了解，2007年北京市将对10万名农民工进行以提高技能水平为主的职业技能培训，培训合格的农民工将取得国家初级、中级和高级技工职业技能证书。市政府的举措，受到百万建筑业管理者和农民工的高度支持和赞扬。

3. 将安全培训纳入职业技能培训，充分体现"以人为本、关爱生命、安全发展"理念

农民工培训，职业技能是一方面，安全生产更是不可忽视的重要组成部分。从前几年全国和北京市发生的建筑质量安全事故来看，多数是由于农民工技术水平不高和安全处置不当造成的。据新华社统计：全国每年因工伤致残人员近70万，农民工占大多数。近年来，结合国家的农民工培训工程，加强农民工安全生产教育，减少事故发生比例，体现出政府树立"以人为本，关爱生命，安全发展"理念，抓安全教育，是防范事故的治本之策。

2017年6月，北京市安全生产监督管理局等7部门下发了《关于加强农民工安全生产培训工作的实施意见》。意见表示，农民工必须先培训、后上岗，且每年必须接受安全生产再培训。建筑行业单位的农民工首次上岗前的培训时间不得少于32学时，每年接受再培训时间不得少于20学时。意见还要求教育部门要把安全生产知识纳入到职业教育中，在职业教育专业课教学和实训教学中，强化安全生产的意识和内容，在本市各级、各类学校积极开展以安全生产知识为内容的教育活动。培训内容包括安全生产法律法规、安全生产基本常识、岗位安全生产操作规程、职业卫生相关知识、从业人员安全生产的权利和义务等。劳动保障部门大力发展职业技能培训，加强对农民工培训工作的指导，把安全生产知识作为重要内容，编入职业技能培训大纲，写进培训教材中。

作为建筑主管部门，北京市建委高度重视农民工安全生产培训工作，并采取有力措施，在加强施工现场安全管理措施的同时，把农民工安全教育作为重中之重。为了避免由

于农民工安全意识薄弱导致的悲剧，提高农民工防范风险的意识和能力，2007年北京市建委在全市建筑工地设立了三千多所"农民工夜校"，由市和区县建委为企业培训师资、提供教材，对农民工进行建设工程施工现场安全管理相关标准规范、施工安全管理标准化相关文件、《北京市建设工程施工现场作业人员安全知识手册》、消防安全知识等内容的培训。农民工夜校还就施工技术、法律常识、文化知识、文明礼仪等内容对农民工进行多方面的培训，使他们在务工期间不仅为首都建设奉献力量，也将大幅度提高自身素质。北京市各主要建筑施工企业对农民工的培训工作已经全面铺开，进京施工的建筑业农民工将是最大受益群体。

【案例4】大连市建筑业企业开拓外埠市场的情况调研

目前，大连市有房建资质的企业500余家，其中特级企业5家，一级企业40余家，二级企业100余家。这些年来，有近30家企业走出大连，开辟国内、国际建筑市场，有了一定的进步。建筑业外埠施工的产值占总产值约10％左右，最高的是2010年，外埠施工产值占10.88％。2011年外埠施工产值145亿元，占总产值8.6％，同比有所下降。

总结大连市建筑业企业走出去的路径，有以下几种：

一是抓住机遇走出大连。如金广集团抓住2001年省政府邀请他们承担省政府的工程项目施工的契机，在沈阳市站住了脚跟，扩大了市场份额，取得了显著成效。沈阳市建设主管部门说，沈阳的建筑市场三分之一有金广。

二是靠品牌赢得市场。中建八局在大连施工的金银大厦被评为"鲁班奖"，长春市要建广电大厦，点名要中建八局大连分公司去施工，而且就要那个项目经理。广电大厦竣工以后也荣获"鲁班奖"。中建八局大连分公司靠品牌赢得了长春市建筑市场。

三是靠信誉承揽外埠项目。宜华集团的核心竞争力是工业厂房的建设，他们做了很多在大连的外资厂房项目，赢得了外商的良好信誉。因此，外商在其他地区投资建厂，也请宜华去施工，为宜华开拓外埠市场创造了条件。

四是通过与甲方建立紧密的合作伙伴关系，占领外埠市场。华禹集团承揽东软信息学院的工程项目创了两项"鲁班奖"，深得东软集团的赞誉和信任，因此，东软集团在成都建立信息学院时点名让华禹集团去施工两栋高层的教学楼。由于工程质量好，在汶川大地震时经受住了考验，正在上课的3000多名师生毫发无损，受到了成都市乃至四川省的高度赞扬。华禹集团被四川省评为抗震救灾先进单位，为开拓成都市建筑市场打下了良好基础。

五是靠资本运作开拓外埠市场。阿尔滨集团在国外注册公司，以外资形式与盘锦市政府合作开发住宅项目，由自己的建筑队伍施工。由于阿尔滨集团管理到位，注重安全质量，文明施工，在盘锦市建筑市场赢得赞誉。又如，永嘉集团自己带资开发沈阳大东区的住宅小区一期、二期工程，扩大了大东区的建筑市场份额，取得了良好效益。

六是掌握信息到外埠承揽工程。圣鑫集团通过天津市建筑业企业提供的信息到天津滨海新区去投标，中标该工程项目。他们组织了比较强的工程项目班子，在这10个中标单位中，9个是国字号建筑企业，只有圣鑫一家是地方的，但他们克服困难，加强管理，在10个项目中，圣鑫干得最好。天津市滨海新区把圣鑫项目部评为先进单位。

七是吸纳人才开拓外埠市场。筑成集团通过吸纳带着工程项目的项目经理，在山东承揽了两个大的工程项目，总投资 5 亿多元。集团派出有关人员参加项目部管理，使得项目进展顺利。这样，既招聘了有能力的项目经理，壮大了人才队伍，又开拓了外埠市场。

八是利用资质优势走出国门。大连国际经济合作公司具有境外施工的资质，并有承担国家援外项目的施工资质。他们长期在非洲各国组织施工，取得了一定的效益。中建八局大连分公司利用中建总公司的海外资质也在非洲承揽工程任务，取得了较好的效益。

【案例 5】中建、中交国际化案例研究

长期以来我国建筑企业在国外市场所占份额较小。但是，我们必须清楚地认识到，国内大规模的基础设施建设很可能或者说持续的时间是五年或者十年，总之，它不具有长期、稳定发展的特性。那么在今后我国建筑企业应该如何实现可持续发展呢？

纵观建筑业国际巨头发展历程，无不具有国际化视野与战略。首先，作为市场结构调整的国际化能够增加企业抵抗风险的能力，促使企业长期稳定发展（国际工程服务营业额增长 1%，建筑业增加值增长 0.48%）；其次，企业国际化还能够带动企业所在国成套设备、技术和资本输出的增长；第三，国际化项目竞标体现在企业综合实力的竞争上，这将促使生存在夹缝中的中小型建筑企业能在细分市场中寻找生存定位和发展空间，或被大公司"择优录取"，成为中间产品和服务的提供者、分包商和施工队；或培育发展企业核心能力，以"精、专、特"适应建筑市场，特别是房建市场多元化和个性化需求，从而推动整个建筑行业的整体发展。

针对中建和中交国际化发展途径来说，主要做到以下几个方面：

第一，抓住市场机遇，逐步改变传统的工程服务结构。面对金融危机的冲击，各国政府纷纷出台了一系列刺激经济复苏和增加就业的措施，其中很重要的一项举措就是加大基础设施领域的投资建设。这为企业调整产业结构、大力拓展海外基础设施业务带来了"机遇"。第一个转变是不投微利标，从源头上降低市场风险。过去我们的口号是"不投亏损标"，现在我们提出"不投微利标"，不能捡到碗里都是菜，拿到项目就行。项目的盈利必须从源头抓起。国际市场瞬息万变，而施工项目的周期较长，即使投标时计算毛利率可以有 3%，但受到汇率变动，劳动力、原材料价格上涨等因素的影响，搞不好最后几乎全要亏损。第二个转变则是放弃低价战，在中高端市场谋效益。过去中交从事的多是现汇项目，规模小、技术含量低，价格竞争很激烈。而通过与国际巨头万喜等集团的对标，中交认识到应该放弃低端、巩固中端、进占高端。

第二，借助国家政策，增强境外投资能力。建筑企业可充分利用好国家鼓励企业走出去的政策，进一步加强和政府、银行、国有大企业、开发基金等机构的联系与合作能力。一是工程换资源。中建总公司中标的赤道几内亚设计咨询项目是迄今最大的对外规划设计项目，合同额约 8.28 亿美元，采取的就是工程换石油资源的合作模式。二是买方信贷拿工程。中建总公司中标的 3.83 亿美元的刚果（布）公路项目就是利用中国政府提供的买方信贷，签署的设计＋施工的总承包合同；公司中标的埃塞俄比亚非盟会议中心项目，也是利用国家政策和资金，在商务部的大力支持下承接的大型公建项目。三是银企合作，我们的企业要做大，无论是上市还是不上市，和银行的合作很重要。银行分两类，一种是政

策性银行，像中国人民银行，研究金融政策，掌握金融工具；还有商业性银行。银行需要企业，企业也需要银行，因为企业需要资金，需要更大的金融实力，所以企业与银行的合作至关重要。中建总公司签约的合同额 19.2 亿美元的巴哈马海岛度假村项目，就是通过搭桥融资（进出口银行融资给外方业主）带动工程总承包方式获得的大型公建项目。四是企业联手，共拓海外。中建总公司与走出去的中国大企业强强联手，通过与数家中央企业签署战略合作协议，为他们走出去提供工程承包服务，共拓海外市场。五是紧抓收购兼并之机遇，拓展海外经营规模。从 2007 年开始，中建总公司就一直在研究通过收购兼并一家当地企业的方式进一步拓展中建美国公司的经营规模。金融危机导致的股市大跌，资产价格大幅缩水给收购兼并带来了前所未有的机遇。在充分做好可行性分析和尽职调查的基础上，相信通过资本运作收购一家美国建筑企业，将为中建总公司在美业务提供迅速崛起、做大做强的机会。

第三，以科技为先导，确定中国工程技术标准与工法的国际地位。今天的社会是知识经济的时代、经济全球化的时代，知识和科技正以幂指数的速度增长，变化速度相当之快，科技发展相当之快，这种变化在人们的日常生活中体现得非常明显，数码相机、手机、电视等产品的更新换代速度之快令人惊讶。科技的发展对建筑行业的影响同样也十分深远，我们必须用先进的技术来改造建筑业企业。然而，建筑业在人们的印象中并不是高新技术产业，但实际上这是一种错误的传统观念，恰恰相反，建筑业亟须用高新技术进行改造，在这个背景下，住房和城乡建设部于 2010 年 10 月发布了《建筑业十项新技术》，提高了企业核心竞争力，而产学研合作也是解决这一难题的有效途径。

我国的建筑企业要有自己的专利、要有自己的工法。制造业企业制造产品、销售产品、储备产品、研发产品，才能成为长寿的企业。而对建筑企业来说，重视施工、重视质量，这是企业的今天；重视科技创新，是为了企业的明天。企业同人一样，是有寿命的，技术领先，企业就是年轻的；技术落后，企业就进入老年。而只有拥有先进的技术才能够进入欧美等发达国家市场，才能够实现我国建筑企业国际化的目标，才能够输入自己的标准与价值。

第四，构建绿色竞争优势。随着社会的进步和发展，人们对于和谐社会有了更为清晰的认识，面对资源短缺，环境持续恶化等碍于和谐社会建立的因素，绿色已然成为建筑业发展主题之一。从建筑业的角度来讲，绿色建筑将成为人类运用科技手段寻求与自然和谐共存、持续发展的理想建筑模式。在建筑业的发展过程中，我国建筑业不单单需要强化自身实力，更为重要的是要发展自身的特色，对于绿色建筑，我国建筑业应积极吸取中国传统民居中蕴含的零耗能绿色建筑精髓并加以提炼，形成适合我国国情的低能耗、无污染绿色建筑。

（1）在技术思维模式方面，随着"节流"技术措施潜力得到进一步发挥，为提高绿色建筑的可持续水平，从节流到开源，如太阳能、风能、地热能等可再生能源，将会成为绿色建筑技术发展的基本方向。

（2）在技术组织模式方面，以分布式资源系统将取代现有的资源集中分配模式，资源的综合利用效率将进一步提高。

（3）在技术研究重心方面，将以技术创新为主，向技术创新与既有技术集成研究并重的方向转变，逐步形成以技术集成系统为核心的绿色建筑技术综合组织模式，技术豪华主义倾向将向更为理想的适宜技术方向转变。

（4）在设计协作方面，基于整合设计思想的设计会商模式将取代当前的专业分割、各行其是的设计系统，不仅各专业工程师都需要对相关专业了解，作为组织者的项目负责人更要了解政策的导向、地产开发机构的工作与决策目标等传统设计领域之外诸多方面内容，以便完成设计团队的有效整合与沟通。

第五，积极、健康地发展多元化。建筑企业发展多元化经营，是为了提升企业盈利能力，降低企业金融风险和充分利用相关资源。但由于建筑行业的外部环境和自身特点，会遇到一些行业特有的风险，从而影响建筑企业的稳定与发展。建筑企业在实践多元化的过程中，应增强风险意识，可以通过发展互补产业、合理利用剩余资源、提升主营业务核心竞争力等方式来应对多元化过程中的风险。

建筑工程项目的独立性、周期长、投资大等特点，决定了建筑行业对从业者的经验、技术水平和管理水平有较高要求，专业化经营是建筑企业主要采取的发展策略。为了提升企业盈利能力，增强竞争力，拓展市场份额，一些建筑企业开始引入与之相对的多元化经营模式。建筑企业的多元化发展能给企业带来动力与机遇，但在发展中也面临着风险。引入多元化经营理念，可以给建筑企业的经营带来如下优势：

一是提升企业盈利能力。建筑企业若想发展壮大，增强企业竞争力，必须寻求提高收益的途径。只有保证较好的收益率，拥有较强的盈利能力，企业才有发展的动力。建筑企业可以采取多元化的经验战略，进入一些如房地产、建筑材料等利润率较高的产业，提升企业盈利能力。

二是降低企业金融风险。多元化经营中，承包商可以从其他相对稳定的经营项目中汲取资金，为主营业务的发展提供强有力的支持。如中铁集团，在高质量完成铁路建设项目的同时，发挥自身优势，向房地产业、酒店业、矿业等领域发展。目前中铁集团已经有了多项房地产、酒店项目，并且在刚果民主共和国以铁路技术换得两座铜钴矿开采权。这些项目给中铁以稳定的经济回报，保证企业发展的可持续性。

三是充分利用相关资源。发展多元化，可以充分整合建筑企业的内部优势，合理配置企业的内部资源，发展具有优势的相关产业。此外，建筑企业可以通过与相关伙伴方的合作关系，向伙伴方提供可支持的产业发展，开拓新市场。走在多元化前端的中信国华国际工程公司，正是利用中信集团丰富的内部资源和众多的国际资源，向项目的开发、运营方向发展，例如中信国华国际承包公司以 BOT 模式进行开发的国家体育场（鸟巢）项目。

多元化战略为建筑企业带来很多机遇的同时，所伴随的风险也不容忽视，包括：经验与技术为核心竞争力的建筑企业，在多元化进程中，原有的专业知识与施工经验难以利用；由低利润率的建筑行业进入其他行业，建筑企业面临资金风险；在多元化过程中，建筑企业可共享资源相对于其他行业的企业来说较少；建筑企业面临多元化的管理风险。

建筑行业在发展多元化的过程中，其方式主要分两种：一个是纵向发展，向产业链上下游扩张，如进入地产业、建材业；二是横向发展，扩展到其他并行行业，如能源行业。建筑企业在发展多元化产业的时候应充分考虑风险所带来的影响，制定相应的风险策略：

第一，发展周期互补产业。建筑企业在多元化的过程中，不应仅以做大企业为目标，而应该在详细可行性研究的情况下，避免浪费企业资源，同时避免进入与建筑行业周期相同的产业。如果主营业务与多元化产业同时进入萧条时期，这对规模较大的建筑企业来说，影响是十分严重的。建筑企业在多元化的过程中，应充分考察市场，发展与建筑行业周期互补的产业，这样才能规避市场周期变化所带来的风险。

第二，发展可合理利用企业剩余资源的产业。建筑企业发展多元化，要在保证现有主营业务不受影响的前提下，有一定剩余可支配资源，向其他产业发展。而建筑行业的投资规模大，对建筑企业的资源投入和资金保证要求很高，若再上马资源使用量大，资金占用率高的产业，很可能对建筑企业的主营业务产生影响。所以建筑企业应当发展一些资源占用周期短、资金回笼快的产业，使建筑企业能够在保证核心业务的同时，可合理利用企业剩余资源，发展多元化产业。

第三，发展相关产业。在业务拓展过程中，建筑企业还应充分考虑自身品牌、客户等相关资源，率先进入一些与建筑行业相关性较强的行业，如房地产、物业管理等行业。根据《工程新闻录》（ENR）公布的全球国际工程承包商225强来看，全球前10强企业的经营遍布房屋建筑、交通运输、石油化工等多种相关产业。充分利用现有资源与自身在产业链中的技术、信息等多种优势，建筑企业应向产业链上下游拓展，使企业的经营范围囊括完整的产业链。这样能保证建筑企业在具有行业优势的前提下，最大程度拓展企业的经营范围，提高企业的收益。

第四，充分发展主营业务，提升核心竞争力。对选择多元化的建筑企业来说，稳定而具有相当优势的主营业务是多元化经营的前提条件。如果主营业务不佳，企业不仅缺乏足够的资源以在新领域建立优势，甚至会使原有建设领域的经营受到牵连而威胁到企业的生存。同时，核心技术是核心竞争力的关键，但核心技术不等于核心竞争力。企业一旦形成了核心竞争力，就可能在某个领域建立起与众不同的竞争优势，同时通过管理创新和技术创新扩展到多元化的不同产业。建筑企业在进行多元化的过程中，不应放下建筑企业专业化的传统与优势，而应重视发展企业的核心竞争力，加强相关部分的技术投入，不断进行创新，做到多元化中的差异化，有自己的独特竞争力。只有这样，才能保证建筑企业在多元化的过程中规避风险，稳步发展。

1.8 小结

转变经济发展方式，不仅包括实现经济由粗放型增长转变为集约型增长，而且包括经济结构、质量、效益以及生态平衡和环境保护等多方面协同优化的转变；建筑业经济发展方式的影响因素，从发展经济学角度来看，主要包括发展的条件、发展的阶段、制度因素、发展的观念。同时，建筑业转变经济发展方式的路径分析最主要涉及调整产业结构，促进产业转型；与需求结合，有效拓展市场空间；进行建设环节整合，提高建设项目投入产出效益；与先进技术结合，推进建筑工业化；整合资源提升企业竞争力；调整优化管理方式，提高企业管理效率。

2 中国建筑业转变经济发展方式 研究——基于产能过剩视角

为了分析建筑业产能过剩程度及结构影响指标，本章构建了建筑业最大边界生产方程，来测度建筑业产能利用率，同时，从产能利用、厂商进入和建筑业新增固定资产投资三个维度对市场性和制度性产能过剩结构指标进行分析并定量研究这些指标对建筑业产能过剩的影响。最后，提出相应的对策和建议以解决我国建筑业产能过剩。

2.1 产能过剩

我国建筑业产能过剩似乎是个不争的事实。建筑市场较强的就业能力和较低的准入门槛、地方政府投资的过热行为以及重复建设是建筑企业过度进入和盲目进入建筑市场的客观诱因，企业过度进入引起了建筑市场的低价无序竞争以及建筑市场进入资质监管和政府进行固定资产投资调控等一系列市场和政府对建筑业产能的循环调控活动。建筑业产能过剩需要从经济效应、社会效应和环境效应等多方面综合判断。目前，国家产能过剩调控的重点集中在汽车、钢材、石油、煤炭、制造业等行业，有关学者对这些行业的产能过剩的研究较多[1-6]，对于产能过剩的原因、机理和特点取得了共识，但是建筑业产能过剩的定量分析还不多见，那么，建筑业产能过剩的程度究竟如何？建筑业市场过度竞争是企业过度进入还是盲目进入所致？建筑业产能过剩率与其二元经济结构和宏观经济背景的关系如何？这些都是本章关注的重点问题。为此，本章将在界定产能过剩的基础上，分析建筑业产能过剩的市场结构和制度结构，通过建筑业边界生产最大能力确定建筑业产能利用率，定量分析建筑业产能过剩与市场结构、厂商进入、建筑业体制改革和经济波动之间的影响关系，探讨建筑业产能过剩的成因与特点，提出建筑业产能过剩的解决对策，降低我国建筑业产能过剩的效率损失和负面作用，提高建筑业的生产能力，促进建筑业转型发展。

产能过剩是一个总量概念，是指某工业品的生产能力较长时间大于市场需求，市场供求状况失衡[1]。其中，产能是指现有生产能力、在建生产能力和拟建生产能力的总和，生产能力过剩一般表现在生产能力与实际产量之间存在较大的差额，这意味着相当部分生产能力实际并未得到充分利用。具体来讲，从投资的角度来看，产能过剩的表现为投资的扩张速度高于消费的扩张速度；从厂商进入的角度来看，产能过剩的表现是市场中存在持续性产能过剩而企业不愿退出，又存在大量企业进入。从产能过剩的形成机理看，主要有两种类型：一是需求萎缩型产能过剩。主要是由于产品市场需求突然变化，急剧萎缩，而产能并不能快速减少，产能相对于市场需求出现了过剩。二是投资过度型产能过剩。在市场前景的兴旺阶段，企业普遍对市场形势看好，投资热情较高，投建产能的快速扩大超过了市场需求的增长速度，形成了产能过剩。因市场信息不对称和政策作用，产能过剩的需求萎缩和投资过热可以并存。

产能过剩容易出现在多种所有制企业并存、生产效率不高且易于增加 GDP 的行业[2]。建筑业就属于这样的行业。因为国有建筑企业相对于非国有建筑企业来说，国有企业更易借助于政府和银行的力量，盲目的增加投资、扩大规模，加之各地投资建设的"锦标赛"和重复建设，导致国有建筑企业容易盲目进入区域规划建设、城镇化建设和高速铁路建设等潜在饱和行业。国有建筑企业退出壁垒较高，当市场形势不利好时，效益低下的建筑企业不能及时退出，生产能力因此过剩。而在对建筑业（比如高铁工程、城市轨道交通建设）的兴旺前景可正确预知、存在社会共识时，民营企业社会投资可能集中涌入建筑行业，随着社会对行业良好前景的共识更加强烈，或预期中的行业前景进一步变好时，涌入的企业数目和社会投资会更多，产能随之扩大，产能扩大必然最终导致需求缺口变小，利润空间缩小，行业供需不对称到一定程度会以更大的可能性和更剧烈的程度发生产能过剩。以高铁工程的压缩建设为例，2008 年经济危机之后，国家 4 万亿固定资产投资大举倾向铁路工程，带动了民营企业投资建设的热潮，而在 2011 年 3000 亿高铁工程推迟建设，2012 年三成高铁项目正常施工，这必然导致铁路工程建筑企业产能过剩。显见，高铁工程产能过剩前期属于投资过热，后期属于需求萎缩，两者的并行作用加剧了高铁工程产能过剩的负面作用，原铁道部 2011 年底 60% 的负债率就是其一。

建筑业产能过剩的调整弹性比较小，因为建造产品的体积庞大、过程复杂、单件性等特点，决定了建筑业固定资本要素投入所占比重大这一客观事实。而产能过剩的调整与固定资本要素投入比重有较大关系。因为，固定资本比重小的行业，过剩产能调整弹性大，速度快，退出的难度小；固定资本投入比重大的行业，过剩产能调整弹性小，速度慢，退出的难度大，一旦经济周期低谷阶段到来，投资回报低落，容易导致企业亏损破产乃至金融机构呆坏账持续上升甚至整个行业处于亏损状态[3]。产能过剩作为市场经济的一种常态，有其合理成分，即适度的产能过剩是市场竞争的前提条件，可以促使建筑企业不断进行产品创新，增强竞争力；但严重的产能过剩会引发建筑企业间恶性竞争，产生较大的效率损失和破坏作用。那么，建筑业产能过剩程度如何，这是本章关注的重要内容。

2.2 建筑业产能过剩的测度

2.2.1 测度方法

产能过剩的测度现在仍没有统一的衡量方法。产能过剩水平通过产能利用水平高低来判断。产能利用率是反映产能过剩程度即产能与市场需求之间关系的重要指标，指实际产出和工业生产能力的比率，是反映工业产能利用程度最直接的指标。世界一些国家都用这个指标，比如美联储货币政策制定的重要指标之一就是产能利用率。

产能利用水平的测度方法主要包括定性和定量两种。关于产能过剩的定性研究，周劲认为要准确判断和评价一个行业产能过剩的程度和类型，需要从市场价格、盈利水平、亏损情况方面评价产能过剩的经济效应；从资源浪费、就业减少和金融风险及其他评价产能过剩的社会效应；从环境污染评价产能过剩的风险效应[4]。刘晔等采用供给能力、供需状况、经营状况、需求变动和在建产能五个方面对大型煤炭企业产能过剩进行综合评价[5]。定量方法主要有生产函数法（Production Function）、峰值法（Peak to Peak）和数据包络方法（DEA）。而 AIGNER D J 和 CHU S F 在 1968 年提出的边界生产函数法是目前使用最多的潜在产出估计方法，其原理是首先估算出平均生产函数，然后计算所有样本点产出量的观测值与平均生产函数估计值之差，取其最大者加到平均生产函数的常数项上，进而求得最大边界生产函数[2,6-8]。最大边界生产函数估算一般采用规模报酬不变假设，在求出理论上的最佳生产能力后，产能利用率就可用实际产能与最佳生产能力之比表示。

在现实经济运行中，建筑业存在规模不经济现象，采用规模报酬中性假设可以进一步反映建筑业资本投入和劳动投入的潜在最大生产能力。

2.2.2　测度模型

建筑业生产函数的数学形式为公式（2-1）：

$$Y = f(K, L, \cdots)e^{-\mu} = AK^{\alpha}L^{\beta}e^{-\mu} \tag{2-1}$$

其中，Y 表示总产值，A 表示技术水平，K 表示生产要素资本投入，L 表示劳动投入量，α 代表资本产出弹性，β 代表劳动产出弹性。规模报酬不变假设为 α、β 之和等于 1。

边界生产函数为公式（2-2）：

$$\ln Y' = \ln A + \alpha \ln K + \beta \ln L \tag{2-2}$$

其中，Y' 为潜在最佳产出量。而平均生产函数的数学形式为公式（2-3）：

$$\ln \overline{Y} = (\alpha - \overline{\mu}) + \overline{\alpha} \ln K + \overline{\beta} \ln L \tag{2-3}$$

样本点产出量的观测值与平均生产函数估计值之差最大值 $\hat{\mu}$，可通过公式（2-4）求出：

$$\hat{\mu} = \max(\ln Y_t - \ln \overline{Y_t}) = \max\{n \ln Y_t - [(\alpha - \overline{\mu}) + \overline{\alpha} \ln K + \overline{\beta} \ln L]\} \tag{2-4}$$

式中，Y_t：样本点产出量的观测值；

$\overline{Y_t}$：样本点产出量的平均值，也就是平均产出。

边界生产函数的最大常数项 $\hat{\alpha}$，可通过公式（2-5）求得：

$$\hat{\alpha} = \alpha + \hat{\mu} \tag{2-5}$$

通过公式（2-2）～公式（2-5）可求得所要求的最佳生产能力，用公式（2-6）表示：

$$Y' = e^{\hat{\alpha}} K^{\overline{\alpha}} L^{\overline{\beta}} \tag{2-6}$$

那么，产能利用率 CU 可表示为公式（2-7）：

$$CU_t = \frac{Y_t}{Y'_t} \tag{2-7}$$

本文采用 1993～2009 年平减的建筑业总产值作为建筑业产出 Y，资本投入 K 使用 1993～2009 年固定资产经固定资产价格指数平减、流动资产经原材料购进价格指数平减后两者之和表示，劳动力投入 L 若只采用建筑业从业人数作为投入变量，只考虑了劳动投入量的方面，忽视了劳动投入质的方面，同时考虑到不同年份劳动力成本上的差异，因此，劳动力投入 L 采用 1993～2009 年建筑业工资、福利总额经农村居民消费价格指数平减数值。建筑业产出 Y、资本投入 K 和劳动力投入 L 变动趋势如图 2-1 所示。通过图 2-1 可看出，总体上三者呈现上升趋势，但 ΔY、ΔK 和 ΔL 的增加趋势依次放缓。

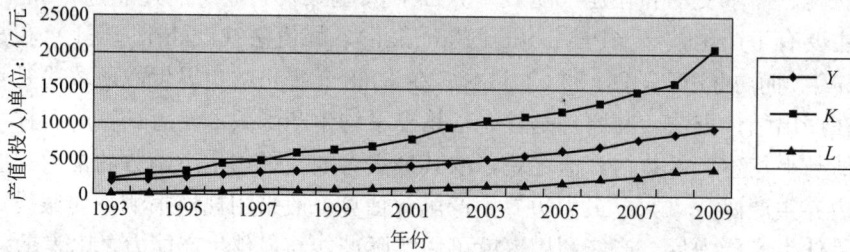

图 2-1 平减后建筑业产出 Y、资本投入 K 和劳动投入 L 变化趋势：1993～2009

根据公式（2-1）～（2-3），并对经典生产函数进行修正，构建建筑业平均生产函数模型为公式（2-8）：

$$Y = A \times K^{\alpha} \times L^{(1-\alpha)} + C \tag{2-8}$$

采用 OLS 方法，应用 Eviews7 软件进行计算，回归方程为（2-9）：

$$Y = 1.05 \times K^{0.466} \times L^{(1-0.466)} + 1294.1$$
$$(5.97)\ (4.35) \qquad\qquad (79.62) \tag{2-9}$$
$$(0.0000)(0.0007) \qquad\qquad (0.0000)$$

回归方程（2-9）下面第一行是各系数的 T 值，第二行是显著水平，显见，各系数均在满足 1% 显著水平检验，决策系数 R^2 为 0.992048，F 统计量概率为 0.000。

查 D.W. 检验表，2 个变量、1% 显著的 D.W. 统计区间范围为（0.77，3.75），本章所设计模型的 D.W. 值为 1.14，满足统计区间要求，因此，模型变量自相关性不明显，模型设计合理。

基于公式（2-4）～（2-6）和公式（2-9），可得到最佳生产能力方程（2-10），

$$Y' = 1.13 \times K^{0.47} \times L^{(1-0.47)} + 1761.1 \tag{2-10}$$

基于公式（2-7），建筑业产能利用率 CU 计算结果如表 2-1 所示，ΔCU 表示产能利用的变动，$1-CU$ 表示产能过剩率。

建筑业产能利用率变动趋势 表 2-1

年份	1993	1994	1995	1996	1997	1998	1999	2000	2001
CU	0.7369	0.7738	0.8257	0.7839	0.8374	0.8261	0.8563	0.8846	0.8732
ΔCU		0.0368	0.0520	−0.0418	0.0535	−0.0113	0.0302	0.02833	−0.0114
$1-CU$	0.2631	0.2262	0.17428	0.2161	0.1626	0.1739	0.1438	0.11539	0.1268

年份	2002	2003	2004	2005	2006	2007	2008	2009	
CU	0.8537	0.8337	0.8733	0.8803	0.9118	0.9371	0.8888	0.8487	
ΔCU	−0.019	−0.0200	0.03969	0.00692	0.0315	0.0254	−0.0483	−0.0402	
$1-CU$	0.1463	0.1663	0.1267	0.1197	0.0882	0.0629	0.1112	0.1513	

产能过剩和产能不足作为一个短时概念，经常发生转化，产能平衡的区间通常很狭窄。正常情况下，产能利用率区间为 75%～80%。当产能利用率超过 80%，表明行业需求显得很旺盛，可能出现供给不能及时满足的现象。当产能利用率低于 75%，供过于求和产能过剩现象就同时出现。

从表 2-1 可知，2000 年以后，建筑业的产能利用率基本上超过了 85%，因此，在总量规模上建筑业产能过剩并不严重，但是建筑业增长随经济波动比较明显，这只能表明建筑业内部落后产能占比过大，挤压了先进产能发展空间，因此，在宏观经济运行波动时，产能过剩与产能不足的转化波动较大，企业进入与建筑业产值波动也相当明显。

2.2.3 波动规律

建筑业产能过剩波动趋势如图 2-2 所示，在图 2-2 中，建筑业产能利用率波动明显，以"谷谷"法划分，形成了 1993～1996、1997～2003、2004～2009 三个波动周期，谷峰值分别在 1995 年、2000 年和 2007 年。建筑业的产能过剩是发生在一定的宏观经济运行背景中，本书的宏观经济运行背景采用 GDP 增长率和建筑业产值增长率 CIG，增长率的计算均采用不变价格计算（上年＝100），具体如图 2-3 所示。在图 2-3 中，显见 GDP 和 CIG 运行波动具有一致性，同样以"谷谷"法划分，在 1993～1998、1998～2003、2003～2006（2007）、2007～2009 形成了四个波谷，谷底值分别在 1997、1999、2000 和 2008 年。对比图 2-2 和图 2-3 的波动运行规律，发现建筑业产能利用波动周期的高峰提前其宏观经济运行谷底一年到来，也就是说，建筑业产能过剩率的峰值提前 GDP 和 CIG 运行波动谷底一年。可以认为，建筑业产能过剩率是 GDP 和建筑业产值增长率波动运行的先导变量。

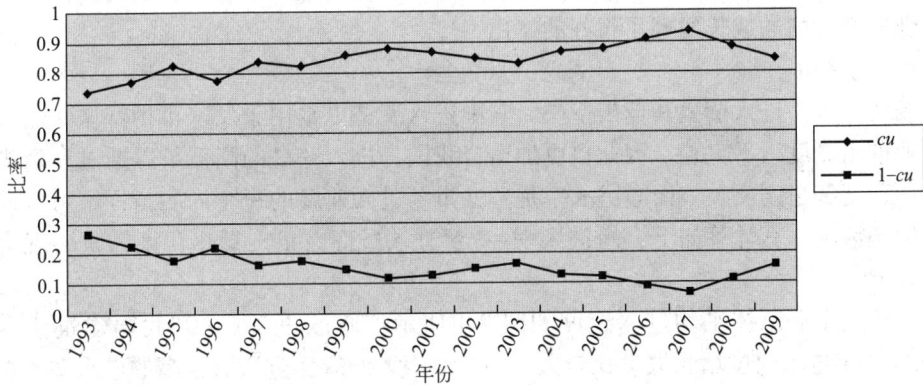

图 2-2 建筑业产能过剩趋势：1993～2009

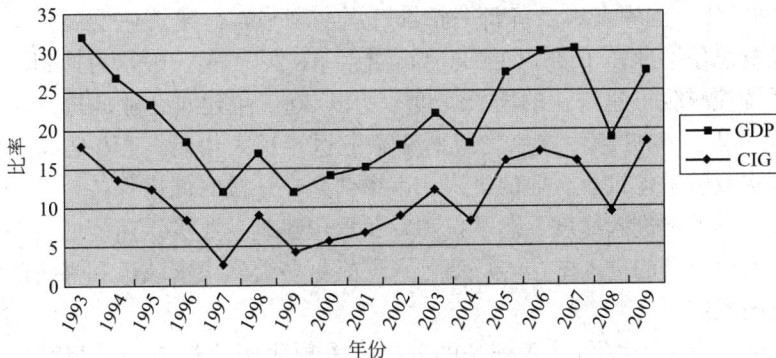

图 2-3 建筑业增长率 CIG 与 GDP 趋势对比：1993～2009

2.3 中国建筑业产能过剩的结构基础

系统结构决定功能。若将产业产能过剩视为一种功能表现，那么它也具备一定的行业结构基础。产能过剩的结构基础体现在两个方面：一是市场性基础，指存在市场不确定性及市场自身调节机制的缺陷[9]，主要包括经济周期、市场结构、信息不对称和产业特性等。二是非市场性基础，认为我国转轨经济时期的体制机制和政策性因素导致企业投资行为扭曲，最终导致产能过剩，主要包括经济发展方式调整滞后、不完善的企业产权和管理制度、不健全的资源要素市场和环境安全管理体系、行政垄断、财政分权及政府的不恰当干预等。限于数据的可获得性，本章将从市场结构和制度结构分析建筑业产能过剩的产业结构基础，为下文建筑业产能过剩定量分析提供理论前提。

2.3.1 市场结构基础

1. 产业集中度

经计算，我国总承包建筑企业 2000～2005 年基尼系数从 0.47 上升到 0.6，表明 2005 至 2007 年企业之间的差异显著扩大，层次性显著地拉升，集中度也相应显著地提高，而 2005～2009，市场集中度相对稳定，保持在 0.65 左右。专业承包建筑业在 2007～2009 年具有类似趋势。在 2007～2009 年，我国大型建筑企业的垄断能力正在成长，前 60 名承包商的洛伦兹曲线已经外包美国、日本和英国，表明建筑企业改革政策和国内的投资政策对建筑企业垄断能力的成长发挥了很好的作用[10]。

2. 市场壁垒

市场壁垒分为进入壁垒和退出壁垒，其中进入壁垒更常用于反映市场壁垒，而且由于我国企业推出制度尚不完善，因此也更加适合我国。进入壁垒的高低可以通过厂商进入某一产业的程度和速度反映，而净进入率是考察市场进入速度的一个简明指标，可以反映产业进入壁垒情况。其计算如下：净进入率=［新进入厂商数量－退出厂商数量］/现有厂商数量×100％。

我国建筑企业总体平均进入速度如图 2-4 所示，通过图 2-4 可知我国建筑业企业在 1997～2009 年进入速度增长波动比较大，在 2004 和 2008 年分别有很高的进入率。总承包和专业承包建筑企业的进入速度如图 2-5 所示，通过图 2-5 可以发现，在 2004 和 2008 年总承包和专业承包建筑企业进入速度也很高，与建筑企业总体平均进入速度呈现类似的波动规律。在 2001 年，国家宏观经济新一轮景气周期到来，与建筑业发展密切相关的全社会固定资产投资总额增速在 15％以上的高位运行，在 2004 年，国家为抑制固定资产投资过热采取宏观调控减缓了建筑业的增长速度，所以 2005 年建筑企业的进入速度减缓，在 2004 年形成了高点。2008 年，国家为应对金融危机，扩大内需，4 万亿固定资产投资预期兴旺前景再次吸引了建筑业企业的进入。市场壁垒在一段时间内保持一定的稳定性，而我国建筑企业总体平均进入速度、总承包和专业承包建筑企业进入速度的波动性显示我国建筑市场并未形成较高的进入壁垒，厂商进入可能更多受到投资政策和兴旺的产业前景预期等其他环境因素作用。

通过建筑业市场集中度和进入壁垒的分析，发现我国建筑市场的相对集中度大幅提升，但仍未形成市场进入壁垒，表明我国建筑市场分层竞争的格局已经形成，但总承包企

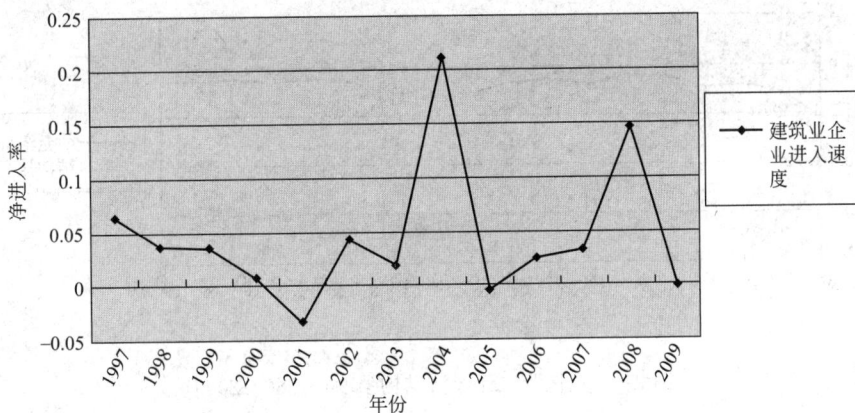

图 2-4　建筑业企业进入速度：1997～2009

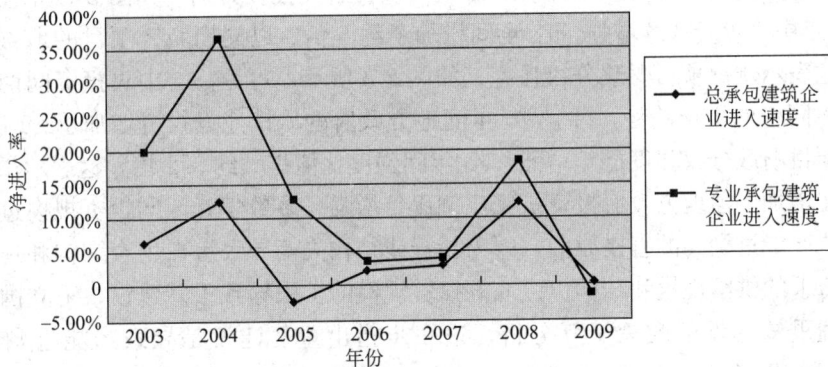

图 2-5　总承包和专业承包建筑企业进入速度：2003～2009

业对国内建筑市场的控制力比较弱，建筑市场容易受到利好的市场和政策等外界环境影响作用而发生涌入现象。市场和政府政策对建筑业厂商进入的作用强度正是本书要解决的一个问题。

2.3.2　制度结构基础

1. 二元结构强度

产业二元经济结构强度是产业中两个部门比较劳动生产率之间的比值。二元经济结构强度指数反映了二元经济结构的转化速度。该系数越大，表明两个部门的结构反差越显著，二元经济结构就越显著。建筑业二元经济结构强度采用国有建筑业比较劳动生产率与非国有建筑业比较劳动生产率的比值，计算结果如图 2-6 所示。在图 2-6 中，20 世纪 90 年代中后期以来，建筑业国有经济与非国有经济二元结构强度略有波动，但 2004 年以来相对稳定，基本维持在 1.5 左右。这表明，在"十一五"和"十二五"国家大力鼓励非国有经济发展的背景下，国有建筑业的改革取得了一定的成效，建筑业二元经济结构差距具有稳定趋势。

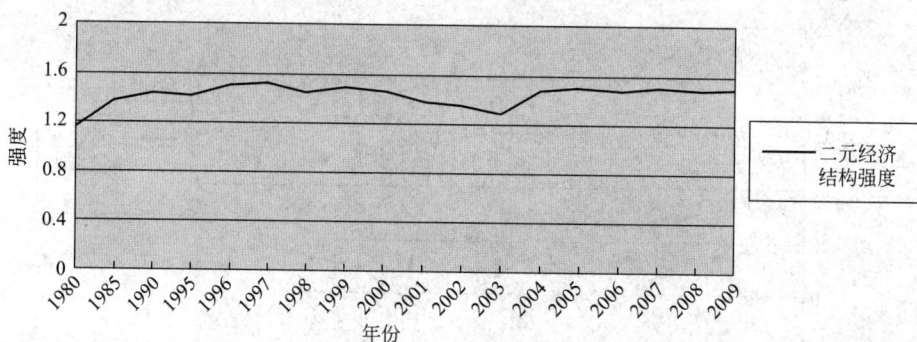

图 2-6　建筑业二元经济结构强度：1980～2009

2. 地方政府行为

在转型时期的中国，1994 年的财政分权保证了中央政府对国民经济宏观调控，却也产生了普遍存在的政府投资膨胀冲动。以城镇项目中央投资为例，如图 2-7 所示，从 1995 年至 2009 年中央投资持续增强，15 年间增加了约 5 倍。以同期城镇项目的地方投资与中央投资之比表示城镇项目财政分权强度，如图 2-8 所示，可见，与中央投资同期的地方投资也表现出同样的增长趋势，并且 15 年间地方政府的城镇建设投资增加了 15 倍。图 2-8 显示城镇项目财政分权强度逐年增强，15 年间强度比值扩大约 3.2 倍，这表示虽然中央投资的强度在增加，但地方政府投资扩张比例逐年增强。多数学者认同投资规模过大或结构不合理是"产能过剩"的直接原因，因为投资或结构失衡导致潜在生产结构和规模超过了市场有效需求的供给规模和结构[6]。地方投资规模的扩张导致重复建设，王立国通过产能过剩和治理重复建设的政策交互分析，进一步指出重复建设是导致产能过剩的直接原因[11]。因此，财政分权以来，地方政府行为对建筑业快速发展发挥了积极作用，但当政策波动和经济波动发生，这种行为直接导致建筑业产能过剩。

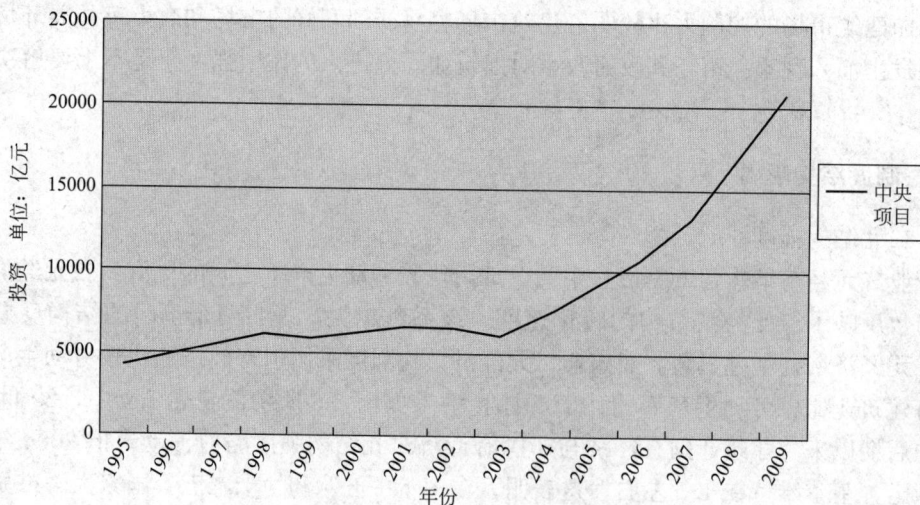

图 2-7　城镇项目中央投资

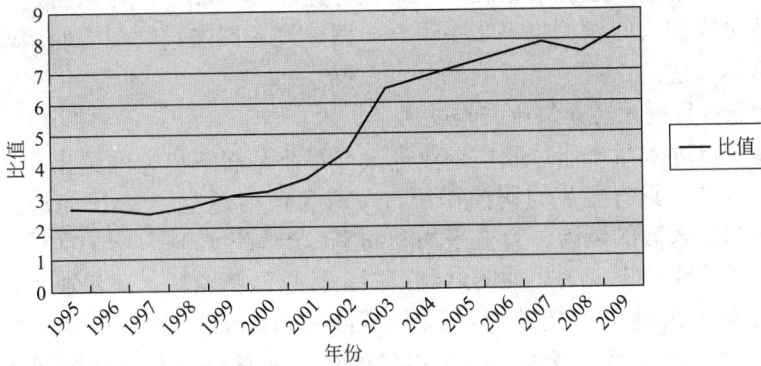

图 2-8　城镇项目财政分权强度

2.4　中国建筑业产能过剩的结构指标测度

2.4.1　建筑业产能过剩与结构基础关系测度

从上文分析可知，建筑业产能过剩受到经济周期和市场结构的影响作用，对于非市场性因素方面，建筑业产能过剩又受到产业改革和外部环境政策的影响。

为此，本章构建建筑业产能过剩行业结构影响方程如下式：

$$CU_{it} = a_{1it} + a_{2it}S + a_{3it}Dcs + a_{4it}Lg + a_{5it}Cr \times Dcs \tag{2-11}$$

式中：CU_{it} ——建筑业产能利用率；

　　　　S ——建筑业市场进入壁垒，以建筑企业净进入率表示；

　　　　Dcs ——建筑业二元经济结构强度；

　　　　Lg ——以城镇项目财政分权强度代表地方政府行为；

　　　　Cr ——虚拟变量，代表建筑业行业改革阶段，1993~2002 年国有企业公司化改造政策变量为 0，2003 年以后至今国有企业现代产权制度的股份制改革变量为 1。

2.4.2　建筑业产能过剩与厂商进入关系测度

1.建筑企业过度进入与建筑业产能

目前，我国建筑业正在进行新一轮资质调控，从政府建筑市场管理方面提高厂商的准入质量和数量。那么，我国建筑市场厂商进入是否满足"过度进入"？"过度进入定理"是指寡头市场结构下自由进入的企业数目可能会大于社会福利最大化情况下的企业数目，其政策含义是政府应对企业进入进行管制、将市场内企业数目控制在最佳水平。"过度进入定理"成立依赖于"商业盗窃效应"和严格的规模收益递增两个核心假设[7]。"商业盗窃效应"指的是新企业进入将导致在位企业产出降低。也就是说，如果建筑业的实际情况满足这两个假设，则"过度进入定理"不能用来解释我国建筑业的重复建设、产能过剩问题。结合上文分析可知，第一，我国总承包建筑企业和专业承包建筑企业集中度都在提高，总承包建筑企业的产能总体处于上升阶段，并且国有建筑企业总体上比非国有建筑企业的产能高；第二，截至 2011 年，我国建筑业规模不经济。所以，在建筑行业中，过度进入定理所依赖的两个核心建设都不成立。可以断定，中国建筑业不存在厂商的过度进入问题，进一步来说，中国建筑业产能过剩现象使用建筑企业过度进入来解释是不合适的。

2. 建筑企业盲目进入与建筑业产能过剩

关于企业盲目进入与产能过剩，企业进入与行业利润率模型的提出，证实了行业利润率对企业盲目进入具有显著的调控作用，可避免产能过剩[12]。厂商进入主要依赖于进入前的报酬和进入后的风险，行业平均利润率和产品生产环节增加额体现了进入前的报酬，而进入后风险则表现为厂商的过剩产能。计划经济时代，建筑业采用的是法定利润率；在市场经济条件下，建筑业利润率不再采用政府管制而有市场供求决定。因此，建筑业利润率应采用市场经济改革以后的数据才具有意义。我国建筑业市场进入与固定资产投资关系密切。因此，本章分别从行业利润率、建筑业纵向一体化增加程度和全社会固定资产投资增加来构建企业进入与利润波动方程和企业进入与固定资产投资波动方程以考察建筑企业盲目进入情况，因数据限制，无法深入细分总承包建筑企业和专业承包建筑企业盲目进入与产能过剩情况，本章的研究针对整个建筑市场，具有普适性。

$$\ln EI_{it} = a_1 + b_1 PR_{it} + c_1 CVA_{it} + d_1 \ln EX_{it} + \varepsilon \qquad (2\text{-}12)$$

$$EIR_{it} = a_2 + b_2 PR_{it} + c_2 \ln SFIA_{it} + \varepsilon \qquad (2\text{-}13)$$

建筑业固定资产投资中的新增投资可以更加准确地反映生产能力的增加，以建筑业资产投资增加表示产能过剩，基于方程（2-12）和方程（2-13），从资本费用和产业政策角度进一步考察独立于需求下降而发生的建筑业产能过剩现象[8]，提出建筑业资本费用与产能过剩方程如下式：

$$CFIA_{it} = a_3 + b_3 PR_{it} + c_3 BPR_{it} + c_4 Rcv + \varepsilon \qquad (2\text{-}14)$$

其中，EI ——建筑市场企业净进入数量。

$\quad EIR$ ——建筑市场企业净进入率。

$\quad PR$ ——建筑业产值利润率。

$\quad CVA$ ——建筑市场生产一体化水平，生产一体化程度的不同会对企业的交易与组织成本产生影响，对于产品的加工深度选择也是企业战略中对于最终产品市场的选择，不可避免地会对建筑企业的盲目进入产生影响，采用建筑业增加值作为衡量产业生产一体化程度。

$\quad EX$ ——建筑业在位过剩产能。

$\quad SFIA$ ——全社会固定资产投资增加。

$\quad CFIA$ ——建筑业固定资产平减后投资增加值。从需求角度来说，采用建筑业固定资产平减后投资增加值表示产能过剩，因为固定资产新增投资可以不考虑折旧等因素，更能准确反映建筑业生产能力的增加。

$\quad BPR$ ——资本费用，采用银行平均利率表示。

$\quad Rcv$ ——经济运行产能抑制政策变量，与重复建设相对应，根据文献[8,11]，取2006 年为产能抑制政策明显转折点。

2.4.3 模型检验

模型检验的数据样本为 1993 年至 2009 年同期中国统计年鉴。方程（2-11）采用 OLS

方法回归，Eviews7 回归结果为下式：

$$CU = 0.328^2 - 0.1058 \times S + 0.2721 \times Dcs + 0.0414 \times Lg - 0.09 \times Cr \times Dcs$$

$$(2-15)$$

上述系数的 T 统计量概率依次为 0.0879、0.0561、0.0305、0.0172 和 0.0659。调整可决策系数为 0.753，D. W. 值为 2.39。

方程（2-15）回归结果表明：（1）建筑企业净进入率 S 对建筑业产能利用 CU 的贡献系数为负，足以说明，目前建筑业市场进入壁垒并不能起到稳定和保护建筑业产能利用的作用。（2）建筑业二元经济结构强度 Dcs 越大，建筑业产能利用程度越高，这说明，继续提高国有经济比较劳动生产率的优势地位，是提高建筑业产能利用的有效途径。（3）城镇项目财政分权强度对建筑业产能利用的贡献系数为正，这表明，财政分权后地方政府投资行为对建筑业产能利用提高发挥了积极作用。（4）国有建筑企业的阶段性改革和二元经济结构强度的综合作用对建筑业产能利用的边际贡献为负。

同样，方程（2-12）采用 OLS 方法回归，Eviews7 计算显示在位过剩产能变量对方程的解释力度不满足 T 统计量要求，剔除该变量，回归结果为下式：

$$\ln EI = -2.01 \times PR + 0.98 \times \ln(CVA)$$

$$(2-16)$$

PR 和 $\ln(CVA)$ 系数的 T 统计量概率分别为 0.0796 和 0.0138。调整可决策系数为 0.857，D. W. 值为 2.46。方程（2-16）回归结果表明：（1）建筑业产值利润率对建筑业企业进入具有显著的调控作用，1993~2009 年的建筑业产值利润率对建筑企业的盲目进入具有一定的负面作用。（2）建筑业纵向一体化过程中的获利程度对建筑企业的盲目进入具有显著的吸引作用。

同样，方程（2-13）采用 OLS 方法回归，Eviews7 回归结果为下式：

$$EIR = -0.116 \times PR + 0.04 \times \mathrm{Ln}(SFIA)$$

$$(2-17)$$

PR、$\mathrm{Ln}(SFIA)$ 系数的 T 统计量概率为 0.1292 和 0.0419，调整可决策系数为 0.831，D. W. 值为 2.14。方程（2-17）回归结果表明：（1）建筑业产值利润率对建筑业净进入率具有负面作用，同方程（2-16）检验结果一致；（2）全社会固定资产投资增加对建筑业企业盲目进入具有显著的吸引作用。

同样，方程（2-13）采用 OLS 方法回归，Eviews7 初步回归发现产能抑制政策变量 Rcv 对建筑业固定资产投资增加的解释不满足统计要求，原因可能在于产能抑制政策主要针对钢铁、平板 LCD、汽车等行业，对建筑业指导性不强。剔除该变量后，最终回归结果为以下方程：

$$\mathrm{Ln}(CFIA) = 7.52 + 0.511 \times PR - 0.285 \times BPR$$

$$(2-18)$$

PR、BPR 系数的 T 统计量概率均在 1‰ 以内显著，调整可决策系数为 0.91，D. W. 值为 1.27。方程（2-18）回归结果表明：

（1）建筑业产值利润率对建筑业固定资产新增投资具有积极拉动作用，行业产值利润率越高，固定资产投资越多。即使建筑业产值利润率处于工业平均水平以下，建筑业固定资产投资仍依赖利润率拉动，这说明建筑业投资并不是完全理性的，由于建筑业退出壁垒较高，无法自由退出，建筑业企业不得不维持投资以便在市场中存活下来。但这么低的行业利润率为什么会导致产能过剩呢？这只能说明建筑业固定资产投资结构和数额的变化都是合理的。

（2）银行平均利率波动对建筑业固定资产投资具有明显抑制作用。银行利率越高，建筑业企业从银行筹集资金的资本费用越高，建筑业企业固定资产投资动机越小。这从侧面说明了建筑业自我积累薄弱，通过资本市场筹集资金的能力不高，过于依赖银行渠道筹集资金。

方程（2-15）~（2-18）均通过了稳健性检验，限于篇幅，不再展开。

2.5 我国建筑业产能过剩的解决对策

如何降低建筑业产能过剩？结合上文研究，本文认为建筑企业应与市场新需求相结合，拓宽资本渠道，加大资本结合力度，进行建设环节整合，获取更多纵向一体化利润；同时，政府应加强市场引导，调整完善管理政策，为建筑业产能利用提供保障。

1.关注区域市场新需求，创新服务产品

建筑业产能过剩是"开放"的，从国内市场来看存在一定程度的过剩，在国际市场并不一定过剩，因此，建筑企业应注意搜集市场、政策信息，扩展建设服务地域，使用不同地域建设服务此消彼长的发展规律。建筑企业需要密切关注国内地区市场建设的新热点，积极进入地铁、公路、机场、港口、码头和城际铁路等政府重点投资领域，比如，区域规划实施、城镇化建设、高速铁路建设和城市轨道交通建设，针对这些新热点，建筑企业应在夯实主业的基础上，主动调整投资结构和创新业务模式，形成新的服务产品，迎合市场需要。同时，建筑业企业应通过探索利用股份制、项目合作等方式，组织多种所有制形式的经济实体增强国际工程承包能力，并注意与国内外知名承包商组成联合体，共同投标境外大中型项目，积极在境外投资设立工程承包企业，获取当地投标承包资质，继续开拓东南亚等传统市场，重点开拓非洲、中东地区等新兴市场。我国建筑业通过开展境外投资和对外承包工程劳务合作，带动技术、劳务输出和产品、设备出口，将有效推动和引导我国技术成熟、市场饱和业务逐渐向其他区域梯度转移。

2.拓宽资本渠道，加大资本结合力度

建筑业与资本结合的力度越大，建筑业的活动平台提升越显著。建筑企业将工程施工与资本经营有机结合，将有效突破工程施工服务的单一经营模式，实现由建造建筑产品向经营建设服务的转变。比如，设计建造与资本结合，就意味着由被动承包商走向主动开发，由承包商向开发商身份转变，意味着设计企业可以享有建筑业后续自身升值和经营增值。同时，企业还将有能力围绕开发建设的建筑产品，进行技术研发和积累，加大人才投入和管理投入，整体提升建筑业经营的内涵和层次。有条件的特大型建筑企业应积极在境内外资本市场直接融资，拓展企业融资渠道。建筑企业积极运用国家对外经济技术合作专项资金、中小企业国际市场开拓资金和各种"走出去"战略专项资金，通过封笔贷款、担保贷款、信用证、保函等多种形式满足项目资金的融资需求。

3.进行建设环节整合，获取生产一体化利润

建筑企业在市场有需求、企业有能力的情况下，在现有业务的基础上，扩大承包范围或延伸产业链，由单一业务向多项业务、由一个点向多个点、由多个主营业务面向多条业务链拓展，促进建筑业向房地产、市政、交通、水利、民航、矿山、电力等行业延

伸。比如，建筑企业与相关产品制造商合作，共同推进与工程项目相配套的产品加工生产，推动建筑企业向相关产业拓展和延伸。这可克服建设工程建筑全过程的环节分工，减少环节分工造成的资源浪费和低效率，并围绕最终产品，采用设计、施工、采购、运行一体化的建设组织形式，加强不同环节的协调和互动，实现不同环节的相互参与。在生产一体化拓展过程中，对建筑企业在资金、成本、材料、设备、工期和人力调配等方面的信息流和物流，注重从时间、空间上强化规范化、标准化、精细化和信息化管理。

4.政府加强市场引导，提升高端市场进入壁垒

发达国家经验表明，产能是一个中观或微观概念，在市场化程度高的国家，产能是行业协会或大量微观企业关注的指标，而非政府关注的重点[13]。因此，政府应通过政策引导，突出结构调整，借市场供求宽松的时机，大力淘汰建筑业落后产能，引导企业理性投资，避免企业盲目进入，进而促进建筑业结构调整优化和整体竞争力的提升。具体来说，政府应引导国有建筑企业加快改制步伐，支持企业优化重组，加快优势企业的资本、人员和品牌扩张，形成一批资金雄厚、人才密集、技术先进的企业集团，提升国有建筑企业的比较劳动生产率。同时，培育设备采购、安装一体化企业，形成一批设备安装总承包企业；培育设计施工一体化超级企业，鼓励大型设计、施工企业通过兼并重组等多种形式，拓展企业功能，发展成为集设计、采购、施工管理为一体的综合型工程集团；鼓励施工企业向上游产业延伸，联合开发企业、拓展业务范围，发展成为集建材生产、开发和施工于一体的综合型建设集团。最终，通过综合型建安工程和建设集团形成我国高端建设服务市场的进入壁垒，提升大型承包企业的市场掌控能力。

2.6 结论

通过研究得出以下结论：

（1）建筑业是产能过剩易发行业，产能过剩的调整弹性较小。采用1993～2009年建筑业劳动投入和资本投入价格指数平减数据，基于规模经济中性假设，构建改进的建筑业边界生产方程对建筑业产能利用率进行测度，结果发现，2000年以后，在总量规模上，建筑业产能过剩并不严重，产能利用率基本上超过了85%，并且建筑业产能利用波动周期的高峰值提前其宏观经济运行谷底一年到来。

（2）建筑业产能过剩具有一定的市场性和制度性（非市场性）基础。在市场性基础方面，我国建筑业产业集中度有所提高，但进入壁垒显示我国大型建筑企业市场控制能力有待提高，回归方程显示建筑业市场进入壁垒并不能起到稳定和保护建筑业产能利用的作用；在制度性基础方面，我国建筑业二元经济结构强度基本稳定，基本维持在1.5左右，回归方程显示提升建筑业二元经济结构强度，是提高建筑业产能利用的有效途径之一，但国有建筑企业的阶段性改革对建筑业产能利用的边际贡献为负；地方政府投资行为逐年增强，回归方程显示财政分权后，地方政府投资行为对建筑业产能利用提高发挥了积极作用，这修正了地方投资增强或重复建设现象容易导致产能过剩的一般定性结论。

（3）从厂商进入的角度看，建筑业不存在厂商过度进入现象，但是存在厂商盲目进入，建筑业产值利润率对建筑业厂商进入具有显著的调控作用。从投资角度来看，全社会固定资产投资增加、建筑业生产一体化获利程度对建筑企业盲目进入市场具有显著的吸引作用。从独立需求的角度来看，建筑业固定资产新增投资受到产值利润率的拉动作用，但是银行资本费用对其具有抑制作用。最后，从区域市场、资本渠道、生产一体化和高端市场进入壁垒四个方面提出化解建筑业产能过剩的对策。

3 中国建筑业转变经济发展方式
——基于企业环境力视角

针对建筑业转变经济发展方式微观基础环境力影响，本章将从行政力、经济力与文化力视角出发分析转型过程中环境力对企业价值创新实现的作用。

3.1 建筑业企业行政力

行政力是建筑业企业价值创新成功实施的重要内部环境变量，亦为建筑业企业价值创新的三大增长力之一。前期研究[13]指出行政力不是通常所指的投资拉动、政府扶持等外力，而是侧重于制度创新和内力修炼的新视角。这与国内学者对行政力的界定和研究侧重有着明显的区别。其中，何健从工作有效性缺失角度分析了高校行政管理[14,15]；李小鲁和袁本新从政府行政力和学术影响力比较分析的角度研究如何加强高校思想政治理论课程建设[16]；从政府行政力角度，我国行政管理体制中存在的突出问题亦引起了学者的关注[17]。上述研究主要集中从高校和政府两种视角研究行政力，本章的研究将扩大和丰富行政力的研究范围和视角。

在建筑业领域内，鲜见将行政力作为企业增长的内生变量展开讨论，进而对其评价的探讨更不多见。本章将在廓清行政力概念的基础上，界定建筑业企业行政力，进而基于公共管理和行政管理视角构建建筑业企业行政力指标体系，然后引入因子分析方法构建建筑业企业行政力因子评价公式。通过该公式，可以有效衡量建筑业企业行政力改进的程度。

3.1.1 行政力含义

当前，社会与学术界关于行政力的说法比较多。比如，市场力的对抗力就是行政力（政府力）[18]；行政力是指政府的计划水平和宏观调控社会资源与经济秩序的能力[19]；行政力是指政府运用公共权力向公民提供服务[20]。显见，在这些说法中，行政力的主体均被视为政府，却赋予了口径不一的具体内涵。行政力内涵的廓清，需要借助行政概念这一平台。

我国古代就有关于行政的原始说法，比如，春秋《左传》："行其政令"，"行其政事"；孔子在《论语》中讲到"不在其位，不谋其政"，等等。这里，"政"的中文原意是指公共事务。

辞典主要从以下几个视角对行政进行定义。第一，从政治角度来看，行政指国家的基本职能形态，随着国家的产生而产生[21]。第二，从经济角度来看，行政是组织的执行和管理活动[22]。广义的行政包括公行政和私行政。公行政是指国家行政机关针对社会公共事务的执行和管理活动，还包括国家行政机关进行的准立法和准司法活动。私行政是指企业、社会组织、社会团体针对其内部事务的执行和管理活动。私行政是属于组织在自己部门的事务上行使职能，一般对社会不产生公共管理的效应。区别公行政和私行政的目的在于，公行政须通过行政方式来解决，私行政属民法的调整范围。人们通常所说的行政一般指公行政。行政行为，是指行政主体在实施行政管理活动、行使行政职权过程中所做出的具有法律意义的行为。一项活动称得上行政行为必须具备两个条件，一是在实施行政管理活动、行使行政职权过程中，二是此行为必须具有法律意义。所以行政主体的活动可能是行政行为，也可能是非行政行为。比如上述私行政一般不称为行政。第三，从法学角度来看，行政是指国家行政机关对公共事务的组织管理活动[23]；行使权力、执行政策、管理内外事务的国家职能或其他组织职能[24]；国家行政机关依法对国家和社会事务进行的组织和管理，亦即国家的行政管理[25]。

3.1.2　建筑业企业行政力

当然，行政的概念随着经济社会的发展，已有变化。行政的政治学和法学视角严格限定了行政权的传统理论范围，而经济学视角，在引入公共管理理念后，拓宽和丰富了行政领域。其实，随着公共管理理念的深化，现代国家行政管理又多了一重"行政指导"的功能。行政指导"是行政机关（包括其他合法主体）为实现一定的行政目的，依法在其职权范围内，以建议、劝告、引导、指示、鼓励等非强制手段，使相对人接受其意思表示并付诸实施（包括作为和不作为）的新型行政行为[26]。"这表明，"在现代给付国家里，国民已不是行政的客体，而是行政的共同创造者"，此时，行政就"不可能以公法关系还是私法关系这一历来的区分来演绎地引出具体解决办法"，而应"基于其法律关系的具体性质和利益状况综合判断"，更多地通过非强制性手段以达到行政目的。

明显地，建筑业企业行政力不再是指政府行政力或政府行政指导，但是从组织的角度，两者具有共性。这种共性可以简述为组织的行政指导或者管理功能。因此，结合行政力的内生变量范畴，建筑业企业行政力就是建筑业企业侧重于制度创新和内力修炼达到实现其成长需要。这就意味着建筑业企业应通过自我完善和自我修补提升其行政力的成长功能。

那么，建筑业企业行政力应该包括哪些内容？进一步，建筑业企业如何对其进行评价以实现行政力自我完善？

3.1.3　建筑业企业行政力评价指标

1.构建原则

建筑业企业行政力评价指标的构建遵循以下四个原则：

（1）简单化原则，即指标的构建要围绕和突出核心问题，能够解释和支撑核心问题即可。建筑业企业行政力评价的核心问题在于强化制度因子的创新作用，如何从组织治理、领导力以及组织激励等方面获得行政力的制度因子，将是一个本文关注的重点。

（2）系统性原则，建筑业企业行政力涉及组织、人才、资源、管理等子系统，对其进行评价，应该从系统的角度来描述行政力因子之间相互关联和相互制约的特征。

（3）可比性原则，建筑业企业行政力指标体系在具有理论依据的同时，应该做到能够对同样领域的调查样本具有适用性。本文的调查范围限于陕西省（P. R. China）十大建筑业国有大型企业，采用现场发放问卷并回收。

（4）典型性原则。建筑业企业行政力因子之间的关系并不都是相互独立的，而是相互联系和制约的，对于某个因子变动特征的反映，一个指标与几个指标、一组指标与另一组指标有时往往具有等价的特性，指标之间存在着一定的可替代性。选择具有较强代表性的指标，可以减少工作量，降低误差和提高效益。

2. 指标体系

目前尚未见诸专门关于企业行政力指标体系的研究。因此，本文将在借鉴学者对公共管理和行政管理研究的基础上，尝试建立建筑业企业行政力评价指标体系。国内学者主要从高校和政府视角研究行政力：李小鲁、袁本新提出政府教育行政部门依法行使的职责包括决策权、命令权、处罚权、执行权、监督权、奖励权、物质资助权等权力[16]；贾冬梅提出企业行政管理系统的三大职能：管理职能、协调职能和服务职能[27]。行政管理系统在公司的经营理念、管理策略、企业精神、企业文化、用人政策等重大问题上都要起到管理作用，并且行政职能包括行政编制、行政人员、行政权力、行政关系、行政资源、行政规范、行政文化、行政过程、行政行为、行政结果与行政效率等。

行政力作为建筑业企业成长的内生变量，不但具有表层支持作用，比如管理、分配和协调功能；还具有隐层支撑作用，比如组织运转的层级协调、文化力的培育以及企业精神的传递等。为简化计，本文不从行政力的两层功能角度来构建指标体系，而是融合两层功能需求，结合行政力的职能特点和建筑业企业行政力的界定，遵循科学性、可比性、代表性和可行性的原则，选择了管理能力、协调能力和服务能力三大指标对企业行政力进行评价。

（1）管理能力：指对公司其他管理系统进行统一管理的作用。在公司的经营理念、管理策略、企业精神、企业文化、用人政策等重大问题上起到管理作用，并且在实际工作中要对各项工作的贯彻落实进行监督管理。

（2）协调能力：不能简单地以传达领导的命令、完成领导交办的任务为满足；也不能凭借自己在企业的独特地位对其他系统、员工颐指气使。行政部门应主动做好上与下、左与右、里与外的沟通和信息传达，使下级充分领会上级的意图，使各个系统之间良好沟通，在充分沟通的基础上做好协调，这样才能使企业和谐。因此可以从行政规范、行政行为、行政关系、奖励权、处罚权等进行评价。

（3）服务能力：为企业其他系统提供支持和服务，为企业的各项工作能够顺利进行而服务。因此，可以从民主、监督机制、行政运行机制和行政资源等进行评价。

企业行政力评价指标体系　　　　　　　　　　表 3-1

一级指标	二级指标	三级指标
企业行政力	管理能力	经营理念 X_1 管理策略 X_2 企业精神 X_3 企业文化 X_4 用人政策 X_5
	协调能力	行政规范 X_6 行政行为 X_7 行政关系 X_8 奖励权 X_9 处罚权 X_{10}
	服务能力	民主、监督机制 X_{11} 行政运行机制 X_{12} 行政资源 X_{13}

3.构建评价模型

本文选取因子分析法构建建筑业企业行政力评价模型。因子分析法是一种较为客观的多指标评价方法。该方法将多指标问题转化为较少的新的指标问题，并使主成分能尽可能地反映原来指标的信息，使得研究复杂问题时容易抓住主要矛盾。这符合本文关于建筑业企业行政力指标的构建原则。

因子分析法主要包括两个层次的线性组合。第一层次将原来指标通过恰当的线性组合而构成主成分，按累计方差贡献率不低于某个值的原则确定前几个主成分。第二层次是各组成分以各自的方差贡献率为权重，通过线性加权求和得到各个样本的评价值。具体评价步骤如下（其中评价步骤（1）～（6）引自文献［28］）：

（1）指标标准化处理。将原始数据进行标准化处理，以消除变量之间在数量级上或量纲上的差异；

$$X_i^* = \frac{X_i - \mathrm{E}(X_i)}{\sqrt{\mathrm{Var}(X_i)}} \tag{3-1}$$

其中：$\mathrm{E}(X_i)$ 为 X_i 期望值；$\mathrm{Var}(X_i)$ 为 X_i 的方差。

（2）计算 X 的相关系数矩阵 R，求出特征值和特征向量；

$$R = (r_{ij}), \quad r_{ij} = \frac{\mathrm{COV}(X_i, X_j)}{\sqrt{\mathrm{Var}(X_i)} \sqrt{\mathrm{Var}(X_j)}} \tag{3-2}$$

其中：$\mathrm{COV}(X_i, X_j)$ 为 X_i 与 X_j 的协方差。

由特征方程 $|R - \lambda_i = 0|$（I 为单位矩阵），求出特征值 λ_i；设 B_i 为特征值 λ_i 对应的特征向量，通过方程 $R \times B_i = \lambda_i \times B_i$，计算出特征向量 B_i，从而得到特征向量矩阵 B。

（3）求主成分 F 及方差贡献率、累计贡献率。通过计算可知主成分 $F = BTX$，由特征值可求得各主成分的贡献率 H_i 和累计贡献率 TH_k；

$$H_i = \frac{\lambda_i}{\sum\limits_{m=1}^{p} \lambda_m} \tag{3-3}$$

$$TH_k = \frac{\sum\limits_{m=1}^{k} \lambda_m}{\sum\limits_{m=1}^{p} \lambda_m} \tag{3-4}$$

（4）选择累计贡献率不小于 85% 且特征值大于 1 的前 $s(s < p)$ 个主成分 F_1, F_2, …, F_s；

（5）由因子得分系数矩阵，可计算各因子的得分分数：

$$F_i = \sum_{k=1}^{n} B_i X_k \tag{3-5}$$

（6）构造综合评价函数。以每个主因子的方差贡献率占公共因子总方差贡献率的比重作为权数进行加权计算，计算公式如下：

$$F = (H_1 F_1 + H_2 F_2 + \cdots + H_s F_s)/TH_k \tag{3-6}$$

计算出每个建筑业企业的综合函数得分 S_0，以该得分进行排序评价。

（7）基于步骤（6），给出相关对策。

（8）经过时间 Δt，重新评估，获得每个样品的综合函数得分为 $S_{0+\Delta}$，计算初次评价变化 ΔS，即建筑业企业行政力效率变化值，其计算公式如下：

$$\Delta S = S_{0+\Delta} - S_0 \tag{3-7}$$

建筑业企业行政力效率变化值可以进行不断的测评，每次测评应该以前一次评价的综合函数得分为基数，求得变化值。当所有建筑业企业主成分因子均获得正值时，建筑业企业行政力有效提升的第一个周期过程结束，企业将通过关注综合函数得分靠后的指标重新构建指标体系，进行持续改进。

4. 案例

（1）数据来源

根据本文建立的评价指标体系，拟选用陕西省 10 家建筑企业。因为指标均为定性指标，这里的数据通过问卷调查方式取得，将评价等级分为 $V =$ ｛很好，好，一般，差，很差｝，并采用语言评价方法将其转化，相对应为 ｛5，4，3，2，1｝。经处理后，数据如表3-2 所示。

建筑业企业基础数据　　　　　　　　　　　　　　　　表 3-2

企业	1	2	3	4	5	6	7	8	9	10
经营理念 X_1	2	3	5	2	1	3	4	5	2	3
管理策略 X_2	4	5	1	4	4	5	5	4	5	5
企业精神 X_3	4	3	3	4	5	4	5	5	3	2
企业文化 X_4	3	4	3	4	4	4	2	3	1	3
用人政策 X_5	5	2	3	3	4	2	3	1	2	4
行政规范 X_6	4	5	2	1	3	3	3	2	4	5
行政行为 X_7	1	2	3	4	2	3	4	2	3	4
行政关系 X_8	3	2	3	4	2	4	3	2	3	4
奖励权 X_9	2	3	3	4	4	5	1	3	4	5
处罚权 X_{10}	3	1	3	4	2	4	2	3	1	2
民主、监督机制 X_{11}	1	2	3	2	4	4	1	3	4	5
行政运行机制 X_{12}	1	2	3	3	4	3	1	3	1	3
行政资源 X_{13}	1	2	3	4	4	5	3	1	2	3

（2）统计分析

上述整个过程可以借助 SPSS 软件完成计算[29]，过程如下：

公因子方差表　　　　　　　　　　　　　　　　表 3-3

	Initial	Extraction
经营理念 X_1	1	0.827
管理策略 X_2	1	0.899
企业精神 X_3	1	0.887

	Initial	Extraction
企业文化 X_4	1	0.727
用人政策 X_5	1	0.876
行政规范 X_6	1	0.868
行政行为 X_7	1	0.831
行政关系 X_8	1	0.933
奖励权 X_9	1	0.932
处罚权 X_{10}	1	0.805
民主、监督机制 X_{11}	1	0.871
行政运行机制 X_{12}	1	0.928
行政资源 X_{13}	1	0.796

Extraction Method：Principal Component Analysis.

1）统计描述（公因子方差描述）。由表 3-3 可以看出，提取公因子后，这些数字差不多都到达 0.8 以上，数字越大，对应变量与潜在共性因子的相关性越强，说明它们与隐性因子的相关性较强。

方差分解表 表 3-4

Component	Initial Eigenvalues			Extraction Sums of Squared Loadings		
	Total	%of Variance	Cumulative%	Total	%of Variance	Cumulative%
1	3.648	28.058	28.058	3.648	28.058	28.058
2	2.800	21.535	49.594	2.800	21.535	49.594
3	1.847	14.211	63.805	1.847	14.211	63.805
4	1.648	12.675	76.480	1.648	12.675	76.480
5	1.236	9.507	85.987	1.236	9.507	85.987
6	0.706	5.434	91.421			
7	0.585	4.503	95.924			
8	0.326	2.509	98.433			
9	0.204	1.567	100.000			
10	4.505E-16	3.465E-15	100.000			
11	2.601E-16	2.000E-15	100.000			
12	1.415E-16	1.089E-15	100.000			
13	−6.831E-17	−5.255E-16	100.000			

Extraction Method：Principal Component Analysis.

2）方差分解（因子提取分析）。由表 3-4 可知，前 5 个主成分累计贡献率达 85.987%，且其特征值均大于 1，因此选取前 5 个主成分进行分析。

	Component				
	1	2	3	4	5
经营理念 X_1	−0.052	−0.075	0.049	−0.343	−0.338
管理策略 X_2	−0.033	0.088	0.058	0.602	−0.126
企业精神 X_3	−0.083	0.407	−0.122	0.298	−0.117
企业文化 X_4	0.205	0.183	−0.166	0.006	0.180
用人政策 X_5	−0.087	−0.068	0.040	−0.156	0.592
行政规范 X_6	0.039	−0.288	−0.088	0.107	0.125
行政行为 X_7	−0.078	0.005	0.402	0.059	−0.168
行政关系 X_8	−0.084	−0.017	0.417	−0.034	0.153
奖励权 X_9	0.303	−0.088	0.028	0.055	−0.035
处罚权 X_{10}	−0.017	0.243	0.143	−0.135	0.104
民主、监督机制 X_{11}	0.309	−0.186	−0.024	−0.016	−0.145
行政运行机制 X_{12}	0.321	0.083	−0.141	−0.113	−0.031
行政资源 X_{13}	0.112	0.182	0.184	0.168	0.027

Extraction Method：Principal Component Analysis.

Rotation Method：Varimax with Kaiser Normalization.

Component Scores.

3）因子得分分析。由表 3-5 可写出以下因子得分函数：

$$F_1 = -0.052X_1 - 0.033X_2 - 0.083X_3 + 0.205X_4 - 0.087X_5 + 0.039X_6 - 0.078X_7 - 0.084X_8 + 0.303X_9 - 0.017X_{10} + 0.309X_{11} + 0.321X_{12} + 0.112X_{13}$$

$$F_2 = -0.075X_1 + 0.088X_2 + 0.407X_3 + 0.183X_4 - 0.068X_5 - 0.288X_6 + 0.005X_7 - 0.017X_8 - 0.088X_9 + 0.243X_{10} - 0.186X_{11} + 0.083X_{12} + 0.182X_{13}$$

$$F_3 = 0.049X_1 + 0.058X_2 - 0.122X_3 - 0.166X_4 + 0.040X_5 - 0.088X_6 + 0.402X_7 - 0.417X_8 + 0.028X_9 + 0.143X_{10} - 0.024X_{11} - 0.141X_{12} + 0.184X_{13}$$

$$F_4 = -0.343X_1 + 0.602X_2 + 0.298X_3 + 0.006X_4 - 0.156X_5 + 0.107X_6 + 0.059X_7 - 0.034X_8 + 0.055X_9 - 0.135X_{10} - 0.016X_{11} - 0.113X_{12} + 0.168X_{13}$$

$$F_5 = -0.338X_1 - 0.126X_2 - 0.117X_3 + 0.180X_4 + 0.592X_5 + 0.125X_6 - 0.168X_7 + 0.153X_8 - 0.035X_9 + 0.104X_{10} - 0.145X_{11} - 0.031X_{12} + 0.027X_{13}$$

（3）综合评价

以每个主因子的方差贡献率占公共因子总方差贡献率的比重作为权数进行加权计算，根据表 3-2 得出综合评价函数为：

$$F = (28.058F_1 + 21.535F_2 + 14.211F_3 + 12.675F_4 + 9.507F_5)/85.987 \qquad (3-8)$$

计算结果见表 3-6。

根据表 3-6 的评价值及排序可知，这 10 家国有大型建筑企业的行政力从优到劣为：企业 10、企业 5、企业 6、企业 2、企业 9、企业 4、企业 1、企业 8、企业 7、企业 3。

综合分析表
综合分析表　　　　　　　　　　　　　　　　　　　　　　　　　　　　　　表 3-6

企业	F_1 得分	F_2 得分	F_3 得分	F_4 得分	F_5 得分	综合得分 F	排序
1	0.7374	1.9353	1.3505	2.2851	2.2265	1.5315	7
2	2.3249	1.2999	0.9522	3.2826	3.1653	2.0754	4
3	2.4915	0.1458	2.4107	−0.5000	−0.6760	1.0995	10
4	2.5579	−0.0013	3.4356	2.6616	2.3449	2.0537	6
5	3.8135	1.5849	1.0176	3.4348	3.2002	2.6696	2
6	3.7488	−0.3180	3.0893	3.4220	2.9646	2.4864	3
7	0.1532	0.1489	2.9609	3.2909	2.9509	1.3880	9
8	2.3384	0.1734	1.0734	1.8521	1.9575	1.4733	8
9	2.1627	0.1569	2.4300	3.6599	3.4606	2.0687	5
10	3.6571	1.1747	3.1297	2.6982	2.5223	2.6814	1

（4）对策

针对上述各个建筑业企业存在的不足，可以从评价指标的三个方面进行改进：

1）管理能力方面：可以加强对企业的经营理念、管理策略、企业精神、企业文化、用人政策等管理作用，并且在实际工作中企业要对各项工作的贯彻落实进行监督管理。

2）协调能力方面：通过制定一系列行政规范、赋予企业奖励权、处罚权等，做好上与下、左与右、里与外的沟通和信息传达，使下级充分领会上级的意图，使各个系统之间良好沟通，在充分沟通的基础上做好协调，这样才能使企业和谐。

3）服务能力方面：通过制定民主、监督机制、行政运行机制等，为企业提供支持和服务，保证企业的各项工作顺利进行。

3.1.4　结论

建筑业企业行政力作为建筑企业发展的重要内生变量，通过本节所构建指标体系可以达到持续改建建筑业行政力的目的。但是，不容忽视的是，在建筑行业中，政府行政力对建筑企业行政力的行政治理作用。在政府对建筑业企业的行政治理中，其内在因素很可能实际上成为降低建筑业企业的创造价值和转移价值的重要形式。政府对建筑业企业的行政治理以事实为依据，以法律为准绳。国家为了规范建筑业企业的经营活动，同时也为了规范建筑行政管理部门的行政治理行为，制定并颁布了一系列的建设法律、法规。一般规律是，建设法律法规制定，通常是针对建筑市场运行中已经出现的各种突出问题而规定的特定行为。这就说，成文法在一定程度上滞后于实际发展的需求，结果就出现了特定时期针对特定问题而制定的建设法律、法规，在新的时期，某种程度上成了限制建筑业企业发展的羁绊。建设法律法规成为"障碍"，就走向了它自身的反面。这种情况一旦出现，放松行政治理就成为必然的选择。不过，放松政府的行政治理以后，新的问题又可能会随之出现，这就要求国家、建设行政管理部门从维护建筑市场稳定的目标出发，根据新情况，修改有关管理办法或制定有关法律。这种循环过程将使政府行政力对建筑业企业的治理作用到达更高一级的程度。如何有效控制政府行政力对建筑业企业发展的不利作用，是建筑业企业行政力未来研究的重要方向。

但这并不表示政府行政力对建筑业企业发展的绝对影响作用。因为，政府对建筑业企业的行政治理属于外部官方治理。总体而言，要保证建筑业企业的持续发展，仅有外部官方治理是不够的。建筑业企业内部治理和市场法则同样重要。政府行政力通过建立统一的市场规则，为建筑业企业价值创新创造了公平竞争的环境，而竞争则有利于提高建筑业企业价值创新的水平。但政府行政治理作用的发挥，最终还要靠建筑业企业的严格内控和整个建筑市场奖惩来实现。因此，如何处理好建设行政管理部门的行政治理与建筑业企业内控以及建立生产要素和生活要素流动的市场机制之间的关系，如何发挥行业协会、专业协会的积极作用，使建筑业企业的内控得到增强，使市场竞争以及由于竞争失败所带来的惩罚确实对建筑业企业的生产要素或生活要素组合产生约束，是建筑业企业行政力和政府行政力两者的重要任务。

3.2 建筑业企业文化力效率评价

文化力是建筑业企业价值创新三大环境力之一。本节基于文化、文化力和企业文化力的文献回顾，提出文化治理是文化力对建筑业企业价值创新作用的最高层次，基于此，将其划分为企业精神文化力、企业制度文化力、企业行为文化力和企业物质文化力四个层次，并构建其相应的指标体系。为了有效测度文化力对建筑业企业价值创新的效率，采用层次分析法分析四种文化力权重，然后以 DEA 为中心模型提出建筑业企业价值创新文化力效率评价模型，并以项目偏差思想为基础构建效率波动分析图来寻求建筑业企业价值创新文化力指标之间的效率差距。建筑业企业实证研究表明该方法可以有效地测度建筑业企业价值创新的文化力效率。

建筑企业价值创新离不开环境力的作用，即文化力、经济力、行政力。文化力（Cultural Force，Culture Ability，Cultural Power）是建筑企业价值创新的环境变量之一，影响建筑企业的精神力量以及由此产生的创造活动，并作用于建筑企业来实现。建设项目相对于建筑企业来说，生命周期比较短。建筑企业价值创新虽依托于建设项目，但并不表示可以忽视建筑企业作为组织形式所带来的价值创新功能。文化的影响作用并非一朝一夕之功，它起于日日浸润所形成的文化积淀。这种积淀的形成可能会借助于建筑企业的规章制度、一种无形的内在吸引力以及地域因素等。它作为建筑企业发展的一种不可抗拒的软实力，慢慢地作用在企业治理上，影响建筑企业的价值创新活动。那么，建筑业企业价值创新的文化力应如何界定？它对建筑业企业价值创新的贡献效率如何测定？本节在前期研究的基础上，通过文化、文化力和企业文化力的回顾，界定建筑业企业价值创新文化力的内涵，进而对其分类，构建建筑业企业价值创新文化力指标体系，综合应用 DEA 和 AHP 方法对建筑业企业价值创新的文化力进行效率评价。

3.2.1 建筑业企业价值创新文化力界定

1. 文化与文化力

两种合并的文化之间存在能力差异或缺乏适配性，也就是存在着文化的碰撞。它们会导致低劣的个人环境适应性，并由此对工作业绩产生出负面影响，没有得到满足的个人期待和文化不调和性导致员工对工作的不满和烦恼。不同的文化浸润着不同的价值观、态度、管理风格和工作方式，如果合并的文化是不同的，两种文化之一最终会占据主导地位，由此而使员工个人产生紧张感和压力，破坏组织的合并成果。文化模式被社会成员共同认可和接受以后，就具有了超越个体价值观念的性质，形成了社会群体共同的价值观念和价值模式。人们只有按照文化模式所确定的价值标准进行选择，才是合法的、规范的，才会为社会多数成员接收和认可，否则，个人选择本身便被社会视为无价值的，甚至遭遇阻力和排斥。这也是我国传统文化成为观念性创新障碍的主要原因[30]。

文化是文化力与企业文化力得以生成的土壤。在学术文献中，文化力与企业文化力是两个表达不同、内涵略有差异的术语。本节借助中国知网进行文献检索（截至 2008 年 4 月），发现文化力的定义比较模糊。它们主要从以下几个角度来论述文化力：第一，基于企业文化的角度[31-32]，将文化力看作企业的文化号召力量；或将企业文化等同于文化力。第二，基于文化经济的角度，认为文化力是指文化因素对经济社会发展的影响和作用[33]，可作为软实力的重要组成部分[34]，以人为主体并通过人的活动所体现出来的精神力与物质力的综合结合力[35]，对经济具有强大的推动力[36]，是人类的一种社会性、群众性活动，可以释放出一种"力"[37]。第三，基于国家文化的角度，认为文化力相对于经济力、政治力、军事力而言[38]，是指国家文化发展和积累形成的力量及对经济、政治、社会生活等各方面的影响力[39-40]，是一个国家和地区谋求经济和社会发展所需的各种智力因素的总和[41]。第四，基于人的全面发展的角度，认为文化力主要是"精神方面的生产力"[42]，实质上是指认识和改造自然、社会及人自身过程中的文化力量[43]，其核心是人的素质和人民群众在经济、文化、科技与社会生活领域中表现出的创造性能量[44]。第五，基于产品文化的角度，认为文化力则是指人们所生产的产品的文化内涵，以及文化含金量较高产品的穿透力和震撼[45]。

2. 建筑业企业价值创新文化力

建筑业企业价值创新是指其在建筑经济活动中不断通过生产要素或者生活要素的有效组合来改变已有资源的财富创造潜力，追求其所蕴含的商品价值、符号价值和社会价值。从主客体角度来看，建筑业企业价值创新包括建筑业企业和建筑产品两种范围的价值创新活动。本节仅涉及建筑业企业一种范围内文化力对其价值创新活动的影响，文化力对建筑产品价值创新的影响作用将撰文另述。目前，关于企业文化力（Enterprise Culture Power，Business Culture Power，Enterprise Cultural Power）的解释，主要有三种。企业文化力不是指企业管理的组织结构、体系和规章制度本身，而是造成这种结构和体系的精神理念和规章制度所显示的企业宗旨和使命[46]。或者，企业文化力是指企业员工接受或形成某种文化观念时形成的内在精神力量[47]。亦有学者认为企业文化所具有的强大功能所表现出的凝聚力、激励力、约束力、导向力、纽带力、辐射力就是企业文化力[48]。显见，上述研究虽出发点各异，但互为补充。

基于广义文化视角，文化包括物质、制度和观念三个层面的内容，那么，人类的一切活动及其结果均表现为文化，从而文化力和企业文化力就实现了同一化；若基于狭义文化视角，文化专指行为规范和价值观念的内容，则文化力和企业文化力属于不同层次的范畴。文化的积淀作用左右了文化力的强弱及范畴。显然，建筑业企业价值创新文化力的形成轨迹与利益驱动力、科技推动力不同，需要把企业精神信条内化为信念，再把信念演化为行为习惯，从而影响产品和服务的质量，拓展市场空间，满足其商品价值、符号价值和社会价值的显在与潜在要求。文化力要提升建筑业企业价值创新的能力，其最高境界是实现建筑业企业文化治理。文化治理则是指组织利用其共同使命和价值观去实现组织的自治。这时，组织的治理工具是各种符号化的使命感和价值观，而不是具体的规章制度、战略步骤以及可以用语言交流的核心理念或通过某些途径用以调节组织行为的机制。

建筑业企业为了达到文化力治理境界，需要从精神[49]、制度[50]、行为[51] 和物质[52]四个方面构建其文化力体系，具体如图 3-1 所示。

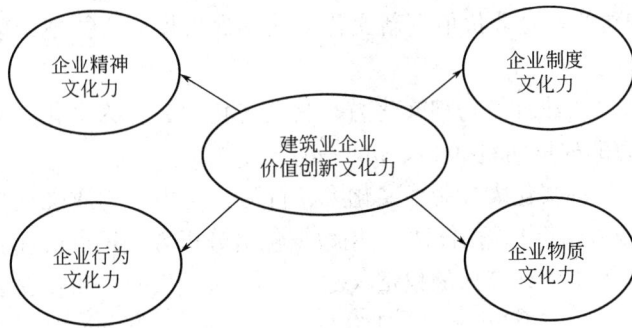

图 3-1　建筑业企业文化力分类示意图

3.建筑业企业价值创新文化力指标体系

建筑业企业价值创新文化力包含四个层次，每个层次又包含不同的评价指标。本节在综合相关文献[40-43] 的基础上，提出如表 3-7 所示的建筑业企业价值创新文化力指标。

建筑业企业价值创新文化力指标　　　　　　　　　　　　　　　　　表 3-7

建筑业企业价值 创新文化力 U	精神文化力 U_1	企业哲学 U_{11}
		企业价值观 U_{12}
		企业道德 U_{13}
		企业精神 U_{14}
		企业目标 U_{15}
		企业形象 U_{16}
		企业风尚 U_{17}
	制度文化力 U_2	企业法规 U_{21}
		企业经营制度 U_{22}
		企业管理制度 U_{23}
		企业领导制度 U_{24}
		企业民主制度 U_{25}
	行为文化力 U_3	企业家知识经验 U_{31}
		员工知识技能 U_{32}
		企业家精神 U_{33}
		创新以及学习能力 U_{34}
		手法履约经营 U_{35}
		员工行为规范 U_{36}
	物质文化力 U_4	企业生产的产品和提供的服务 U_{41}
		企业的工作环境和生活环境 U_{42}

3.2.2 建筑业企业价值创新文化力效率评价模型

1. 模型

AHP 和 DEA 相结合的评价方法可以将 DEA 方法的客观性特点和 AHP 的主观性相结合，从而能够有效区分 DEA 有效决策单元，并能避免当 AHP 决策方法主观性过强的特点，使评价结果趋于全面，更加符合实际。周伟杰[53]、王祖和和孙秀明[54] 将该方法分别应用在公路建设项目以及多项目管理中，本节将借鉴该种方法构建以 DEA 为中心模型、AHP 为辅助模型的建筑业企业价值创新文化力效率评价模型，并基于项目偏差思想建立起效率波动分析图。步骤如下：

步骤 1：用层次分析法计算精神文化力、制度文化力、行为文化力、物质文化力相对于总目标企业文化力的权重向量（w_1、w_2、w_3、w_4）。

步骤 2：分别从精神文化力、制度文化力、行为文化力、物质文化力四个方向建立评价单元集合，确定输入指标与输出指标，用数据包络分析方法得出最优值 h_{ij}。

步骤 3：利用步骤 1 中计算出的权重（w_1、w_2、w_3、w_4）和步骤 2 计算出的评价单元的最优值，计算总体优先级量：$\sigma_j = \sum_{i=1}^{4} h_{ij}w_i$，并比较 σ_j，即可得到各建筑业企业价值创新文化力的优劣顺序。

步骤 4：利用 $\sum_{i=1}^{4} h_{ij}w_i$，构建以 $\dfrac{\sum_{j=1}^{n}\sum_{i=1}^{4} h_{ij}w_i}{n}$ 为标准线的建筑业企业价值创新文化力效率波动图，分析所调查建筑业企业群的文化力效率稳定情况，便于为后续差距分析。其中 n 为所调查企业数。

2. 案例

根据评价指标体系和 DEA 的原则，本节选取 14 个建筑业企业作为评价单元进行评价，其价值创新文化力评价过程如下：

步骤 1：通过专家打分法，构造精神文化力 U_1、制度文化力 U_2、行为文化力 U_3、物质文化力 U_4 的判断矩阵；将判断矩阵进行计算求得各因素的权重；进行一致性检验，因 C. R. $=0.0327<0.1$，故其通过一致性检验。如表 3-8 所示。

建筑业企业价值创新文化力 AHP 过程及结果 表 3-8

U	U_1	U_2	U_3	U_4	w_i	w_i^0	λ_{maxi}	
U_1	1	3	2	4	2.2134	0.4632	4.0667	
U_2	1/3	1	1/2	3	0.8409	0.1760	4.1164	$\lambda_{max}\approx4.0872$ C. R. $=0.0327<0.1$
U_3	1/2	2	1	3	1.3161	0.2754	4.0494	
U_4	1/4	1/3	1/3	1	0.4082	0.0854	4.1166	

步骤 2：分别对建筑业企业价值创新文化力中精神文化力 U_1、制度文化力 U_2、行为文化力 U_3、物质文化力 U_4 进行数据包络分析计算（见表 3-9～表 3-12），其输入输出数据通过调查问卷取得。建筑业企业价值创新文化力 DEA 分析结果见表 3-13。

精神文化力 U_1 评价指标基本数据 表 3-9

	输入				输出		
	企业哲学 U_{11}	企业价值观 U_{12}	企业道德 U_{13}	企业精神 U_{14}	企业目标 U_{15}	企业形象 U_{16}	企业风尚 U_{17}
A_1	1	2	3	1	2	3	4
A_2	2	2	1	2	3	4	5
A_3	3	3	4	1	3	1	4
A_4	1	4	3	3	4	4	5
A_5	5	1	1	5	3	2	3
A_6	2	3	4	3	2	1	3
A_7	2	2	3	2	3	4	5
A_8	4	4	5	2	3	3	4
A_9	3	4	1	2	3	1	3
A_{10}	4	2	2	1	4	4	5
A_{11}	4	3	4	2	3	3	2
A_{12}	3	2	2	4	4	4	4
A_{13}	2	1	3	3	4	3	5
A_{14}	3	3	4	2	5	1	4

制度文化力 U_2 评价指标基本数据 表 3-10

	输入			输出	
	企业法规 U_{21}	企业经营制度 U_{22}	企业管理制度 U_{23}	企业领导制度 U_{24}	企业民主制度 U_{25}
A_1	1	3	1	2	2
A_2	2	4	3	2	3
A_3	3	4	5	1	2
A_4	5	4	3	2	1
A_5	3	2	1	2	3
A_6	2	3	4	5	3
A_7	1	2	3	4	3
A_8	1	3	2	2	2
A_9	3	4	3	3	3
A_{10}	3	5	4	1	4
A_{11}	4	3	4	3	4
A_{12}	1	2	3	4	5
A_{13}	2	4	4	2	3
A_{14}	3	3	3	1	4

行为文化力 U_3 评价指标基本数据　　　表 3-11

| | 输入 | | | | 输出 | |
	企业家知识经验 U_{31}	员工知识技能 U_{32}	企业家精神 U_{33}	创新以及学习能力 U_{34}	手法履约经营 U_{35}	员工行为规范 U_{36}
A_1	2	3	1	3	4	5
A_2	2	3	3	4	2	1
A_3	3	2	3	3	2	4
A_4	2	3	4	2	3	4
A_5	2	3	2	2	3	5
A_6	3	2	3	1	2	3
A_7	2	2	1	3	2	3
A_8	4	1	2	3	4	5
A_9	1	3	4	4	3	4
A_{10}	1	3	2	4	4	3
A_{11}	2	3	3	4	5	2
A_{12}	2	3	1	1	3	3
A_{13}	1	1	2	3	2	4
A_{14}	3	2	4	5	1	1

物质文化力 U_4 评价指标基本数据　　　表 3-12

| | 输入 | 输出 |
	企业生产的产品和提供的服务 U_{41}	企业的工作环境和生活环境 U_{42}
A_1	1	2
A_2	2	4
A_3	3	1
A_4	3	3
A_5	2	3
A_6	4	3
A_7	1	3
A_8	2	3
A_9	4	5
A_{10}	2	4
A_{11}	1	3
A_{12}	4	2
A_{13}	4	2
A_{14}	2	1

建筑业企业价值创新文化力 DEA 分析结果　　　表 3-13

	精神文化力	制度文化力	行为文化力	物质文化力
A_1	1.0000	1.0000	1.0000	0.6667
A_2	1.0000	0.5455	0.4071	0.6667
A_3	0.8958	0.2222	0.7304	0.1111
A_4	1.0000	0.4000	0.9091	0.3333
A_5	1.0000	1.0000	1.0000	0.5000
A_6	0.4561	0.9091	1.0000	0.2500
A_7	0.9999	0.9999	0.7500	1.0000
A_8	0.5543	0.6667	1.0000	0.5000
A_9	0.9999	0.6316	1.0000	0.4167
A_{10}	1.0000	0.5333	1.0000	0.6667
A_{11}	0.5857	0.5714	1.0000	1.0000
A_{12}	0.9620	1.0000	1.0000	0.1667
A_{13}	1.0000	0.4286	1.0000	0.1667
A_{14}	1.0000	0.6667	0.2174	0.1667

步骤 3：将步骤 2 所得效率评价结果与步骤 1 所得各因素的比重相结合计算，得到建筑业企业价值创新文化力效率评价结果（见表 3-14）。

建筑业企业价值创新文化力 AHP-DEA 评价模型计算结果　　　表 3-14

各因素权重	精神文化力 (0.4632)	物质文化力 (0.1760)	行为文化力 (0.2754)	制度文化力 (0.0854)	$\sum\limits_{i=1}^{4} h_{ij}w_i$	排序结果
A_1	1.0000	1.0000	1.0000	0.6667	0.9715	1
A_2	1.0000	0.5455	0.4071	0.6667	0.7283	10
A_3	0.8958	0.2222	0.7304	0.1111	0.6647	13
A_4	1.0000	0.4000	0.9091	0.3333	0.8124	8
A_5	1.0000	1.0000	1.0000	0.5000	0.9573	2
A_6	0.4561	0.9091	1.0000	0.2500	0.6680	12
A_7	0.9999	0.9999	0.7500	1.0000	0.9311	3
A_8	0.5543	0.6667	1.0000	0.5000	0.6922	11
A_9	0.9999	0.6316	1.0000	0.4167	0.8853	6
A_{10}	1.0000	0.5333	1.0000	0.6667	0.8894	5
A_{11}	0.5857	0.5714	1.0000	1.0000	0.7327	9
A_{12}	0.9620	1.0000	1.0000	0.1667	0.9112	4
A_{13}	1.0000	0.4286	1.0000	0.1667	0.8283	7
A_{14}	1.0000	0.6667	0.2174	0.1667	0.6546	14

从上述排序可知，14 个建筑业企业价值创新文化力的优劣由高到低分别为：A_1、A_5、

A_7、A_{12}、A_{10}、A_9、A_{13}、A_4、A_{11}、A_2、A_8、A_6、A_3、A_{14}。

步骤 4：构建建筑业企业价值创新文化力效率值偏差分析图，寻求以均值为标准线的建筑业企业价值创新文化力效率波动。所调查的 14 个建筑业企业价值创新文化力效率波动如图 3-2 所示。在图 3-2 中，只有两个建筑业企业价值创新文化力明显高于均值线。纵观全图，可以发现该建筑业企业群的文化力效率呈现明显差异，波动明显，需要进行大幅度改进。

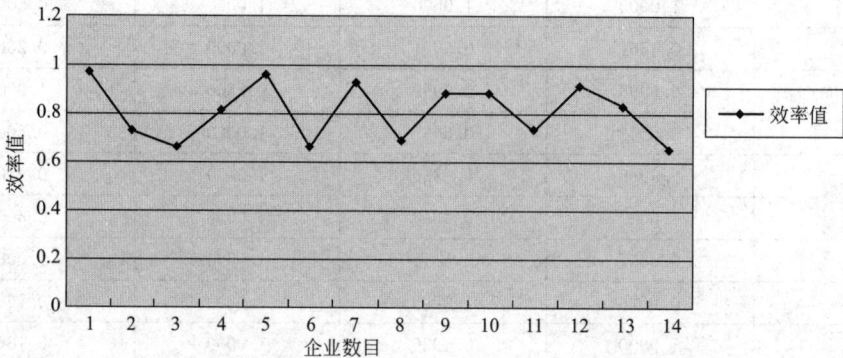

图 3-2　建筑业企业价值创新文化力效率值偏差

3.2.3　结论

（1）基于文化和文化力相关文献的回顾，结合建筑业企业价值创新内涵要求，提出文化治理是文化力对建筑业企业价值创新的最高作用层次，并综合分析建筑业企业价值创新文化力的构成、分类。

（2）构建建筑业企业价值创新文化力 AHP-DEA 模型。采用专家打分法评价了建筑业企业价值创新文化力四个构成单元的比重，利用调查问卷获得各构成子单元输入输出数据的 DEA 效率，两者结合，对建筑业企业价值创新文化力效率进行评价。14 个建筑业企业的调查案例和运算结果显示，该方法具有可操作性。

（3）在对建筑业企业价值创新文化力效率评价之后，应该寻求文化力效率标杆企业，分析原因，寻找差距，制定方案，采取措施，持续改进建筑业企业价值创新文化力效率。采取何种方法有效锁定建筑业企业价值创新文化力效率"失效"原因，定量化其差距，则是本书进一步研究的重要方向。

3.3　建筑业企业经济力

经济力是企业价值提升最直观的财务状况指标，一个公司的财务状况特别是流动资产变现能力、企业的资金或资本增值能力，通常表现为一定时期内企业收益数额的多少及其水平的高低、各项经济资源通过配置组合与相互作用而生成的推动企业运行的物质能量、企业扩大规模、壮大实力的潜在能力。可以概括为偿债能力、赢利能力、营运能力、发展能力四项指标。

在国家"十二五"产业结构战略调整过程中，我国建筑业企业面临多重产业选择，或固守主业，或纵横跨越主业，进入新事业领域。建筑业企业主业（服务）选择的逻辑基础建立在商品价值或者说获利能力之上，只有具备一定的获利（商品价值）能力才可能进一步追求符号价值和社会价值，形成共生的三维价值空间。但是建筑业企业的资本结构是否能够支撑其多元化业务选择或者说业务蔓延？业务蔓延所引发的管理绩效、职工激励等资产结构问题是否得到同步响应？这些成为建筑业企业在产业结构调整过程中必须直面的问题。

下面以土木工程上市公司为例探讨建筑业企业资本结构、业务蔓延对赢利能力的贡献关系。

1. 研究假设

建筑企业上市公司具有项目资本需求量大、固定资产投入高和流动资本需求高的特点，因此，本书选择资产负债率作为资本结构的替代变量，选取土木工程建筑企业上市公司至少5年（如表3-15所示）的财务数据进行相关指标计算，包括企业规模、成长性、管理绩效、资产负债率、工资刚性等公司特征变量。建筑企业的赢利能力是否被职工共享，克服"工资刚性"劣势，形成职工个人发展与企业发展同步的良好趋势，也是推动企业发展的关键内在动力。建筑企业赢利能力除了固定资产的贡献外，部分来自于其无形资产（品牌价值）和社会价值的认同，对此，本书采用年末全部总资产与流动资产和固定资产之差占总资产的比例，即用企业价值社会认同率进行表示。企业价值社会认同率越高，项目中标可能性大，赢利能力就可能比较强。

囿于数据可得性，本书主要采用财务绩效指标分析业务蔓延所带来的盈利绩效，形成经营性资产（营业利润率）、赢利能力（净值产收益率和总资产收益率）三个维度的解释变量分析。盈利绩效指标包括资产收益率、营业利润率和总资产报酬率。

本书通过多指标多维度的混合数据分析，对建筑企业上市公司资本结构、管理绩效和企业规模等公司特征与赢利绩效之间的关系进行如下假设：

H1：公司特征和盈利绩效（资产收益率、营业利润率和总资产报酬率三个方面）呈正相关关系。

一般地，关于企业业务蔓延与经营业绩的关系，究竟是正向支撑、负向支撑或是没关系尚无公认结论。关于建筑企业上市公司业务蔓延方面，已有学者通过多种方法对比分析了业务多元化、地域多元化对建筑企业盈利能力、经营增长、资产质量、债务风险及综合绩效的影响作用。本书从建筑企业上市公司业务蔓延角度分析，不区分业务多元化的类型，便于集中样本容量信息；同时，资本结构具有明显的行业特征，为提高样本的信息纯度和针对性，借鉴证监会关于建筑业的分类标准，以土木工程建筑业（E01）的多元化商业模式与财务数据为对象，进行相关假设的测度和验证。对于业务蔓延与建筑企业赢利绩效之间的关系，第一是，建筑业企业赢利能力不高，缺乏资本积累，对银行资本费用的依赖过于明显，业务蔓延可能对其赢利能力产生负面作用；第二，本书认为大型土木工程建筑企业上市公司应该重在夯实主业，避免投资"潮涌现象"带来的业务扩张，特别是过度或过热的非理性业务投资扩张会伤害建筑企业的营运与获利能力，故将业务蔓延与盈利绩效关系的预期符号假定为负。因此，本书提出第二个假设：

H2：业务蔓延和盈利绩效（资产收益率、营业利润率和总资产报酬率三个方面）有负相关关系。

2.研究设计

(1) 定义变量

除工资刚性、社会价值认同率、工资增长率和管理绩效指标外，其他指标的计算方法及预期符号均结合已有经验研究进行假设，见表 3-15。

土木工程建筑企业上市公司多元化商业模式与赢利绩效指标   表 3-15

指标名称	标示符号	预期符号	指标名称	标示符号	预期符号
总资产报酬率	RTAR	解释变量	赫芬达尔指数	HHI	—
营业利润率	OPR	解释变量	行业数（业务）	PI	—
资产收益率	ROA	解释变量	管理绩效	MP	+
资产负债率	LEV	+	工资刚性	WR	+
规模	SIZE	+	工资增长率	SIR	+
成长性	DO	+	股东权益比	SE	+
销售净利润率	NPMR	+	社会价值认同率	LTDV	+

其中，资产负债率以负债总额除以资产总额表示；成长性以折旧费用除以销售额表示；规模以年末总资产的对数表示；资产收益率以公司当年的税前收益除以总资产的比率表示；销售净利率以净利润除以营业总收入表示。

营业利润率以营业利润除以营业总收入表示；总资产报酬率以净利润除以年末总资产表示；管理绩效以管理成本除以营业收入表示；股东权益比率以净资产比率表示，即股东权益与资产总额的比率；工资刚性以本年职工薪酬与上年职工薪酬工资增长之差除以现金流量表示；工资增长率以本年职工薪酬与上年职工薪酬工资增长之差除以本年职工薪酬表示。

业务蔓延采用所有业务收入指数（HHI）来衡量。该指数的计算公式为：$HHI = \sum P_i^2$，其中 P_i 为 i 行业收入占总收入的比重。企业业务蔓延程度越高，HHI 指数就越低，当企业专业化经营时，该指数为 1。该指数比行业数更准确地衡量了企业的业务蔓延程度。在稳定性检验中，采用主营业务数代替。行业数（业务数）作为业务收入的替代变量进行稳定检验。

(2) 研究设计

样本经检验涉及的自变量较多，对于 H1 和 H2 假设的验证，拟采用从所有解释变量中先选择影响最为显著的变量建立模型，然后再将模型之外的变量逐个引入模型；每引入一个变量，就对模型中的所有变量做一次显著性检验，并从中剔除不显著变量，通过逐步回归消除多重共线性，从而寻找显著变量。根据土木建筑企业上市公司之间业绩指标存在差异，经过初步分析尝试，采用固定影响变截距模型 SUR 估计处理样本之间的同期相关协方差。为检验 H1 和 H2 的假设，本书构建如下三个方程：

① OPR 绩效方程：

建立 OPR 绩效多元回归模型 M(1) 如下：

$$OPR(DO) = C(1) + C(2)SIZE + C(3)MP + C(4)LEV + C(5)HHI + C(6)WR + C(7)NPMR + C(8)LTDV + C(9)SE$$

其中：$C(1)$ 为常数项；$C(2) \sim C(9)$ 为相应变量的系数项。该方程主要分析营业利润率与企业特征和业务蔓延的相关关系。

② ROA 绩效方程：

建立 ROA 绩效多元回归模型 M(2) 如下：

$$ROA = C(1) + C(2)SIZE + C(3)MP + C(4)LEV + C(5)HHI + C(6)WR + C(7)NPMR + C(8)LTDV + C(9)SE$$

其中：$C(1)$ 为常数项；$C(2) \sim C(9)$ 为相应变量的系数项。该方程主要分析资产收益率与企业特征和业务蔓延的相关关系。

③ $RTAR$ 绩效方程：

建立 $RTAR$ 绩效多元回归模型 M(3) 如下：

$$RTAR = C(1) + C(2)SIZE + C(3)MP + C(4)LEV + C(5)HHI + C(6)WR + C(7)NPMR + C(8)LTDV + C(9)SE$$

其中：$C(1)$ 为常数项；$C(2) \sim C(9)$ 为相应变量的系数项。该方程主要分析总资产报酬率与企业特征和业务蔓延的相关关系。

3. 数据来源

根据中国证监会建筑业行业分类指引，从问题的针对性和样本数据的实际情况出发，主要以土木工程建筑业企业上市公司（E01）为对象，结合部分公司业务变更的实际，研究样本的名称、主营业务及研究时段见表 3-16，限于篇幅，深天健、隧道股份、空港股份、粤水电、西藏天路、科达股份、龙建股份略去。

研究样本的基本情况表

表 3-16

公司名称	上市时间	主营业务	研究时段
东南网架	2007	建筑钢结构	2007～2011
中铁二局	2001	铁路工程、其他工程施工、房地产工程、物质销售及其他	2007～2011
同济科技	1994	工业、商业、房地产业、旅游饮食服务业、施工业（设计及咨询），租赁业（2008 年开始）	2007～2011
浦东建设	2004	路桥施工、沥青混凝土销售、环保产业	2005～2011
中国中铁	2007	基建建设、勘察设计与咨询、工程设备和零部件制造、房地产开发、其他	2008～2011
中国中冶	2009	工程承包、资源开发、装备制造、房地产开发、其他	2009～2011
中材国际	2005	水泥生产线安装、机械装备制造、设计及技术转让、监理、其他	2007～2011
中国铁建	2008	工程承包、勘察设计监理、工业制造、其他业务	2007～2011
龙元建设	2005	民用建筑、工业建筑、市政建筑、公共设施建筑、建筑装饰工程、销售建材、其他	2005～2011
葛洲坝	1997	工程承包、水泥生产销售、民用爆破、水力发电、高速公路营运、房地产、其他	2004～2011
宏润建设	2006	建筑施工、房地产开发	2006～2010
安徽水利	2002	水利工程、房地产、其他、工民建工程、市政工程	2005～2011
腾达建设	2003	工程施工、公路通行费收入、钱江四桥经营权收入、内河沿海船运	2005～2011
四川路桥	2003	道路工程、桥梁工程、通路通行费、桥梁维护收入、水电开发、BOT 收益、土地整理（2011 年开始）	2005～2011

公司名称	上市时间	主营业务	研究时段
重庆路桥	1997	路桥收入、工程建设	2005~2011
东华科技	2007	化工行业、总承包、设计咨询	2008~2011
新疆城建	2003	道路建设工程、房建工程、房屋销售、源水销售、建材销售	2005~2010

4. 统计分析

(1) 描述统计

通过变量指标的描述性统计发现（限于篇幅，描述性表略去），OPR、DO、ROA、SE、$RTAR$、$SIZE$、WR、$NPMR$ 和 PI 均值大于中位数，表明大部分样本的这些变量绩效处于较低状态，少部分处于中等以上水平，致使这些指标的均值明显高于中位数；MP 均值几乎与中位数相等，表明样本的管理绩效处于较均匀态势；LEV 等其他变量均值小于中位数，表明大部分上市公司样本资产结构指标处于中等偏上水平。WR 右偏较大，OPR、DO、PI 和 $NPMR$ 右偏次之且分布类似，SE、$SIZE$、ROA、MP 和 $RTAR$ 右偏弱之。其余变量呈现较明显左偏；大部分变量之间的标准差均比较大，比如 DO、ROA、$SIZE$ 和 LEV 等，这表明土木建筑行业上市公司在规模、成长性、资产收益和资本结构上差异明显；HHI 和 PI 的标准差也比较大，表明土木建筑行业内的业务蔓延差异显著；而 OPR、$RTAR$ 和 MP 三个绩效指标的标准差均小于 0.1，基本无差异，这表明土木建筑行业上市公司总体上营业利润、总资产报酬率和管理绩效上呈现相对一致性。其中差异比较突出的是工资刚性和工资增长率，原因可能在于：一是土木建筑企业上市公司之间的工资激励差异确实较大；二是可能因为部分公司职工薪酬数据缺乏，导致统计结果可能有所放大，但在已有数据样本支持下，可以肯定的是土木建筑上市公司对于工资激励存在比较明显的差异。

(2) 回归分析

① OPR 绩效方程经检验，具体回归结果见表 3-17。

OPR 与绩效变量的 OLS 回归　　　　表 3-17

变量符号	因变量 OPR				
	回归(1)系数	回归(2)系数	回归(3)系数	回归(4)系数	回归(5)系数
C	0.800 (16.725*)	3.056 (9.679*)	0.976 (46.356*)	0.976 (5.653*)	0.634 (3.183*)
$SIZE+$	0.368 (20.570*)	0.360 (6.758*)	0.171 (8.769*)		
$MP+$	−6.446 (30.135*)	−11.377 (52.452*)	−9.653 (42.437*)	−10.949 (36.365*)	−8.338 (6.065*)
$LEV+$	0.390 (48.106*)			0.507 (9.577**)	0.631 (2.654*)
$HHI-$		−0.894 (9.370*)			

变量符号	因变量OPR				
	回归(1)系数	回归(2)系数	回归(3)系数	回归(4)系数	回归(5)系数
$PI-$			−0.104 (17.790＊＊)		
$NPMR+$				−4.353 (6.579＊)	
OTHER VARIABLES			(CONTROLLED)		
N	128	128	128	128	128
Cross-sections included	21	21	21	21	21
Adj. R^2	0.406	0.464	0.872	0.470	0.643
F test	580.705	596.424	73.205	121.857	54.459

注：括号内表示 T 值，＊、＊＊分别表示在 0.01、0.05 水平上显著。

通过表 3-17 发现，从变量角度分析，对于土木工程建筑业企业上市公司而言，规模与营运绩效呈现显著程度的正相关性，但是绩效贡献最高程度也低于 40%；管理绩效变量属于核心层次变量，但对公司营运利润产生显著的负贡献作用，幅度范围在 [−11, −6]，与原先假设不符，表明土木建筑企业上市公司的管理运作与控制应提高效益和效率，从而进一步支撑和改善营运获利程度。作为财务杠杆，资产负债率满足经验性规律，对营运利润发挥着正向支撑作用，但在企业规模共同作用下，资产负债率的杠杆作用呈现降低现象。针对目前土木建筑企业上市公司大举扩张进入新产业，诸如房地产、光伏产业等实施业务蔓延，HHI 和 PI 指数给出的均是负相关性，初步表明业务蔓延的程度越大，营运获利能力会降低。销售净利润率 NPMR 与营业获利呈现负相关作用，净利润与营业利润呈现一定的反向关系，可能的解释是营业份额越大，而净利润却相对变小了，即营业层面的内部冲抵具有扩大趋势。

②ROA 绩效方程经检验，具体回归结果见表 3-18。

ROA 与绩效变量的 OLS 回归　　　　　　　　表 3-18

变量符号	因变量ROA				
	回归(1)系数	回归(2)系数	回归(3)系数	回归(4)系数	回归(5)系数
C	0.660 (15.515＊)	1.026 (7.629＊)	0.865 (33.224＊)	0.777 (4.304＊)	0.568 (6.537＊)
$SIZE+$	0.118 (10.460＊)	0.150 (3.588＊)	0.151 (3.668＊)		
$MP+$	−8.247 (28.131＊)	−9.377 (2.452＊)	−8.579 (31.136＊)	−7.839 (2.364＊)	−9.688 (3.086＊)
$LEV+$	0.274 (4.490＊)			0.507 (6.386＊＊)	0.965 (5.896＊)

变量符号	因变量 ROA				
	回归(1)系数	回归(2)系数	回归(3)系数	回归(4)系数	回归(5)系数
HHI−		−0.2724			
		(7.370*)			
PI−			−0.016		
			(15.769**)		
NPMR+				−1.318	
				(5.552*)	
OTHER VARIABLES			(CONTROLLED)		
N	128	128	128	128	128
Cross-sections included	21	21	21	21	21
Adj.R^2	0.372	0.403	0.372	0.470	0.342
F test	531.606	590.981	69.100	104.706	64.414

注：括号内表示 T 值，*、**分别表示在 0.01、0.05 水平上显著。

对资产收益率 ROA 而言，资本结构和企业规模对其具有正向贡献作用，管理绩效呈现负向作用，业务蔓延的两个测度指标 HHI 和 PI 也呈现负向作用，NPMR 对资产收益率具有一定的负向作用。

③ RTAR 绩效经检验，具体回归结果见表 3-19。

RTAR 与绩效变量的 OLS 回归　　　　表 3-19

变量符号	因变量 RTAR						
	回归(1)系数	回归(2)系数	回归(3)系数	回归(4)系数	回归(5)系数	回归(6)系数	回归(7)系数
C	0.062	0.070	0.056	0.062	0.062	0.062	0.059
	(6.302*)	(6.820*)	(6.083*)	(4.874*)	(6.517*)	(6.302*)	(6.263*)
LEV+	−0.039	−0.037	−0.034	−0.036	−0.040	−0.039	−0.037
	(3.311*)	(3.161*)	(3.087*)	(2.437*)	(3.545*)	(3.311*)	(3.506*)
MP+	−0.240	−0.277	−0.260	−0.285	−0.199	−0.240	−0.261
	(3.547*)	(4.044*)	(4.110*)	(2.786*)	(2.979*)	(3.547*)	(3.974*)
HHI−		−0.013					
		(2.329*)					
NPMR+			0.0520				
			(4.297*)				
WR+				3.87E-06			
				(0.441*)			

变量符号	因变量 RTAR						
	回归(1)系数	回归(2)系数	回归(3)系数	回归(4)系数	回归(5)系数	回归(6)系数	回归(7)系数
DO+					−0.003) (2.993*)		
OTHER VARIABLES			(CONTR-OLLED)				
N	128	128	128	128	128	128	125
Cross-sections included	21	21	21	21	21	21	21
Adj. R^2	0.117	0.150	0.222	0.107	0.168	0.110	0.192
F test	16.077	21.066	34.323	9.080	24.639	16.076	28.193

注：括号内表示 T 值，* 表示在 0.01 水平上显著。

通过表 3-19 可知，资产负债率 LEV 对 RTAR 具有负向贡献作用，基本维持大约 −4%；管理绩效对 RTAR 呈现负向贡献作用，变化幅度约为 [−20%，−30%]；从收入角度来说，业务蔓延对企业的总资产报酬获利能力也具有一定的制约因素；在管理水平和资产负债的负向作用下，销售净利润每增长 1% 仍会带动总资产报酬大约 5.3% 的获利提升能力，因此，通过项目营销和提升项目管理绩效将是提高销售净利润的一个优先途径。成长性对总资产报酬的获利能力制约作用比较小。遗憾的是，工资刚性对总资产报酬率的贡献作用未通过检验，显著水平太低，原因可能在于数据信息缺乏，这个以后有待进一步经验分析。

综合表 3-17、表 3-18 和表 3-19，部分变量如 LTDV、SE 等未通过检验，同时发现 H1、H2 回归验证的决策系数 R2 值较低，这表明两个假设模型中很大一部分方差未被解释，其原因可能有两方面：一是模型变量过多，各截面时序参与回归的样本数偏少，变量需要同时参考行业、职工薪酬和赢利增长速度多方面的数据，而混合截面有效样本只有 128 个，工资刚性（职工薪酬）的数据甚至更少；二是样本针对性比较强，方程中线性关系较多而实际变量只有一个，在样本不够足大的情况下，可能影响两个假设的经验性分析。尽管如此，本书认为 H1、H2 的验证模型仍具有相当的解释力：对土木工程建筑业企业上市公司而言，因市场、行业和产品（服务）特性，影响企业赢利绩效行为的因素非常多且相当复杂，比如企业家能力、营销开发能力等，决定企业业务蔓延、商业模式和赢利绩效的关键因素甚至是"不易观察"的，所以，从管窥经验规律角度而言，R2 值在某种程度还是可以接受的。它一方面说明业务蔓延、管理绩效、企业规模和资本结构对土木工程建筑企业上市公司的赢利行为产生着核心的影响作用；另一方面，鉴于工资增长率、股东权益比等与三个绩效维度之间的线性关系并不明显，除去数据样本缺乏因素外，推测其对盈利绩效的作用可能是非线性的，这留待本书进一步集聚数据进行验证。

此外，本书对两个假设中显著回归方程的检验进行了稳健性测试，对业务蔓延的测度，除了采用业务收入 HHI 指数，也根据上市公司专业划分标准采用了业务数，验证结果已在表 3-17、表 3-18 和表 3-19 中显示；同时采用了 OPR、ROE 和 $RTAR$ 分两组验证，回归的结果与原结果符号一致，数值略有变化，基本一致。囿于篇幅，不展示具体的回归结果。

5.结论

（1）除了资本结构的表征指标资本负债率聚集于较高水平状态外，土木工程建筑业企业上市公司大部分赢利性指标处于较低水平状态；同时，样本数据显示，虽然在企业规模、成长性、资产收益、资本结构和业务蔓延程度上差异明显，但营业利润、总资产报酬和管理绩效水平比较趋同，差异很小。

（2）从营运维度和资产收益维度来看，资产负债率和企业规模具有正向支撑作用；而销售净利润率和管理绩效对公司营运利润和资产收益产生显著负作用，修正了原假设。从业务收入和业务数目两个角度，业务蔓延对土木工程建筑业企业上市公司营运获利能力及资产收益具有一定的负作用。从总资产收益维度来看，业务蔓延、资产负债率和管理绩效对 $RTAR$ 均具有负向作用。

因此，土木工程建筑业企业的转型发展之路需要在现有企业规模基础上，提高管理绩效，减少营运内耗，谨慎业务蔓延，改善资本结构，实现内涵式转型跨越成长。

3.4 企业转型环境力协同评价

对于建筑企业转变经济发展方式的这三大环境力，如何做到对它们三者客观、科学、有效地评价，对于建筑企业价值提升具有重要的意义。针对这一问题，我们首先对环境力协同创新工作框架进行了阐述，研究了环境力协同创新工作特点，构建了环境力创新工作的指标体系，提出了基于 BP 网络的评价方法，找出 10 家公司中协同效率最好的与最差的；然后运用因子分析法得出企业的四大价值与环境力指标的系数关系，并加以简化；最后，应用系统动力学仿真出 10 家公司中协同效率最好的企业价值和最差企业得分提升图，并通过对最差公司的环境力加以改善，使其在十年内赶上最好公司的价值。

3.4.1 方法理论介绍

1.BP 神经网络

BP 网络是一种多层前馈神经网络，由输入层、隐层和输出层组成，如图 3-3 所示为一个典型的三层 BP 网络的拓扑结构，层与层之间采用全互联方式，同一层之间不存在相互连接，隐层可以有一层或多层，层与层之间有两种信号在流通：一种是工作信号（用实线表示），它是施加输入信号后向前传播直到在输出端产生实际输出的信号，是输入和权值的函数；另一种是误差信号（用虚线表示），网络实际输出与期望输出间的差值即为误差，它由输出端开始逐层向后传播。BP 网络的学习过程由前向计算过程和误差反向传播过程组成。在前向计算过程中，输入量从输入层经隐层逐层计算，并传向输出层。每层神经元的状态只影响下一层神经元的状态。如输出层不能得到期望的输出，则转入误差反向传播过程，误差信号沿原来的连接通路返回，逐次调整网络各层的权值和阈值，直至到达输入层，再重复计算。这两个过程一次反复进行，不断调整各层的权值和阈值，使得网络误差最小或达到人们所期望的要求时，学习过程结束。

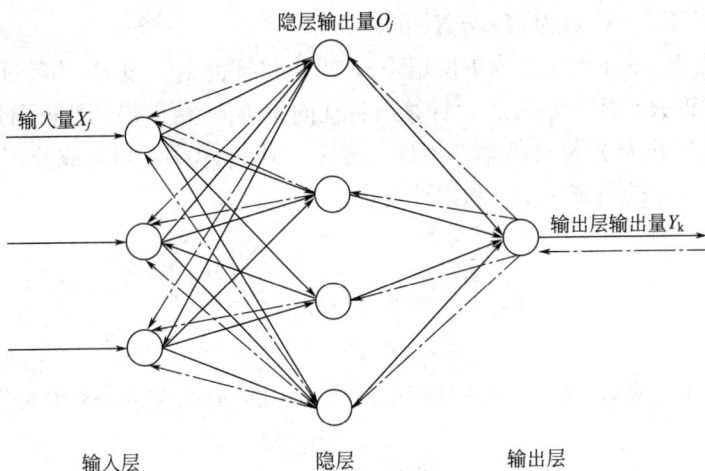

图 3-3　典型的 BP 网络模型

（1）在隐层中隐层节点的确定方法主要有三种：

①
$$n_1 = \sqrt{m+n} + a \tag{3-9}$$

②
$$n_1 = \frac{3\sqrt{nm}}{2} \tag{3-10}$$

③
$$n_1 = \log_2^n \tag{3-11}$$

其中，m 为输入神经元个数，n 为输出神经元个数，a 为 1～10 之间的常数。

（2）输入层与隐层之间的转移函数为 tansig（　）正切 S 型函数，隐层与输出层之间的转移函数为 spurelin（　）线性函数，其中 S 型转移函数为：

$$y = f(x) = 1/(1+e^{-x}), \ y \in [0, \ 1] \tag{3-12}$$

线性转移函数为：

$$y = f(x) = x \tag{3-13}$$

2. 因子分析法

因子分析法是从研究变量内部相关的依赖关系出发，把一些具有错综复杂关系的变量归结为少数几个综合因子的一种多变量统计分析方法。它的基本思想是将观测变量进行分类，将相关性较高，即联系比较紧密的分在同一类中，而不同类变量之间的相关性则较低，那么每一类变量实际上就代表了一个基本结构，即公共因子。对于所研究的问题就是试图用最少个数的不可测的所谓公共因子的线性函数与特殊因子之和来描述原来观测的每一分量。

（1）指标标准化处理。将原始数据进行标准化处理，以消除变量之间在数量级上或量纲上的差异。

$$X_i^* = \frac{X_i - \mathrm{E}(X_i)}{\sqrt{\mathrm{Var}(X_i)}} \tag{3-14}$$

其中：$\mathrm{E}(X_i)$ 为 X_i 期望值；$\mathrm{Var}(X_i)$ 为 X_i 的方差。

（2）计算 X 的相关系数矩阵 R，求出特征值和特征向量。

$$R = (r_{ij}), \ r_{ij} = \frac{\mathrm{COV}(X_i, \ X_j)}{\sqrt{\mathrm{Var}(X_i)}\ \sqrt{\mathrm{Var}(X_j)}} \tag{3-15}$$

其中，$COV(X_i，X_j)$ 为 X_i 与 X_j 的协方差。

由特征方程 $|R-\lambda_i I=0|$（I 为单位矩阵），求出特征值 λ_i；设 B_i 为特征值 λ_i 对应的特征向量，通过方程 $R \times B_i = \lambda_i \times B_i$，计算出特征向量 B_i，从而得到特征向量矩阵 B。

（3）求主成分 F 及方差贡献率、累计贡献率。通过计算可知主成分 $F = BTX$，由特征值可求得各主成分的贡献率 H_i 和累计贡献率 TH_k。

$$H_i = \frac{\lambda_i}{\sum\limits_{m=1}^{p} \lambda_m}，\quad TH_k = \frac{\sum\limits_{m=1}^{k} \lambda_m}{\sum\limits_{m=1}^{p} \lambda_m} \tag{3-16}$$

（4）选择累计贡献率不小于 83% 且特征值大于 1 的前 $s(s<p)$ 个主成分 F_1，F_2，…，F_s。

（5）由因子得分系数矩阵，可计算各因子的得分分数。

$$F_i = \sum_{k=1}^{n} B_i X_k \tag{3-17}$$

3. 系统动力学

系统动力学（简称 SD—System Dynamics）出现于 1956 年，创始人为美国麻省理工学院（MIT）的福瑞斯特（J. W. Forrester）教授。系统动力学是福瑞斯特教授于 1958 年为分析生产管理及库存管理等企业问题而提出的系统仿真方法，最初叫工业动态学。1961 年，福瑞斯特发表的《工业动力学》（Industrial Dynamics）成为经典著作。随后，系统动力学应用范围日益扩大，几乎遍及各个领域，逐渐形成了比较成熟的新学科——系统动力学。系统动力学是一门分析研究信息反馈系统的学科，也是一门认识系统问题和解决系统问题的交叉综合学科。从系统方法论来说：系统动力学是结构的方法、功能的方法和历史的方法的统一。它基于系统论，吸收了控制论、信息论的精髓，是一门综合自然科学和社会科学的横向学科。

在方法论上，系统动力学采用结构方法、功能方法和历史方法相统一的方式。展现出如下特征：结构、功能双模拟和定性、定量分析相结合。系统的结构是系统中包含的单元及单元之间的相互联系即秩序，标志着系统构成的特征，是进行问题分解和本质分析的依据。系统的功能是系统中各个单元自身或相互之间相联系发挥的作用和效能，决定着系统发展的趋势。在模型的构建过程中，需要对子系统间的相互关系和单元间的因果、反馈影响进行检验，而与实际系统结构的一致程度决定于模型构建者对于实际系统运行机制的认知能力，需要其进行合理的系统分析即掌握定性方面的信息；另外，在进行系统功能模拟时，还要对模型的行为特性进行检验，考察与实际系统中表现出的时间行为和性能的吻合程度，这就需要收集分析系统变量的历史数据即定量方面的信息。因此，系统动力学对系统的结构和功能进行模拟的同时，实质上就是充分利用实际系统定性和定量两方面的信息，并将它们有机融合在一起的过程。从而可以看出，要合理而又有效地构造出能反映实际系统基本规律的模型，就需要把握这一系统动力学的方法论。

数学理论基础：系统可以被分成若干个相互关联的子系统或者说是子结构，用公式表示如下：

$$S = \{S_i \in S \mid_{1-p}\}，\quad i = 1，2，\cdots，p \tag{3-18}$$

其中，S——整个系统；

        S_i——子系统；

        p——子系统个数。

子系统中包含三种基本变量：状态变量、速率变量和辅助变量，他们与其他变量方程诸如数学函数、逻辑函数、延迟函数和常数一起描述各类系统。用数学形式描述为：

$$L = PR \tag{3-19}$$

式中，L——纯速率变量向量；

        P——转移矩阵；

        R——速率变量向量。

$$\begin{bmatrix} R \\ A \end{bmatrix} = W \begin{bmatrix} L \\ A \end{bmatrix} \tag{3-20}$$

其中，L——状态变量向量；

        R——速率变量向量；

        A——辅助变量向量；

        W——关系矩阵。

系统动力学所分析的几乎都是多变量的系统，对于多变量的系统而言，状态变量是研究的基础，若给定了 $t = t_0$ 时刻该组变量的值和 $t > t_0$ 时输入函数，则系统在 $t > t_0$ 的任何瞬时行为就完全确定了，这样一组随时间变化的状态变量描述为 $L = (l_1, l_2, \cdots, l_n)$，而有一定的输入作为控制量或者称为辅助变量 $A = (a_1, a_2, \cdots, a_n)$，两者通过相互作用促进系统发展变化，用多元一阶微分方程形式表示为 $L' = f(L, A, T)$。P 的作用在于把时刻 t 的速率变量转移到下一个 $t+1$ 时刻上去。W 作为关系矩阵反映 R、L 与 A 之间同一时刻上的各种非线性关系。

3.4.2 创建影响企业价值创新环境力的指标体系

经济力、文化力和行政力并列为建筑业企业价值创新的三大增长力。影响企业价值创新环境力指标体系见表 3-20。

经济力是企业生存和发展的能力，所有企业组织的共同使命是实现经济利益最大化，企业只有通过获取经济力，才能实现利润最大化，也只有培育自身的经济力优势，才能在激烈竞争中获得高额利润，进而生存与发展，一个企业经济力越强，就越有发展前途。本书通过研究建筑业企业在产业结构战略调整过程中，其资本结构、业务蔓延对赢利能力的贡献关系，给出了建筑业企业的转型发展之路的方向。

文化力就是要实现建筑业企业的文化治理，这也是提升建筑业企业价值创新能力的最高境界。文化治理是指组织利用其共同使命和价值观去实现组织的自治。这时，组织的治理工具是各种符号化的使命感和价值观，而不是具体的规章制度、战略步骤以及可以用语言交流的核心理念或通过某些途径用以调节组织行为的机制。

建筑业企业为了达到文化力治理境界，需要从精神、制度、行为和物质四个方面构建其文化力体系，可以概括为精神文化力、制度文化力、行为文化力和物质文化力。

行政力作为建筑业企业成长的内生变量，不但具有表层支持作用，比如管理、分配和协调功能；还有具有隐层支撑作用，比如组织运转的层级协调、文化力的培育和企业精神的传递等。为简化计，本节不从行政力的两层功能角度来构建指标体系，而是融合两层功能需求，结合行政力的职能特点和建筑业企业行政力的界定，遵循科学性、可比性、代表性和可行性的原则，选择了管理能力、协调能力和服务能力三大指标对企业行政力进行评价。

影响企业价值创新环境力指标体系 　　　表 3-20

环境力	环境力指标
经济力	偿债能力
	赢利能力
	营运能力
	发展能力
文化力	精神文化力
	制度文化力
	行为文化力
	物质文化力
行政力	管理能力
	协调能力
	服务能力

3.4.3　实例运用

1. 数据来源及 BP 神经网络评价

根据本节建立的评价指标体系，拟选用陕西省 10 家建筑企业。因为指标均为定性指标，这里的数据通过问卷调查方式取得，将评价等级分为 $V=$ {很强，强，一般，弱，很弱}，并采用语言评价方法将其转化，相对应为 {5，4，3，2，1}，见表 3-21。

为将这种定性描述的状态以定量化的形式表示，本节将环境力协同工作情况确定为四个等级：等级 I 为优秀水平，表示协同创新工作各项指标均表现良好，工作效率达到满意状态；等级 II 为良好水平，表示各项指标大部分表现良好，少部分指标仍有可改进地方，但不影响整体协同创新工作的正常运行；等级 III 为一般水平，表明大部分指标表现一般，整体工作效率受到一定影响；等级 IV 为较差，表明大部分指标表现不佳，协同创新工作效率低下，不能达到预期目标。此四个等级分别对应的得分区间为：等级 I，优秀 [0.75，1]；等级 II，良好 [0.5，0.75]；等级 III，一般 [0.25，0.5]；等级 IV，较差 [0，0.25]。

环境作用力对 10 家建筑企业价值影响力的评分和协同效率评分表 　　表 3-21

	1	2	3	4	5	6	7	8	9	10
管理能力	5	4	2	4	5	5	5	5	1	4
协调能力	1	1	1	3	1	5	1	1	2	5
服务能力	1	2	4	4	5	5	2	2	3	5
精神文化力	1	2	2	5	3	2	3	5	1	4

	1	2	3	4	5	6	7	8	9	10
制度文化力	1	3	4	4	2	5	3	1	4	5
行为文化力	5	2	4	5	5	1	1	5	5	4
物质文化力	1	3	1	3	2	4	1	2	5	3
偿债能力	5	2	3	4	2	3	1	5	1	1
赢利能力	5	3	2	1	2	1	1	1	1	5
营运能力	5	3	2	1	2	1	1	1	1	4
发展能力	5	5	4	1	5	1	1	1	1	4
专家打分	0.66	0.41	0.37	0.65	0.64	0.61	0.10	0.37	0.24	0.85

网络训练结果为：（0.6538　0.4174　0.3787　0.6413　0.6318　0.6131　0.0930　0.3608　0.2308　0.8510）

与实际结果对照误差为：（－0.0062　0.0074　0.0087　－0.0087　－0.0082　0.0031　－0.0070　－0.0092　－0.0092　0.0010）

由于网络误差平方和达到了误差目标的要求，因此网络训练结束。

2.统计分析

上述整个过程可以借助 SPSS 软件完成计算，过程如下：

（1）统计描述（公因子方差描述）。由表 3-22 可以看出，提取公因子后，这些数字差不多都到达 0.6 以上，数字越大，对应变量与潜在共性因子的相关性越强，说明它们与隐性因子的相关性较强。

公因子方差　　　　　　　　表 3-22

	初始	提取
管理能力	1.000	0.901
协调能力	1.000	0.889
服务能力	1.000	0.719
精神文化力	1.000	0.768
制度文化力	1.000	0.902
行为文化力	1.000	0.963
物质文化力	1.000	0.651
偿债能力	1.000	0.635
赢利能力	1.000	0.945
营运能力	1.000	0.963
发展能力	1.000	0.815

提取方法：主成分分析

（2）方差分解（因子提取分析）。由表 3-23 可知，前 4 个主成分累计贡献率达 83.200%，且其特征值均大于 1，因此，选取前 4 个主成分进行分析。

解释的总方差　　　　　　　　　　　　　　　　　　　　　　表 3-23

成分	初始特征值			提取平方和载入		
	合计	方差的 %	累积 %	合计	方差的 %	累积 %
1	3.721	33.824	33.824	3.721	33.824	33.824
2	2.458	22.343	56.167	2.458	22.343	56.167
3	1.642	14.927	71.094	1.642	14.927	71.094
4	1.332	12.106	83.200	1.332	12.106	83.200
5	0.797	7.243	90.443			
6	0.469	4.262	94.705			
7	0.407	3.699	98.404			
8	0.161	1.461	99.866			
9	0.015	0.134	100.000			
10	2.815E-16	2.559E-15	100.000			
11	−4.273E-17	−3.884E-16	100.000			

提取方法：主成分分析

（3）由表 3-24 知，我们提取了四个主成分，第一个主成分系数比较大的是偿债能力、营运能力和发展能力，因而，可以视为商品价值的因子；第二个主成分占主要影响力的是制度文化力和赢利能力，因而，可以视为品牌价值的因子；第三个主成分占主要影响力的是管理能力、协调能力、服务能力和精神文化力，因而，可以视为社会价值的因子；第四个主成分占主要影响力的是行为文化力和物质文化力，因而，可以视为其他价值的因子。

成分矩阵　　　　　　　　　　　　　　　　　　　　　　表 3-24

	成分			
	1	2	3	4
管理能力	0.349	−0.236	0.716	−0.460
协调能力	−0.637	0.448	0.531	0.039
服务能力	−0.623	0.360	0.391	0.220
精神文化力	−0.152	−0.434	0.706	0.241
制度文化力	−0.816	0.481	0.051	−0.045
行为文化力	0.326	−0.065	−0.017	0.923
物质文化力	−0.717	0.216	−0.159	0.254
偿债能力	0.486	−0.456	0.318	0.301
赢利能力	0.592	0.739	0.216	0.050
营运能力	0.689	0.684	0.141	0.026
发展能力	0.659	0.617	−0.010	0.015

提取方法：主成分分析，已提取了 4 个成分

（4）因子得分分析。由表 3-25 可写出以下因子得分函数：

成分得分系数矩阵

表 3-25

	成分			
	1	2	3	4
管理能力	0.094	−0.096	0.436	−0.345
协调能力	−0.171	0.182	0.323	0.030
服务能力	−0.167	0.146	0.238	0.165
精神文化力	−0.041	−0.177	0.430	0.181
制度文化力	−0.219	0.196	0.031	−0.034
行为文化力	0.088	−0.027	−0.010	0.693
物质文化力	−0.193	0.088	−0.097	0.191
偿债能力	0.131	−0.185	0.193	0.226
赢利能力	0.159	0.301	0.132	0.038
营运能力	0.185	0.278	0.086	0.020
发展能力	0.177	0.251	−0.006	0.011

提取方法：主成分，构成得分

$$F_1 = 0.094X_1 - 0.171X_2 - 0.167X_3 - 0.041X_4 - 0.219X_5 + 0.088X_6 - 0.193X_7 + 0.131X_8 + 0.159X_9 + 0.185X_{10} + 0.177X_{11}$$

$$F_2 = -0.096X_1 + 0.182X_2 + 0.146X_3 - 0.177X_4 + 0.196X_5 - 0.027X_6 + 0.088X_7 - 0.185X_8 + 0.301X_9 + 0.278X_{10} - 0.251X_{11}$$

$$F_3 = 0.456X_1 + 0.323X_2 + 0.238X_3 + 0.430X_4 + 0.31X_5 - 0.01X_6 - 0.097X_7 - 0.193X_8 + 0.132X_9 + 0.086X_{10} - 0.006X_{11}$$

$$F_4 = -0.345X_1 + 0.030X_2 + 0.165X_3 + 0.181X_4 - 0.034X_5 + 0.693X_6 + 0.191X_7 - 0.226X_8 + 0.038X_9 + 0.020X_{10} - 0.011X_{11}$$

根据表 3-24，我们可以对以上因子得分函数做进一步简化如下：

$$F_1 = -0.171X_2 - 0.167X_3 - 0.219X_5 - 0.193X_7 + 0.131X_8 + 0.185X_{10} + 0.177X_{11}$$

$$F_2 = -0.177X_4 + 0.196X_5 - 0.185X_8 + 0.301X_9$$

$$F_3 = 0.456X_1 + 0.323X_2 + 0.238X_3 + 0.430X_4$$

$$F_4 = -0.345X_1 + 0.693X_6 + 0.191X_7$$

（5）综合得分

以每个主因子的方差贡献率占公共因子总方差贡献率的比重作为权数进行加权计算，根据表 3-23 得综合评价函数为：

$$F = (33.824F_1 + 22.343F_2 + 14.927F_3 + 12.106F_4)/83.2 \tag{3-21}$$

3. 系统动力学

（1）根据系统动力学模型，首先对建筑企业价值提升所要采用的变量进行罗列分类，见表 3-26：

系统动力学中的变量 表 3-26

序号	变量名	变量类型	序号	变量名	变量类型
1	企业价值得分	L	20	偿债能力增长值	R
2	管理能力	L	21	赢利能力增长值	R
3	协调能力	L	22	营运能力增长值	R
4	服务能力	L	23	发展能力增长值	R
5	精神文化力	L	24	商品价值	A
6	制度文化力	L	25	品牌价值	A
7	行为文化力	L	26	社会价值	A
8	物质文化力	L	27	其他价值	A
9	偿债能力	L	28	管理能力增长率	C
10	赢利能力	L	29	协调能力增长率	C
11	营运能力	L	30	服务能力增长率	C
12	发展能力	L	31	精神文化力增长率	C
13	管理能力增长值	R	32	制度文化力增长率	C
14	协调能力增长值	R	33	行为文化力增长率	C
15	服务能力增长值	R	34	物质文化力增长率	C
16	精神文化力增长值	R	35	偿债能力增长率	C
17	制度文化力增长值	R	36	赢利能力增长率	C
18	行为文化力增长值	R	37	营运能力增长率	C
19	物质文化力增长值	R	38	发展能力增长率	C

(2) 根据因子分析法所得的简化关系，运用 VensimPLE 软件对建筑企业价值提升系统动力学流图进行了绘制（见图 3-4），以及做出在环境力作用下的建筑企业价值提升因果图（见图 3-5）：

(3) 模型的检验

建立系统动力学模型后必须进行测试、模拟、观察结果、分析与描述系统，再讨论策略目标的政策设计，调整相关执行方式。为了验证所建立模型的有效性，本节分别进行了一致性检验结构验证测试。

1) 模型一致性检验。我们构建的企业价值提升系统动态模型中所有的变量反馈环都是根据某企业的实际系统确定的，系统的主要反馈结构状态变量和速率变量能描述实际系统的主要特性，用于描述真实系统的参数本身也是可辨识的，且具有相应的具体含义。模型也通过了软件功能的检验。

2) 模型结构验证测试。在进行系统分析与系统动态结构模型构建时，我们参考了大量相关文献资料，并与拟模拟企业充分沟通，向相关专业人员进行咨询，所做的工作也得到了他们的认可，模型通过了实效性检验。

(4) 系统模型仿真模拟分析

模型进行有效性验证后，可以利用模型研究系统在不同条件下的一切可能的行为，帮助决策者了解各种状态下的系统行为结果，进而做出更优的决策我们构建的企业价值提升

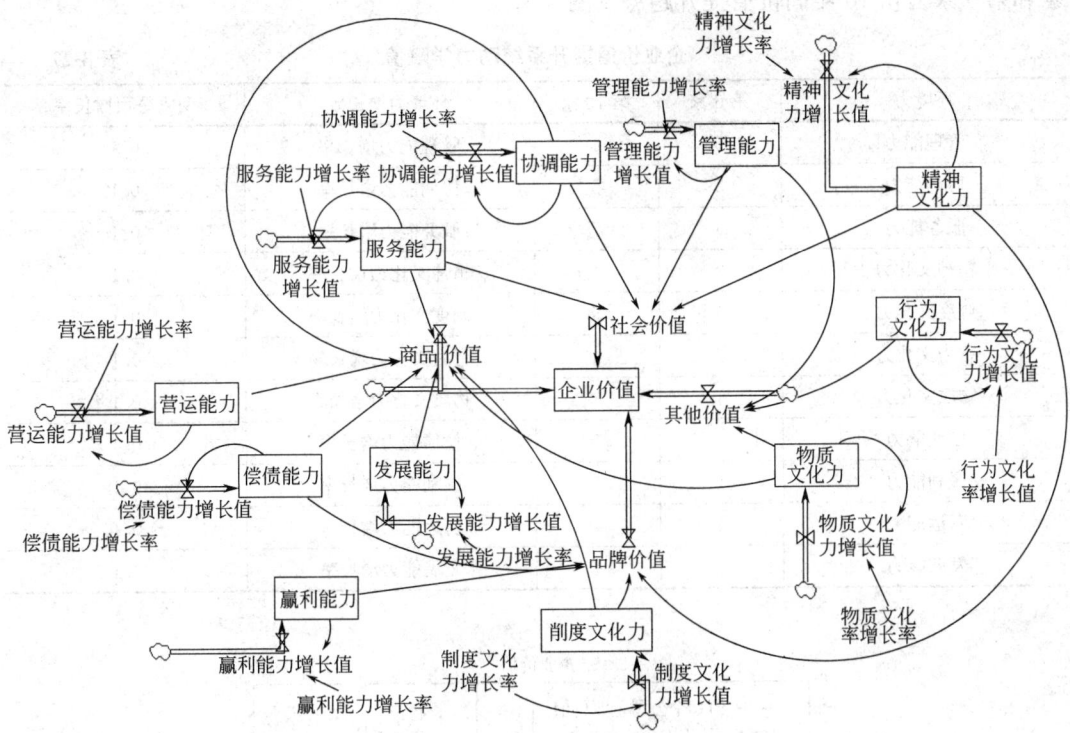

图 3-4　建筑企业价值提升系统动力学流图

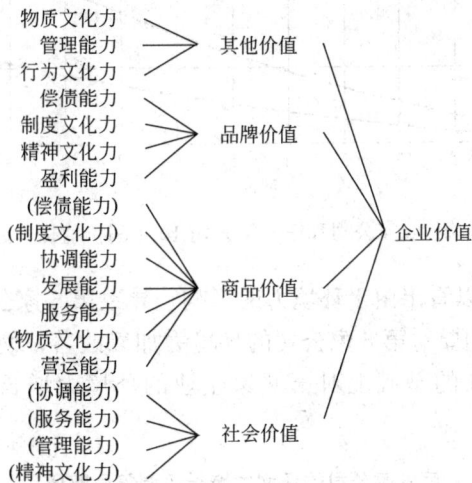

图 3-5　环境力作用下建筑企业价值提升因果图

系统动态模型，企业价值是模型的输出值，决策者可以研究和分析不同的变量水平（价值环境力的变化）对企业价值提升的影响。

首先，我们运用 VensimPLE 软件对环境力协同效率最好的公司（第 10 家公司）和最差的公司（第 6 家公司）的 10 年内价值提升做出了仿真分析，两家企业价值初始值根据综合得分函数可以算出分别为 1 和 0.36，然后对采取的变量进行赋值，见表 3-27，第 10

家和第 6 家公司 10 年间价值提升趋势见图 3-6。

企业价值提升系统动力学赋值 表 3-27

环境力	第6家	第10家	环境力增长率	两家公司增长率
管理能力	5	4	管理能力增长率	0.1
协调能力	5	5	协调能力增长率	0.1
服务能力	5	5	服务能力增长率	0.1
精神文化力	2	4	精神文化力增长率	0.1
制度文化力	5	5	制度文化力增长率	0.1
行为文化力	1	4	行为文化力增长率	0.1
物质文化力	4	3	物质文化力增长率	0.1
偿债能力	3	1	偿债能力增长率	0.1
赢利能力	1	5	赢利能力增长率	0.1
营运能力	1	4	营运能力增长率	0.1
发展能力	1	4	发展能力增长率	0.1

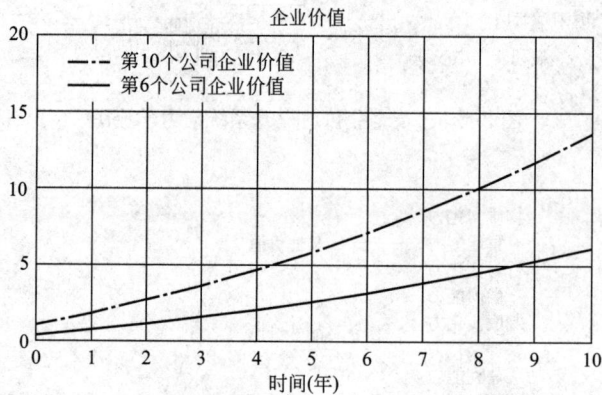

图 3-6　第 10 家公司和第 6 家公司 10 年间价值提升趋势图

从图 3-6 中，明显可以看出由于环境力的影响，导致第 6 家公司的价值提升远远落后于第 10 家公司，所以我们要对第 6 家公司的环境力加以改善，使它的价值提升趋势在 10 年内得以改善。在表 3-23 的基础上对第 6 家企业的环境力增长率做一定的改善，见表 3-28：

第 6 家公司的环境力增长率调整后赋值 表 3-28

环境力增长率	第 6 家公司增长率
管理能力增长率	0.25
协调能力增长率	0.1
服务能力增长率	0.1
精神文化力增长率	0.25
制度文化力增长率	0.1

环境力增长率	第 6 家公司增长率
行为文化力增长率	0.26
物质文化力增长率	0.1
偿债能力增长率	0.3
赢利能力增长率	0.3
营运能力增长率	0.3
发展能力增长率	0.3

进而运用 VensimPLE 软件对第 6 家公司环境力调整后的 10 年内的企业价值提升趋势做出仿真分析，并和之前的情况做一对比，仿真模拟图如下：

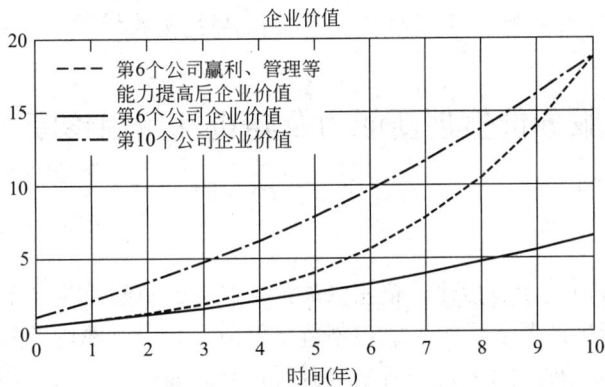

图 3-7　第 6 家公司环境力调整后价值提升图

从表 3-28 和图 3-7 中，可明显看出，通过对第 6 家公司的偿债能力增长率、赢利能力增长率、营运能力增长率、发展能力增长率、行为文化力增长率、管理能力增长率、精神文化力增长率的提高，第 6 家公司 10 年内价值提升趋势逐渐赶上第 10 家公司。

3.4.4　结论

本章主要采用 AHP-DS 相融合的方法，分析建筑业企业的经济力、行政力和文化力三者的综合作用，并以陕西省 10 家建筑业企业为例，对环境力协同效率最好的公司（第 10 家公司）和最差的公司（第 6 家公司）的 10 年内价值提升做出了仿真分析，研究和分析不同的变量水平（价值环境力的变化）对企业价值提升的影响。案例研究证实环境力的内生互动发展可以有效促进企业的价值提升，实现价值赶超。

4 中国建筑业转变经济发展方式研究
——基于服务价值创新视角

本章为建筑企业能实现服务价值创新构建了建筑企业随机性诱因模型，提出了建筑企业服务价值创新的市场容纳曲线，并给出建筑企业服务价值创新的能力公式和市场容纳能力公式来审视其在建筑市场的定位。其次，通过计算证实当前建筑企业市场结构不利于建筑企业的服务价值创新。最后，提出建筑业企业转型发展服务创新的业务突破点和发展模式。

4.1 建筑企业服务价值创新能力及随机性诱因诊断

4.1.1 引言

建筑企业服务价值创新是指建筑企业以某种生产方式对建筑生产的核心或相关生产要素（生活要素）进行生产要素重组以实现创造新价值、获得产业内（外）的转移价值。而价值的含义一般包括三种：第一，价值是世界所具有的属性、能力、规定和组成部分，是具有客观实在性，同世界的其他组成部分处在对立统一关系中的"物"或物质。第二，价值是体现在商品里的社会必要劳动；经济学价值是指，凝结在商品中的无差别的人类劳动。第三，价值的科学性定义。基于现代的生态理论观点，某些事物看似没有市场交换价值的东西，不能够用日常的市场交换价格和普通的价值观来衡量（比如海洋、空气、绿色植被等），但对于人类的生存是具有科学价值的，即重要的积极作用。结合价值的含义，建筑企业服务价值创新中的所实现的价值主要是指商业价值、自然价值和社会价值三类。当前，我国建筑业的快速发展和建筑企业的不利态势，特别是土木施工企业陷于的"两难"困境，迫使建筑企业通过服务价值创新来丰富经营结构，跳出同层次市场上的恶性竞争。这也反映了我国建筑企业对建筑市场目标定位的新诉求。诚然，这一诉求推动了建筑企业的服务价值创新活动，特别是建筑企业以项目为基本单位进行经营活动，这种特点就使建筑企业必须重视项目市场上的随机性风险带来的商业价值和社会价值。衡量这种诉求的随机性风险正是本章的任务之一。

其次，我国建筑业主要通过企业资质管理来调整产业（企业）结构。现实情况是，这种调整仍在艰难地向理想目标迈进。这表明，建筑企业必须结合正在进行的建筑业结构调整来明确和实现市场目标定位的诉求。这就是说，当前建筑业产（企）业结构下建筑企业服务价值创新的市场容纳能力以及建筑企业服务价值创新能力的动向是实现建筑企业诉求的另一个不容回避的重要问题。构建建筑企业服务价值创新的市场容纳能力曲线和确定建筑企业服务价值创新能力的运动方向正是本章关注的另一所在。遵循前期研究中对建筑企业的相关假设，本章仍将建筑企业视为人化经济体，那么建筑企业在现有建筑市场的随机性风险对新诉求的追求，可视为建筑企业对随机性诱因的追求，而定量判定随机性诱因、建筑企业服务价值创新的市场容纳能力以及建筑企业服务价值创新能力的过程就是对建筑业实现服务价值创新过程的诊断。

4.1.2 文献回顾

企业组织创新的需求和渴望，只有受到诱因的有效刺激才能引起组织创新的动机，企业组织创新中的诱因障碍风险主要有5个表现[55]。而企业集群作为一种新型的中间组织形态，也面临着各种风险诱因的威胁。这种风险来自于政治、金融、市场、价值链上的上下游企业、集群各企业的合作、运行等各方面，在企业集群形成的不同阶段，风险的大小和各种风险的影响程度均不相同[56]。一般来讲，企业组织进行创新受到内部诱因和外部诱因的双重作用，王智宁和吴应宇[57] 提出危险源三维空间探测技术，结合模糊评价方法对企业危机内部诱因建立了预警模型。而本章的研究是立足于建筑项目，并通过对项目资源的"投入—产出"概率分析的基础上来构建建筑企业随机性诱因模型。也可说，将建筑企业视为一个寻租个体[58] 去建筑市场上"寻租"，当然，这里的"寻租"不是政府寻租以及业主和承包商之间的寻租[59]，而指代服务价值创新。国外文献检索表明，EATON B C 和 WEN J F[60] 通过对犯罪平衡模型的考察，认为资源经济利用的最大化和确保最大诱因稳定性之间的困境是制度设计的根本性问题。MORGAN J 和 Várdy F[61] 通过领导者和跟随者的顺序竞赛博弈，发现跟随者只需要花费很小的成本就可以监督领导者。这就暗示了作为模仿者的建筑企业进行服务价值创新不需要承担太大的随机性风险，进一步表明，作为"领导者"进行服务价值创新的建筑企业更有必要诊断项目市场的随机性诱因，这也是成功进行服务价值创新的前提。LEVY D[62] 通过价格调整黑箱模型去解释计划经济体制下所产生的市场扭曲价格和腐败的诱因；BALDURSSON F M[63] 在对冰岛接受银行收购案例的考察中，提出法律在一定程度上对企业诱因的实现是不公平的 SAFAVIAN M S, GRAHAM D H, GONZALEZ-VEGA C.[64] 认为俄国政府的管治给中小企业带来了巨大的利基市场，以及对中小企业创新和增长不敏感的腐败。ROWLEY C K[65] 建立空间投票（Spatial Voting）、寻租（Rent Seeking）和抽租（Rent Extraction）模型来研究撒哈拉国家的政治文化嬗变的诱因。

通过上述简要回顾可知，从我国建筑业产业结构调整的现状出发来研究建筑企业服务价值创新的诱因，以及建筑企业服务价值创新能力的定量化问题仍是一个空白。

4.1.3 建筑企业随机性诱因模型

1.最小随机性诱因的确定

某企业在从事建设服务中开拓 M_0 项目市场（施工）所获收益为 w，发现效益一般化，对企业所经营的重点转变到技术含量高、利润大的 EPC 项目后，建筑企业创新所增加的收益为 b，即将开拓 M_1 项目市场的随机性风险为 p_r，$0 \leqslant p_r \leqslant 1$，建筑企业开拓 M_1 项目市场的充要条件为：

$$(1-p_r)(w+b) \geqslant w \qquad (4\text{-}1)$$

进一步假设，对建筑企业所控范围的生产要素重新组合后获得建筑产品的 M_1 项目市

场收益为 w_0，那么在市场随机性风险概率 p_r 下的损失为 w_1，这时建筑企业进行服务价值创新的充要条件为：

$$(1-p_r)(w_0+b)+p_r w_1 \geqslant w_0 \tag{4-2}$$

如果建筑企业对此项目市场的经营失败，则这一领域的业绩形象会受到损失。蝴蝶效应所引起的财务、人力资源以及社会资源的损失等称为无形业绩损失，总计为 D。在考虑无形业绩损失情况下，建筑企业进行服务价值创新的充要条件调整为：

$$(1-p_r)(w_0+b)+w_1 p_r-D p_r \geqslant w_0 \tag{4-3}$$

可推导出：

$$b \times (\frac{1}{p_r}-1) \geqslant (w_0-w_1)+D, \ (0<p_r \leqslant 1) \tag{4-4}$$

公式（4-4）称为建筑企业服务价值创新的随机性诱因。此时有以下几种情况：

第一情况是市场的随机性风险为 100%，即 $p_r=1$，公式就表示为：

$$(w_1-w_0) \geqslant D \tag{4-5}$$

这表示生产要素新组合所形成的建筑企业服务价值创新 M_1 项目市场的市场风险极大。这里，100% 的市场风险只是为论述上的完整性而进行的说明。几乎没有建筑企业会进入没有丝毫利润的"雷区"市场。

第二种极端情况是市场的随机性风险不存在，即 $p_r=0$。这时 p_r 不满足公式（4-4），直接从公式（4-3）中推出公式：

$$b \geqslant 0 \tag{4-6}$$

这表示 M_1 项目市场只要存在收益，那么，建筑企业的服务价值创新活动就是可行的。然而，没有任何风险的建筑新市场是不符合现实情况的，所以市场随机性风险 p_r 的范围中除去了 0 概率。

第三种情况是市场随机性风险 p_r 满足公式（4-7）：

$$0<p_r<1 \tag{4-7}$$

那么可得公式（4-8）：

$$p_r \leqslant \frac{b}{(w_0-w_1)+b+D} \tag{4-8}$$

2. 随机性诱因的诊断模型

在此风险概率下，建筑企业拟经营 N 个（项目）市场，建筑企业的服务价值创新市场集合为 M_i，$i \subset \{1, 2, \cdots \cdots N\}$。假设建筑企业为了开发新市场计划投入的资源成本为 Z，并且建筑企业对这些市场能否进行开拓的诊断探测函数为指数形式 $b(i, z)$。为增强研究的普适性，本研究采用一般指数形式，即公式：

$$b(i, Z)=1-e^{-aZ}, \ i \subset \{1, 2, \cdots \cdots N\} \tag{4-9}$$

建筑企业对 M_i 新市场利润的诊断决定了其对 M_i 新市场的资源投入成本 Z_i，而 M_i 新市场利润的诊断又取决于开发此市场的随机性风险 P_{ri} 的大小。可见，合理分配计划投入的资源成本 Z 和市场的随机性风险 p_{ri} 的大小密切相关。至此，建筑企业服务价值创新的诱因诊断就转化为建筑企业如何在随机性风险 p_{ri} 下利用诊断探测函数 $b(i, Z)$ 对资源成本 Z 进行合理分配的问题。那么，应用 Lagrangian 乘数法求解，设乘数为 λ，Lagrangian 函数 $F(i, \lambda, Z)$，所建立的 Lagrangian 函数方程为公式（4-10）：

$$F(i, \lambda, Z) = p_{ri} b(i, Z) - \lambda Z = p_{ri}(1 - e^{-aZ}) - \lambda Z \tag{4-10}$$

那么，

$$\frac{\mathrm{d}F(i, \lambda, Z)}{\mathrm{d}Z} = a p_{ri} e^{-aZ} - \lambda \tag{4-11}$$

令

$$\frac{\mathrm{d}F(i, \lambda, Z)}{\mathrm{d}Z} = a p_{ri} e^{-aZ} - \lambda = 0 \tag{4-12}$$

解方程式（4-12）可得到：

$$Z_i = \frac{1}{a} \ln \frac{a p_{ri}}{\lambda} \tag{4-13}$$

由资源成本投入总和 Z 与 Z_i 的关系可得不等式：

$$\sum_{i=1}^{N} Z_i = \sum_{i=1}^{N} \frac{1}{a} \ln \frac{a p_{ri}}{\lambda} \leqslant Z \tag{4-14}$$

$$\frac{1}{a} \ln \frac{a^N [p_{r1} \times p_{r2} \times \cdots\cdots \times p_{rN}]}{\lambda^N} \leqslant Z \tag{4-15}$$

$$\frac{a^N [p_{r1} \times p_{r2} \times \cdots\cdots \times p_{rN}]}{e^{aZ}} \leqslant \lambda^N \tag{4-16}$$

$$\lambda \geqslant \frac{a [p_{r1} \times p_{r2} \times \cdots\cdots \times p_{rN}]^{\frac{1}{N}}}{e^{aZ/N}} \tag{4-17}$$

当 λ 取最小值时，即 $\lambda = \dfrac{a [p_{r1} \times p_{r2} \times \cdots\cdots \times p_{rN}]^{\frac{1}{N}}}{e^{aZ}}$，公式（4-13）取最大值 Z_i^*，则 Z_i^* 的函数式可用公式（4-18）表示：

$$Z_i^* = \frac{1}{a} \ln \frac{p_{ri}}{[p_{r1} \times p_{r2} \times \cdots\cdots \times p_{rN}]^{\frac{1}{N}} e^{-aZ/N}} \tag{4-18}$$

$$= \ln p_{ri} - \frac{1}{N} \ln p_{r1} \times p_{r2} \times \cdots\cdots \times p_{rN} + (aZ/N - \ln a)$$

显见，公式（4-18）就是随机性诱因的项目资源分配模式公式。由式（4-18）可知，当 $p_{r1} = p_{r2} = \cdots = p_{rN}$ 时，函数 Z_i^* 取极大值，则

$$Z_i^* = aZ/N - \ln a \tag{4-19}$$

公式（4-19）显示若拟经营 N 个（项目）市场的随机性风险 p_{ri} 相等，则最有效分配策略是平均分配。

设 p_{ri}' 是 p_{ri} 的归一化形式，即

$$p_{ri}' = \frac{p_{ri}}{p_{r1} + p_{r2} + \cdots\cdots + p_{rN}} \tag{4-20}$$

这样在最有分配策略下的（项目）市场的随机性风险 p_{ri}' 就可用如下方程组表达：

$$\begin{cases} p_{ri}' = \dfrac{p_{ri}}{p_{r1} + p_{r2} + \cdots\cdots + p_{rN}} \\ \displaystyle\sum_{i=1}^{N} p_{ri}' = 1 \\ 0 < p_{ri}' < 1 \end{cases} \tag{4-21}$$

则

$$p'_{ri} = \frac{1}{N} \qquad (4\text{-}22)$$

4.1.4 建筑企业服务价值创新能力及市场容纳能力诊断模型

建筑企业对项目市场能否进行服务价值创新的诊断，不但包括其对项目市场随机性风险的考量，也包括对未来项目市场定位问题的判断。我国建筑企业中超级土木总承包企业数目少，项目空间大，利润丰厚；中间层次的企业数目较大，同层次竞争严重，利润薄弱；下层次企业数目较大，局限于粗放型的劳务承包，境况也不利。

建筑企业数目 Ec 和（项目）市场所蕴藏的产值 Mv 视为平面坐标上的一点，那么对于位于此平面内的建筑企业 Ec 的坐标位置为 (Ec_x,Mv_y)。根据我国建筑业依据资质管理和调节建筑市场的特点，将建筑业三个资质等级视为三个企业集合点：施工总承包企业 (Ec_{x1},Mv_{y1})、专业承包企业 (Ec_{x2},Mv_{y2}) 和建筑业劳务分包企业 (Ec_{x3},Mv_{y3})。如图 4-1 所示。

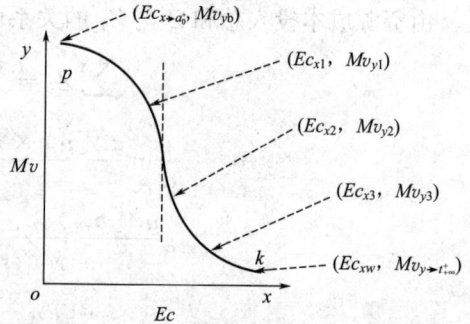

图 4-1 建筑企业价值创新的市场容纳曲线

设函数 $L(Ec,Mv)=f(Ec_x,Mv_y)$，且施工总承包企业 (Ec_{x1},Mv_{y1})、专业承包企业 (Ec_{x2},Mv_{y2}) 和建筑业劳务分包企业 (Ec_{x3},Mv_{y3}) 均在此函数上，那么应该满足

$$\begin{cases} f(Ec_{x1},Mv_{y1})=0 \\ f(Ec_{x2},Mv_{y2})=0, \\ f(Ec_{x3},Mv_{y3})=0 \end{cases} \quad \begin{array}{l} Ec_{x1}>Ec_{x2}>Ec_{x3} \\ Mv_{y1}<Mv_{y2}<Mv_{y3} \end{array} \qquad (4\text{-}23)$$

若三个资质等级的建筑企业集合内企业的价值增值活动有取向性和均质化，令建筑企业的服务价值创新能力 VI 用下式表达，即

$$VI = \frac{\mathrm{d}L(Ec,Mv)}{\mathrm{d}Ec} \qquad (4\text{-}24)$$

公式（4-23）和（4-24）可用图 4-1 表达出来，即建筑企业服务价值创新的市场容纳曲线。图 4-1 中，o 点表示建筑企业服务价值创新的瓶颈，即

$$\left. \frac{\mathrm{d}L(Ec,Mv)}{\mathrm{d}Ec} \right|_{\substack{x=Ec_o \\ y=Mv_o}} = 0 \qquad (4\text{-}25)$$

在 o 点的 δ 邻域 $U(Ec_o,\delta)$，即 $U(Ec_o,\delta)=\{Ec_x \mid Ec_o-\delta<Ec_x<Ec_o+\delta\}$，建筑企业获得项目的服务价值创新能力为零，这表明 Ec_o 市场内的同一层次竞争激烈，企业间残酷争夺市场使得建筑企业处境艰难，面对发展后劲能否跨越 $U(Ec_o,\delta)$ 的困境。$p(Ec_{x \to a_0^+},Mv_{yb})$ 处建筑企业状态点可用公式（4-26）表示：

$$\lim_{\substack{x \to a_0^+ \\ y \to b}}(Ec_x,Mv_y)=(0,b), \quad \left. \frac{\mathrm{d}L(Ec,Mv)}{\mathrm{d}Ec} \right|_{x=0} = 0 \qquad (4\text{-}26)$$

同理，$k(Ec_{xw},Mv_{y \to t_{-\infty}^+})$ 处建筑企业状态点可用公式（4-27）表示：

$$\lim_{\substack{x \to w \\ y \to +\infty}} (Ec_x, Mv_y) = (w, t), \left. \frac{\mathrm{d}L(Ec, Mv)}{\mathrm{d}Ec} \right|_{\substack{x=w \\ y=t}} = 0 \qquad (4\text{-}27)$$

公式（4-27）表明当我国建筑业劳务分包企业数目趋于某个有限的无穷量时，市场竞争等因素将导致"无利润"现象的出现，建筑企业的服务价值创新活动将处于"休眠"状态。

由公式（4-25）、（4-26）和（4-27）以及图 4-1 可确定建筑企业服务价值创新能力 VI 的走势，如图 4-2 所示。图 4-2 中，横轴表示建筑企业数目 Ec，纵轴表示建筑企业的服务价值创新能力 VI，o 点、Ec_o 点和 Ec_w 点为建筑企业服务价值创新能力的三个零点，而 p_1 点和 p_2 点是建筑企业服务价值创新的两个极大值点，它们的值是由函数 $L(Ec, Mv)$

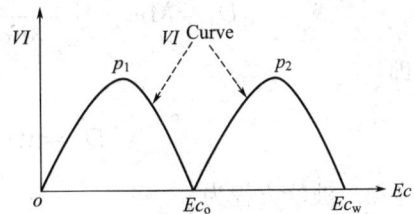

图 4-2　建筑企业价值创新能力 VI 趋势图

和 VI 共同判定。从图 4-2 显见，建筑业服务价值创新能力趋势呈逆向双峰波状，那么，VI 就是双峰波的振幅，即 VI 反映了建筑企业服务价值创新能力波动幅度的大小和波动的强弱。

令第一峰波为 $VI_1 (0 < Ec \leqslant Ec_o)$，第二峰波为 $VI_2 (Ec_o \leqslant Ec \leqslant Ec_w)$，那么 VI_1 和 VI_2 所对应的原函数 $L(Ec, Mv)$ 的一般式为：

$$\begin{cases} L_1(Ec, Mv) = A_1 Ec^3 + B_1 Ec^2 + C_1 Ec + D_1 \ (0 < Ec \leqslant Ec_o) \\ L_2(Ec, Mv) = A_2 Ec^3 + B_2 Ec^2 + C_2 Ec + D_2 \ (Ec_o \leqslant Ec \leqslant Ec_w) \end{cases} \qquad (4\text{-}28)$$

令 VI_1 的一般式为方程（4-29）：

$$F(Ec, VI_1) = -AEc^2 + BEc + C, \begin{cases} F(0, 0) = 0 \\ F(Ec_o, 0) = 0 \\ F(Ec_{p1}, VI_{p1}) = VI_{p1} \end{cases} \qquad (4\text{-}29)$$

那么

$$\begin{cases} A = \dfrac{VI_{p1}}{Ec_{p1}(Ec_o - 1)} \\ B = \dfrac{Ec_o VI_{p1}}{Ec_{p1}(Ec_o - 1)} \\ C = 0 \end{cases} \qquad (4\text{-}30)$$

而

$$\begin{aligned} L_1(Ec, Mv) &= \int F(Ec, VI_1) \mathrm{d}Ec \\ &= \int -AEc^2 + BEc \, \mathrm{d}Ec \\ &= -\frac{1}{3} AEc^3 + \frac{1}{2} BEc^2 + C \quad (0 < Ec \leqslant Ec_o) \end{aligned} \qquad (4\text{-}31)$$

由公式（4-28）和（4-30），可得出

$$\begin{cases} A_1 = -\dfrac{VI_{p1}}{3Ec_{p1}(Ec_o-1)} \\[3mm] B_1 = \dfrac{Ec_o VI_{p1}}{2Ec_{p1}(Ec_o-1)} \\[3mm] C_1 = 0 \\[3mm] D_1 = Mv_o - \left[-\dfrac{VI_{p1}Ec_o^3}{3Ec_{p1}(Ec_o-1)} + \dfrac{Ec_o^3 VI_{p1}}{2Ec_{p1}(Ec_o-1)} \right] \end{cases} \tag{4-32}$$

即

$$D_1 = Mv_o - \frac{VI_{p1}Ec_o^3}{6Ec_{p1}(Ec_o-1)} \tag{4-33}$$

令第二波峰方程为

$$F(Ec, VI_1) = -KEc^2 + LEc + H, \begin{cases} F(Ec_w,\ 0) = 0 \\ F(Ec_o,\ 0) = 0 \\ F(Ec_{p1},\ VI_{p1}) = VI_{p1} \end{cases} \tag{4-34}$$

那么

$$\begin{cases} K = \dfrac{VI_{p2}}{(Ec_{p2}-Ec_o)(Ec_w-Ec_{p2})} \\[3mm] L = \dfrac{VI_{p2}(Ec_w+Ec_o)}{(Ec_{p2}-Ec_o)(Ec_w-Ec_{p2})} \\[3mm] H = -\dfrac{VI_{p2}Ec_w Ec_o}{(Ec_{p2}-Ec_o)(Ec_w-Ec_{p2})} \end{cases} \tag{4-35}$$

同理可推出

$$\begin{cases} A_2 = -\dfrac{VI_{p2}}{3(Ec_{p2}-Ec_o)(Ec_w-Ec_{p2})} \\[3mm] B_2 = \dfrac{VI_{p2}(Ec_w+Ec_o)}{2(Ec_{p2}-Ec_o)(Ec_w-Ec_{p2})} \\[3mm] C_2 = -\dfrac{VI_{p2}Ec_w Ec_o}{(Ec_{p2}-Ec_o)(Ec_w-Ec_{p2})} \\[3mm] D_2 = Mv_o - \dfrac{VI_{p2}Ec_o^2(3Ec_w-1)}{6(Ec_{p2}-Ec_o)(Ec_w-Ec_{p2})} \end{cases} \tag{4-36}$$

结合式（4-23）、式（4-25）～式（4-27）和式（4-30）可得：建筑企业服务价值创新的市场容纳曲线普解方程式为：

$$\begin{cases} L_1(Ec,\ Mv) = -\dfrac{VI_{p1}}{3Ec_{p1}(Ec_o-1)}Ec^3 + \dfrac{Ec_o VI_{p1}}{2Ec_{p1}(Ec_o-1)}Ec^2 + \left[Mv_o - \dfrac{VI_{p1}Ec_o^3}{6Ec_{p1}(Ec_o-1)} \right] \\ \qquad (0 < Ec \leqslant Ec_o) \\[3mm] L_2(Ec,\ MV) = -\dfrac{VI_{p2}}{3(Ec_{p2}-Ec_o)(Ec_w-Ec_{p2})}Ec^3 + \dfrac{VI_{p2}(Ec_w+Ec_o)}{2(Ec_{p2}-Ec_o)(Ec_w-Ec_{p2})}Ec^2 \\ \qquad -\dfrac{VI_{p2}Ec_w Ec_o}{(Ec_{p2}-Ec_o)(Ec_w-Ec_{p2})}Ec + \left[Mv_o - \dfrac{VI_{p2}Ec_o^2(3Ec_w-1)}{6(Ec_{p2}-Ec_o)(Ec_w-Ec_{p2})} \right] \\ \qquad (Ec_o \leqslant Ec \leqslant Ec_w) \end{cases}$$

$$\tag{4-37}$$

至此，通过对建筑企业服务价值创新的市场容纳曲线的分段定积分，那么建筑企业服务价值创新的市场容纳能力就可用方程式（4-38）和（4-39）表示：

$$\int_0^{Ec_o} \left\{ -\frac{VI_{p1}}{3Ec_{p1}(Ec_o-1)}Ec^3 + \frac{Ec_oVI_{p1}}{2Ec_{p1}(Ec_o-1)}Ec^2 + \left[Mv_o - \frac{VI_{p1}Ec_o^3}{6Ec_{p1}(Ec_o-1)} \right] \right\} dEc$$

$$= Mv_oEc_o - \frac{VI_{p1}Ec_o^4}{12Ec_{p1}(Ec_o-1)} \tag{4-38}$$

$$\int_{Ec_o}^{Ec_w} \left\{ -\frac{VI_{p2}}{3(Ec_{p2}-Ec_o)(Ec_w-Ec_{p2})}Ec^3 + \frac{VI_{p2}(Ec_w+Ec_o)}{2(Ec_{p2}-Ec_o)(Ec_w-Ec_{p2})}Ec^2 \right.$$

$$\left. -\frac{VI_{p2}Ec_wEc_o}{(Ec_{p2}-Ec_o)(Ec_w-Ec_{p2})}Ec + \left[Mv_o - \frac{VI_{p2}Ec_o^2(3Ec_w-1)}{6(Ec_{p2}-Ec_o)(Ec_w-Ec_{p2})} \right] \right\} dEc$$

$$= \frac{VI_{p2}(3Ec^4 - 3Ec_o^4 - 2Ec_o^3Ec_w + 2Ec_oEc_w^3)}{12(Ec_{p2}-Ec_o)(Ec_w-Ec_{p2})} +$$

$$\left[Mv_o - \frac{VI_{p2}Ec_o^2(3Ec_w-1)}{6(Ec_{p2}-Ec_o)(Ec_w-Ec_{p2})} \right](Ec_w-Ec_o) \tag{4-39}$$

同理，建筑业企业服务价值创新能力可用公式（4-40）和（4-41）表示：

$$\int_0^{Ec_o} \left[-\frac{VI_{p1}}{Ec_{p1}(Ec_o-1)}Ec^2 + \frac{Ec_oVI_{p1}}{Ec_{p1}(Ec_o-1)}Ec \right] dEc = \frac{VI_{p1}Ec_o^3}{6Ec_{p1}(Ec_o-1)} \tag{4-40}$$

$$\int_{Ec_o}^{Ec_w} \left[-\frac{VI_{p2}}{(Ec_{p2}-Ec_o)(Ec_w-Ec_{p2})}Ec^2 + \frac{VI_{p2}(Ec_w+Ec_o)}{(Ec_{p2}-Ec_o)(Ec_w-Ec_{p2})}Ec \right.$$

$$\left. -\frac{VI_{p2}Ec_wEc_o}{(Ec_{p2}-Ec_o)(Ec_w-Ec_{p2})} \right] dEc \tag{4-41}$$

$$= \frac{1}{6}(5Ec_w^3 - 5Ec_o^3 + 3Ec_wEc_o^2 + 3Ec_oEc_w^2) + Ec_wEc_oEc_{p2}$$

从公式（4-38）、（4-39）、（4-40）和（4-41）可以看出，建筑企业的市场容纳能力和建筑企业的服务价值创新能力取决于同样的参数，并且前者呈三次曲线，而后者则是逆向双峰运动。其次，只要确定了建筑企业结构调整中所允许的基层企业的最大数目 Ec_w 以及超级土木总承包企业数目 Ec_p，将当前我国建筑企业数目视为 Ec_o，那么就可以对建筑企业服务价值创新的能力以及市场容纳能力进行预警性诊断。

4.1.5 结论

当前，我国建筑业的快速发展和建筑企业的不利态势，迫使我国建筑企业重新审视建筑市场目标定位从而实现服务价值创新。建筑企业服务价值创新是指建筑企业以某种生产方式对建筑生产的核心或相关生产要素（生活要素）进行生产要素重组实现创造新价值、获得产业内（外）的转移价值，主要包括商业价值、自然价值和社会价值三类。

通过对企业转变传统项目市场获得价值增值过程的描述，本节构建了建筑企业随机性诱因模型，这一模型揭示了建筑企业服务价值创新时项目资源投入—产出的内在机制。最小随机性诱因的确定，使建筑企业以项目为中心在企业服务价值创新活动中合理规避随机性诱因，并使有限资源投入获取最大的服务价值创新成为可能。该诱因诊断模型显示，建

筑企业经营的 N 个（项目）市场的随机性风险若相等，则有限项目资源投入最有效分配策略是平均分配；若不等，可应用随机性诱因的项目资源分配模式公式求解最佳分配策略。

建筑企业对项目市场能否进行服务价值创新的诊断，必须结合当前我国建筑业结构调整的特点以及企业结构的现状来确定未来的项目市场定位和进行服务价值创新。基于我国建筑业依据资质管理和调节建筑市场的特点，将建筑业三个资质等级的企业视为平面坐标上的三个集合点，构建了建筑企业服务价值创新的市场容纳曲线，定量化研究证实该曲线呈三次曲线，与之相对应的建筑企业服务价值创新动向呈逆向双峰运动，在此基础上，分别推导出了建筑企业服务价值创新的市场容纳能力和建筑企业服务价值创新能力公式。该公式表明，在我国现有的建筑业管理体制下，可以对建筑企业服务价值创新的能力以及市场容纳能力进行预警性诊断。

4.2 建筑企业服务价值创新的市场结构随机性风险研究

本节在前期对建筑企业两类划分研究的基础上，通过对完全自由市场下两类建筑企业之间相互转化的定量描述，研究发现建筑企业整体的服务价值创新概率是两类企业主体之间相互转移的概率之和的倒数，并且自由市场下建筑企业服务价值创新的随机性风险取决于两类企业主体之间相互转移的概率之和与 1 的差值。其次，针对我国建筑企业市场的三层次体系的特点，进一步推理出各级企业结构内建筑企业服务价值创新的市场结构随机性风险公式，代入数值，运算结果显示当前建筑业企业市场结构的运行不适合我国建筑企业进行服务价值创新。

4.2.1 引言

现代产业组织理论认为：所谓市场结构，指的是对市场竞争程度以及价格形成等产生战略性影响的市场组织的特征。即一个特定市场中具体产业的市场结构由各个市场主体在市场交易中的地位、作用、比例关系以及它们在市场上交换的商品的特点所构成。目前，我国建筑业正处在产业结构调整时期，主要依靠资质管理，试图形成以总承包为龙头，以专业承包为依托，以劳务分包为基础的三层次承包组织体系，促进分层有序的竞争态势。资料显示[66]，在 2002 年完成资质就位时，我国建筑业企业共 65611 家，其中，施工总承包类企业 33652 家，占 51.3%；专业承包类（含劳务分包）企业 30999 家，占 47.2%，且当前建筑业的集中度过低，同层次、同类型建筑企业之间的恶性竞争严重。建筑企业之间的服务价值创新演化受市场利益驱动，具有随机性的特点，容易产生随机性风险。而我国建筑市场企业结构的这种特点，不可避免地给建筑企业服务价值创新添加了市场结构风险。这种市场结构风险也是随机的。本节拟通过对这种市场结构下建筑企业服务价值创新演化的 Markov 性推理求解出各层次企业市场空间内的建筑企业服务价值创新的随机性风险。

国际方面服务价值创新研究情况如下：MASCITELLI R[67] 论证了通过对个体或者项目团队的默许知识（Tacit Knowledge）的整理在任何行业可以取得突破性创新；ALTENBURG T，SCHMITZ H 和 STAMM A[68] 在工业领域对中国和印度的产品创新进行对比得出了两国的产品创新程度；TAJIMA M[69] 和 PALANEESWARAN E 等[70] 研究了供应链管理对建筑行业混乱市场的治理作用；STEINLE C 和 SCHIELE H[71] 提出适时地通过产业集群可以激发出单个地区或国家的发展潜力；LOW M B 和 ABRAHAMSON E[72] 通过对三种不同产业背景（Emerging，Growth 和 Mature）的划分讨论，提出了三种不同的组织架构（Movements，Bandwagons 和 Clones）并认为三种组织架构下的企业家精神可以实现产业价值创造。可以看出，这些研究均没有对服务价值创新的随机性风险进行评估，并且目前国际和国内建筑业研究领域中使用 Markov 过程来描述我国建筑产业结构所引起的随机风险仍是一个空白领域。

4.2.2 研究假设

根据本文的前期研究成果，这里仍将建筑企业划分为两类，一类是服务价值创新类建筑企业，另一类是非服务价值创新类企业。基于我国建筑企业发展的总体趋势，从控制论的角度出发，本节将建筑企业的进入与淘汰的最终结果作为一个严格假设，即对建筑企业来说，截至目前，它仍具有可观的容纳能力。换言之，建筑业可以接受源源不断的新企业，没有被淘汰者。这样就意味着建筑业内只有两种类型的建筑企业之间的相互转化，如图 4-3 所示。在图 4-3 中，NV 代表非服务价值创新类企业，λ 表示非服务价值创新类企业向服务价值创新企业的转移概率，那么 $1-\lambda$ 就代表了建筑企业仍留在非服务价值创新类企业的概率。同理，V 代表服务价值创新类企业，μ 表示服务价值创新类企业向非服务价值创新企业的转移概率，那么 $1-\mu$ 就代表了建筑企业仍留在服务价值创新类企业的概率。

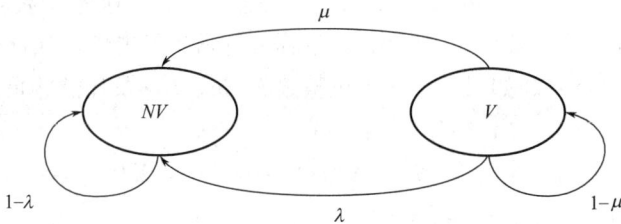

图 4-3　中国建筑业企业价值创新演化状态图

其次，建筑企业三个层次的承包体系，并没有按照预想情况运行，反而给施工企业升级带来了困难。现实情况是招标投标环节为减少施工企业的筛选成本，人为提高了施工企业的资质等级，使低级别的施工企业无法取得平等竞争的机会，低资质的施工企业依靠低收益取得实际施工资格。实际施工的代表工程却无法作为企业的业绩完成升级，导致低资质施工企业始终徘徊在高资质行列之外。已经进入高资质等级的企业由于缺乏压力，增加了企业惰性，致使一些企业不重视提高管理和技术水平，用出卖高资质的办法（允许挂靠等）维持生计。这种情况可以用图 4-4 表示。在图 4-4 中，实箭头表示理想状态下的各级建筑企业之间的承包关系，劳务分包在规定的属地内向专业分包商承揽工程，专业分包商在规定的市场空间内向总承包商承揽工程，而总承包商在资质等级规定的市场空间进行经营活动，从而避免建筑企业内部的跨级不公平竞争，而建筑企业的升级困难以及出卖高资质的现实暗示了建筑市场内部部分建筑企业进行了越级经营，这一情况如图 4-4 中点状虚箭头所示。

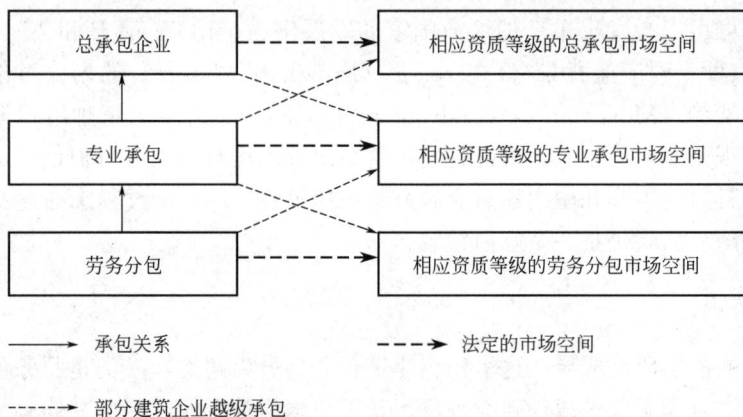

图 4-4　中国建筑业承包市场空间现状示意图

4.2.3　模型建立

1. Markov 过程[73]

一般地，对某一列随机变量 $X(n)$，$n=0$，1，……；如果 $t=n$ 时，做随机运动的系统 E 位于 E_k，则 $X(n)=k$。〈$X(n)$〉未必是相互独立的，如果已知 $t=n$ 时的状态，关于它在 n 时以前所处的状态的补充知识对预言 n 时以后所处的状态不起任何作用，或者说在已知的"现在"的条件下，"将来"与"现在"是独立的，这种性质就是直观意义上的"Markov 性"，或称"无后效性"。那么，此过程具有马尔可夫性，或称此过程为马尔可夫过程 $X(t+1)=f\{X(t)\}$。如果对于任意正整数 l、m、k，及任意非负整数 $j_l>\cdots>j_2>j_1$，$(m>j_l)$，i_{m+k}，i_m，i_{jl}，$\cdots i_{j2}$，i_{j1}，有

$$P\{X(m+k)=i_{m+k} \mid X(m)=i_m,\ X(j_l)=i_{jl},\ \cdots,\ X(j_2)=i_{j2},\ X(j_1)=i_{j1}\}$$
$$=P\{X(m+k)=i_{m+k} \mid X(m)=i_m\} \tag{4-42}$$

只要式（4-42）中左方构成事件的概率大于 0。对于时间和状态都离散的马尔科夫过程称为马尔科夫链，记作：$\{X_n=X(n)$，$n=0$，1，2，……$\}$，其在时间集 $T_1=\{0$，1，2，……$\}$ 上对离散状态的过程相继观察的结果的链的状态空间记做 $I=\{a_1, a_2, ……\}$，$a_i \subset R$，条件概率 $P_{ij}(m, m+n)=P\{X_{m+n}=a_j \mid X_m=a_i\}$ 为马氏链在时刻 m 处于状态 a_i 条件下，在时刻 $m+n$ 转移到状态 a_j 的转移概率。由于链在时刻 m 从任何一个状态 a_i 出发，到另一时刻 $m+n$，必然转移到 $\{a_1, a_2, ……\}$ 中的某一个，所以当 $P_{ij}(m, m+n)$ 与 m 无关时，称为齐次马尔科夫链，通常说的马尔科夫链都是指齐次马尔科夫链。马尔科夫过程的状态转移概率，是指过去某一时刻 n 个状态中的某一种状态在下一时刻转化为其他状态（包括转化后仍是原有状态）的概率，当 $n=1$ 时的马尔科夫过程称为简单马尔科夫过程。

2. 中国建筑业企业服务价值创新演化状态模型

一般地，设建筑企业服务价值创新演化有 γ 个状态，S_1，S_2，$\cdots S_\gamma$，把演化过程中的系统状态 S_i 转移到 S_j 的条件概率记为 P_{ij}，则可以用下面的转移矩阵来表示系统状态转移情况：

$$P = \begin{array}{c} \\ S_1 \\ S_2 \\ \vdots \\ S_r \end{array} \begin{vmatrix} S_1 & S_2 & \cdots & \cdots & S_r \\ P_{11} & P_{12} & \cdots & \cdots & P_{1r} \\ P_{21} & P_{22} & \cdots & \cdots & P_{2r} \\ \vdots & \vdots & \cdots & \cdots & \vdots \\ P_{r1} & P_{r2} & \cdots & \cdots & P_{rr} \end{vmatrix} \tag{4-43}$$

公式（4-43）的矩阵中第 i 行表示系统从状态 S_i 转移到 S_1，S_2，$\cdots S_r$ 状态的概率，并且：$P_{i1} + P_{i2} + \cdots + P_{ir} = 1$。系统处于状态 S_i 的概率用 x_i 表示，则固有向量（或称特征向量）为：

$$X = (x_1, \ x_2, \ x_3 \cdots x_\gamma) \tag{4-44}$$

$$x_1 + x_2 + x_3 + \cdots + x_\gamma = 1 \tag{4-45}$$

根据下式可以求得系统处于某一状态的概率 x_i：

$$XP = X \tag{4-46}$$

前述可知，采用 $n=1$ 时的简单马尔科夫过程来描述中国建筑业企业服务价值创新演化状态中的某一过程比较合适。根据假设，建筑业企业服务价值创新演化只有 V 和 NV 两种状态，进一步假设两个状态下建筑企业服务价值创新过程中的间断时间和建筑企业进行服务价值创新的时间均为指数分布，建筑企业服务价值创新演化状态 V 中不断追求服务价值创新的建筑企业概率为 $1-\mu$，μ 表示服务价值创新类企业向非服务价值创新企业的转移概率；NV 中概率为 λ 的建筑企业从非服务价值创新类企业向服务价值创新企业的转移，概率为 $1-\lambda$ 的建筑企业不进行服务价值创新，则：

$$P = \begin{array}{c} \\ V \\ NV \end{array} \begin{vmatrix} V & NV \\ 1-\mu & \mu \\ \lambda & 1-\lambda \end{vmatrix} \tag{4-47}$$

再设建筑企业服务价值创新演化状态 V 的概率为 x_1，NV 的概率为 x_0，则：

$$(x_1, \ x_0) \begin{vmatrix} 1-\mu & \mu \\ \lambda & 1-\lambda \end{vmatrix} = (x_1, \ x_0) \tag{4-48}$$

此矩阵的解为 $x_1 = \dfrac{\lambda}{\lambda+\mu}$，$x_0 = \dfrac{\mu}{\lambda+\mu}$。这表明建筑企业服务价值创新演化系统处于 V 的概率为 $\dfrac{\lambda}{\lambda+\mu}$，那么，建筑企业整体的服务价值创新概括为：

$$P_T = P_V(1-\mu) + P_{NV}\lambda = \frac{\lambda}{\lambda+\mu}(1-\mu) + \frac{\mu}{\lambda+\mu}\lambda = \frac{1}{\lambda+\mu} \tag{4-49}$$

如果此时为完全自由竞争市场，不存在对企业结构等方面的规定限制，公式（4-49）表明建筑企业整体的服务价值创新概率是两类企业主体之间相互转移的概率之和的倒数。那么，建筑企业服务价值创新演化的市场结构随机性风险为：

$$P_r = |1 - P_T| = \left| \frac{\lambda+\mu-1}{\lambda+\mu} \right| \tag{4-50}$$

公式（4-50）表明市场结构所引起的随机风险等于建筑企业整体的服务价值创新概率与 1 之差的绝对值。理论上，$\lambda+\mu$ 与 1 有三种关系：

$$\begin{cases} \lambda + \mu > 1 \\ \lambda + \mu = 1 \\ \lambda + \mu < 1 \end{cases} \tag{4-51}$$

第一种情况表明两类企业中至少有一类企业的转化概率大于 50%，建筑企业的服务价值创新演化处于加速的成长或者衰退。第二种情况表明两类企业的转化概率相等，此时不存在风险性。然而，因为企业之间的转移是随机的，所以这可能是一个瞬间过程。第三种情况表明两类建筑企业至少有一类转化概率低于 50%。如果服务价值创新类企业的转化概率低于 50%，表明建筑物企业服务价值创新演化系统还可以保持进行服务价值创新的态势；如果服务价值创新类企业的转化概率大于 50%，而 $\lambda + \mu < 1$ 存在，这表明建筑物企业服务价值创新演化系统内部进行服务价值创新的态势失稳了。

但是，建筑企业服务价值创新演化是在我国建筑产业三级企业结构失稳情况下进行的，存在广泛的三级企业之间越级承包情况。这种背景表明，建筑企业进行服务价值创新的概率 P_T 是在建筑产业内企业之间相互越级承包的概率 P_S 下进行的。前者是建筑企业自身发展的需要，而后者是由我国建筑业的现实情况所产生的，即两者是相互独立事件。根据相互独立事件概率的乘法公式：$P(A \cdot B) = P(A) \cdot P(B)$，也就是两个相互独立事件同时发生的概率，等于每个事件发生的概率的积。那么对于建筑业当前背景下建筑企业服务价值创新的概率 P_{TS}，就有 $P_{TS} = P_T \times P_S$。

3. 当前建筑业承包市场的马尔科夫过程模型

进一步假设建筑业三层次企业结构中建筑业越级承包或者不越级承包均服从指数分布，且不越级承包的概率为 α 和越级承包的概率为 β。α 和 β 也反映了建筑企业承包无秩序的程度。建筑业两类企业处于三个企业层次内，第一层次状态劳务分包层 ST_1，第二层次状态专业承包层 ST_2，第三层次总承包层次 ST_3。根据图 4-4，可得出转移矩阵为：

$$P = \begin{array}{c} ST_1 \\ ST_2 \\ ST_3 \end{array} \begin{array}{|ccc|} ST_1 & ST_2 & ST_3 \\ 1 - 2\alpha & 2\alpha & 0 \\ \beta & 1 - (\alpha + \beta) & \alpha \\ 0 & 2\beta & 1 - 2\beta \end{array} \tag{4-52}$$

如果建筑业在三个层次状态正常运行的概率分别为 x_1、x_2、x_3，则：

$$XP = (x_1, x_2, x_3) \begin{array}{c} ST_1 \\ ST_2 \\ ST_3 \end{array} \begin{array}{|ccc|} ST_1 & ST_2 & ST_3 \\ 1 - 2\alpha & 2\alpha & 0 \\ \beta & 1 - (\alpha + \beta) & \alpha \\ 0 & 2\beta & 1 - 2\beta \end{array} = (x_1, x_2, x_3) \tag{4-53}$$

此矩阵的解为

$$x_1 = \frac{\alpha^2}{(\alpha + \beta)^2}$$

$$x_2 = \frac{2\alpha\beta}{(\alpha + \beta)^2}$$

$$x_3 = \frac{\beta^2}{(\alpha + \beta)^2} \tag{4-54}$$

那么建筑企业在三种企业结构下的服务价值创新演化概率分别为：

$$P_{\text{ST1}} = P_{\text{T}} \times P_{\text{S1}} = \frac{1}{\lambda + \mu} \times \frac{\alpha^2}{(\alpha + \beta)^2} = \frac{\alpha^2}{(\lambda + \mu)(\alpha + \beta)^2} \tag{4-55}$$

$$P_{\text{ST2}} = P_{\text{T}} \times P_{\text{S2}} = \frac{1}{\lambda + \mu} \times \frac{2\alpha\beta}{(\alpha + \beta)^2} = \frac{2\alpha\beta}{(\lambda + \mu)(\alpha + \beta)^2} \tag{4-56}$$

$$P_{\text{ST3}} = P_{\text{T}} \times P_{\text{S3}} = \frac{1}{\lambda + \mu} \times \frac{\beta^2}{(\alpha + \beta)^2} = \frac{\beta^2}{(\lambda + \mu)(\alpha + \beta)^2} \tag{4-57}$$

则此企业结构下的建筑企业服务价值创新演化的随机性风险 P_{RST} 为：$P_{\text{RST}} = 1 - P_{\text{ST}}$。那么三种企业结构下建筑企业服务价值创新演化的随机性风险为以下方程组：

$$\begin{cases} P_{\text{RST1}} = 1 - P_{\text{ST1}} = 1 - \dfrac{\alpha^2}{(\lambda + \mu)(\alpha + \beta)^2} \\[3mm] P_{\text{RST2}} = 1 - P_{\text{ST2}} = 1 - \dfrac{2\alpha\beta}{(\lambda + \mu)(\alpha + \beta)^2} \\[3mm] P_{\text{RST3}} = 1 - P_{\text{ST3}} = 1 - \dfrac{\beta^2}{(\lambda + \mu)(\alpha + \beta)^2} \end{cases} \tag{4-58}$$

从公式（4-58）容易看出，各市场结构建筑进行服务价值创新的风险受到四个参数 α、β、λ 和 μ 的制约，并且有多种情况存在。至此，具有我国建筑业特点的建筑业企业市场结构下建筑企业服务价值创新的市场结构随机性风险已分别求出。现在对此公式进行实例求解。

假设在 $\lambda + \mu > 1$ 的情况下，$\lambda + \beta = 1.5$，α 和 β 分别取值 0.5，那么

$$\begin{cases} P_{\text{RST1}} = 1 - \dfrac{\alpha^2}{(\lambda + \mu)(\alpha + \beta)^2} = 1 - \dfrac{0.5^2}{1.5 \times 1} = 0.83 \\[3mm] P_{\text{RST2}} = 1 - \dfrac{2\alpha\beta}{(\lambda + \mu)(\alpha + \beta)^2} = 1 - \dfrac{2 \times 0.5 \times 0.5}{1.5 \times 1} = 0.67 \\[3mm] P_{\text{RST3}} = 1 - \dfrac{\beta^2}{(\lambda + \mu)(\alpha + \beta)^2} = 1 - \dfrac{0.5^2}{1.5 \times 1} = 0.83 \end{cases} \tag{4-59}$$

可见，当前结构下建筑业服务价值创新演化的风险都很高，这对建筑产业的发展不利。

4.2.4 结论

建筑业正在进行产业结构调整，力图通过资质调整达到合理的三层次企业结构形态。这种调整给建筑企业服务价值创新演化带来了一定程度的随机风险。本节基于前期研究成果，将建筑企业仍划分为两类，一类是服务价值创新类建筑企业，另一类是非服务价值创新类企业。通过对这两类企业之间服务价值创新演化的简单马尔科夫过程的求解，进一步推算出完全自由竞争市场下建筑企业整体的服务价值创新概率是两类企业主体之间相互转移的概率之和的倒数，然后得出了完全自由竞争市场下建筑企业进行服务价值创新的自由市场随机性风险。研究发现，这种风险取决于两类企业主体之间相互转移的概率之和。其次，从中国建筑业企业市场结构的特点出发，本节将我国建筑市场企业的越级承包情况与建筑企业的服务价值创新演化视为相互独立事件，通过设定三级企业之间越级承包的各自概率，推理出各级企业结构内建筑企业服务价值创新的市场结构随机性风险公式，代入数

值，运算结果显示当前建筑业企业市场结构的运行给我国建筑企业服务价值创新带来的随机性风险较大，不利于建筑企业服务价值创新。

4.3 建筑业企业服务板块分析

4.3.1 土木工程建筑业企业服务板块分析

从整个建筑业产业链条来说，服务板块附加值不是均匀分配的，在建筑产品的生产和流通过程中，产业价值链的价值增加呈现一个"U"字形，在这个曲线上，一头是项目规划、设计，另一头是销售、服务，中间最低处是施工生产。

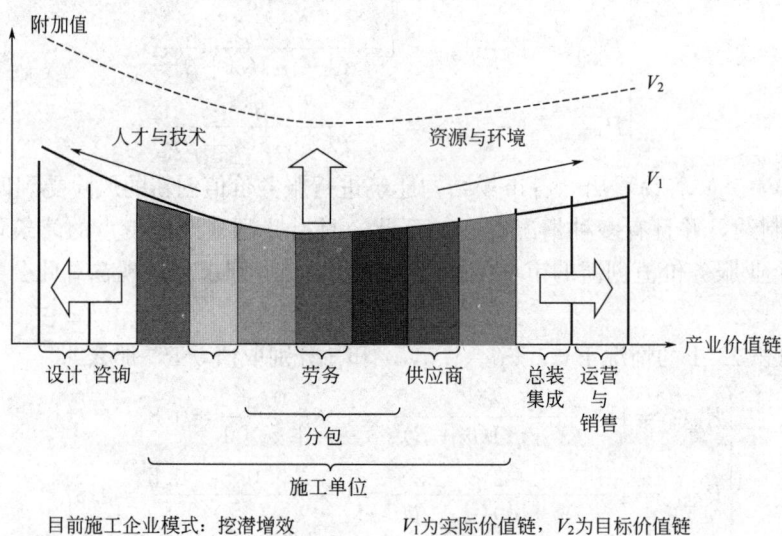

目前施工企业模式：挖潜增效　　　　V_1为实际价值链，V_2为目标价值链

图 4-5　建筑业价值微笑曲线

在这条 U 形曲线上，一端是高技术含量作业、高资本投入作业，另一端是装配、集成项目，中间是一般施工作业项目。传统建筑企业即"施工单位"长期定位在价值最低的生产环节，这个环节的特征就是附加值低、竞争惨烈、作业条件恶劣、安全风险高。

作为前端的设计、咨询业务环节具有智力密集型的特征，其附加值远远高于生产作业环节。拿中国铁建来说，一个工程局 1.2 万人，平均产值 100 亿/年，平均贷款 10 亿元左右；一个设计院约 6000 人，平均存款 20 亿元左右，收益率差别是巨大的。作为后端的总装集成、运营或销售业务，同样处于附加值的高端。在产业中，一般制造或代工是低附加值，掌握了关键技术及关键零组件是高附加价值。产品整合性服务，因为结合了许多的附加价值而变成另一个高附加价值的区块。

在我国，土木工程建筑业企业服务板块的利润是非常低的，这主要由于我国建筑企业的利润来源大都来自竞争激烈而利润微薄的建筑施工环节，对现在建筑承包价值链条向施工前端和后端转移的趋势把握不好，对具有高附加值的融资承包模式像 BOT、PPP、EPC等项目涉及较少。中国建筑企业即使利用人力资源优势、严格的管理手段能在生产作业这个环节取得一定竞争优势，但是在整个价值链的竞争上处于劣势，这就是中国企业国际竞争地位不高的基本原因。因为从本质上来讲，建筑市场的竞争已经成为产业链的竞争，而不仅是企业的竞争，如果不能认识到这一点，不管怎样努力地做，差距只会越来越大，企业价值无法提升，企业也无法取得竞争优势。因此，土木工程建筑业企业服务板块需要强化以下能力：

（1）加快培育并形成一体化总承包的核心能力。我国目前大多数的特大型建筑企业还只是施工型企业，随着国内投资体制改革的深入和进入 WTO 后国外资金建设项目的增多，工程总承包方式将逐渐增多。这些将迫使我国大型建筑企业从专注于施工向设计、施工经营一体化发展，否则将来要沦落为国外项目管理型企业的分包商。我国大型建筑企业大多数还是国有全资或者国家以绝对比例控股企业，因此可以通过股份制改造的契机，有效整合企业的施工、设计和研发能力，使得企业具备工程总承包能力来参与市场竞争。

（2）注重专业和劳务企业的发展和管理。专业化企业是技术、资金密集的企业，并有一定量的技能劳务骨干，是建筑业技术创新的主要体现者。我国建筑业目前专业化企业在数量和质量上都严重不足，严重影响了建筑业的"总包—专业承包—劳务分包"的三层分工协作产业竞争格局的形成。因此，应该加强专业化企业的发展。同时，提升劳务企业和劳务人员素质，可以为实现向两头延伸的企业结构优化模式打下良好的基础。建立和完善有效的建筑劳务培训机制和管理机制已经成为防止工程恶性事故发生的"治本之策"，是加强劳务市场建设和产业组织优化的关键。

（3）加快建设咨询和设计企业结构调整。对建设设计咨询类企业，可以根据国家有关规定积极探索实行股权激励机制。要逐步分离企业办社会职能，实施主辅分离和辅业改制，妥善分流安置富余人员。要改进现行工程勘察、设计、咨询、监理、招标代理、造价咨询等企业资质管理办法和资质标准，支持有能力的企业拓宽服务领域。统筹规划，建立健全工程建设领域专业人士注册执业制度，提高注册执业人员的素质。要坚持建设项目可行性研究报告的客观性和公正性，为投资决策提供科学依据。提倡对重要建设项目开展第三方设计咨询，切实优化建设方案。鼓励具有工程勘察、设计、施工、监理、造价咨询、招标代理等资质的企业，在其资质等级许可的工程项目范围内开展项目管理业务，提高建设项目管理的专业化和科学化水平。设计企业方面，要努力建设一批设计理论和设计技术达到国际一流水准的大型综合性建筑设计企业，面向大型公共建筑，强化方案设计和扩大初步设计能力，拓展建设项目前期咨询和后期项目管理功能，逐步将施工图设计分离出去。鼓励部分建筑设计企业与大型施工企业重组，发挥设计施工一体化优势，促进设计与施工技术的结合与发展。大力发展由注册建筑师或注册工程师牵头的专业设计事务所，促进建筑个性化创造的发展，繁荣设计创作，提高技术水平和服务质量。建筑设计事务所依照合同约定或经建设单位认可自主选择结构设计和其他专业设计分包人，并对建设项目设计的合理性和完整性负责。

（4）实现大中小规模企业的合理级配。建筑业应实现大中小规模企业的合理级配，大要强，小要专、精，但这应该是市场竞争的结果，而不应是现有制度下的安排。虽然对于大企业和中小企业有各自的利益，但从总体上看它们之间不是竞争关系，而是一种以工程为纽带的协作关系，即"总包—分包"关系。为了实现产业层次上的更大的规模效益水平，大中小规模企业应在市场竞争的条件下做到合理级配。

4.3.2 装饰工程建筑业企业服务板块分析

装饰工程建筑业企业与土木工程建筑业企业类似，都有相当数量的大公司、大企业，集团业务过多、主业不突出、结构趋同。这种多角度发展、多元化经营模式形成了恶性竞争，实业发展并未与产品研发、金融、贸易相配套。因此，对于装饰工程建筑业企业来说，企业和政府层面需要通过"有限项目，重点推进"来实现"转方式"、"调结构"、"抓项目"、"促发展"，具体采取以下措施：

第一，突出主业，不断增强核心竞争力。

第二，大力培育行业领先企业。因为行业领先企业将充分发挥和提高企业效益，包括结构优化效益、规模经济效益、科技进步效益、生态环境效益和科学管理效益，更好带动本行业中小企业发展，促进行业结构优化升级，增加就业岗位；其次，行业领先企业可增强行业技术创新能力，一般地说，行业领先企业是行业先进生产力的代表，科技人才聚集，资金实力雄厚，拥有更多的专利技术、自主知识产权核心技术和自主知识品牌，提高企业的核心竞争力和国际竞争力。

第三，转变政府职能，充分尊重企业自主权。一是明晰产权，尊重企业所有者权益，即资产受益、投资等重大决策和自主选择管理者的权利。二是维护企业自主权，包括企业生产经营自主权、企业使用资源自主权、企业参见联合重组的自主权等。三是协调好企业集团内部的经济关系，调动各级经营管理者和广大职工的积极性，加强企业内控，同心协力办好企业。四是剥离企业非生产性经营职能，减轻企业负担，关注国有企业中的大集体问题。五是降低企业资产负债率，为企业赢利奠定基础。

第四，从政策上支持培育壮大企业集团。一是制定明确的产业政策，促进建筑业产业机构优化升级，提高市场竞争力。二是实施壮大规模经济政策，实现企业组织结构合理化，发挥企业集团的结构优化效益和规模经济效益。三是实施科技进步政策，增强企业集团的技术和产品研发能力，提高企业的项目生产力。四是制定大型建筑业企业"走出去"的政策，要引进先进技术和先进的企业与项目管理经验，努力扩大产品出口，引导并鼓励企业到境外投资置业、合资经营、跨国并购等，坚持市场主导、多元经营、主业突出、发展自主知识品牌，开拓并提高大型建筑企业的国际竞争力。

但是建筑业转变经济发展方式过程中要谨防"大企业病"、"大公司病"。所谓"大企业病"、"大公司病"是指大企业、大公司管理者战略开拓不清醒、紧跟投资"潮涌现象"，导致企业规模在短期内迅猛扩张、投资大幅增长、资产负债率过高；经营范围广，主业不突出；企业管理层次多，团队意识低下，管理绩效比较低，人才激励与企业内部管控缺乏。

4.3.3 综合分析

综合土木工程建筑业企业和装饰工程建筑业企业的业务发展分析，从国家层面来讲，建筑业大力推进经济结构战略升级调整，更需要注重提高自主创新能力、提高节能环保水平、提高经济整体素质和国际竞争力。通过提升建筑产品品质，实现传统产业与现代先进科学技术的紧密结合，提高建筑行业效益，减少二氧化碳排放，开拓国际承包市场，提高国际竞争力，简括为"提品质，融科技，增效益，减排放，拓市场"。

第一，以需求为导向，积极开拓市场。充足的市场空间、良好的市场环境是建筑业转变经济发展方式的必要条件。企业只有坚持不懈地关注国内外建设形势，研究建设产品需求结构、地域结构，发现并主动迎合新的市场需求，抓住市场机遇，创新自己出业务内容和模式，才能拥有市场，任务充足。不同规模、不同类型企业拓展市场的方式各不相同，但总结企业市场拓展途径有如下几个方面：一是前瞻性拓展。即认识和确定未来需求旺盛的市场尽早介入，进行项目跟踪、技术储备、市场准入资格获取，业绩积累、内部外部资源整合等，以尽早形成生产能力，获取市场份额。二是综合性拓展。在市场存在需求、企业有能力的情况下，在现有业务的基础上，扩大承包范围或者延伸产业链，由单一业务向多项业务，由一个点向多个点、向一个面或者一个链，甚至点、面、链相结合的拓展。三是跨地域拓展。扩大企业活动地域是拓展市场空间的有效手段。有条件的企业应当打破只在"家门口"活动的传统经营模式，适应不同地域建筑市场此消彼长的不平衡发展规律，面向国际国内两个市场，充分发挥企业经营优势。四是跨领域拓展。即在企业经营过程中发现相关的市场需求和盈利机会，进行相关机械设备研发制造，发展"设计—制造—装配"的新型设计建造模式，参与金融、物流、信息、生物、文化等产业发展。五是创新性拓展。发现潜在市场需求，通过业务模式创新，形成新的服务产品，如发展融资建设类业务，勘察设计企业、施工企业、监理企业承接多种形式的项目管理业务，或者代理业主进行相关的专业咨询和管理工作等。六是品牌拓展。各种类型、专业的大、中、小企业，依靠优秀的质量、安全、技术、服务，形成良好的市场口碑，建设和维护好企业品牌，依靠品牌经营和开拓市场。

第二，与资本联姻，提升产业活动平台。传统建筑业一旦与资本结合，整个产业的活动平台就能显著提升。设计建造与资本结合，就意味着由被动承包走向主动开发，由承包商向开发建设商甚至业主身份转变，就能够部分或者完全享有建筑物的自身升值和经营增值，可以有效改变建筑业附加值低、盈利水平低、市场地位低的状态。建筑业与资本结合，还可以在市场中占据主动地位，承揽到更大规模和更高盈利水平的工程。建筑业已经摆脱了政策限制，可以通过上市，与资本拥有方建立战略合作关系、联营等方式解决与资本结合的问题。建筑业与资本结合，还利于进行技术研发和积累，引进优秀人才，提高管理水平，整体地提升建筑业经营的内涵和层次。另一个提升产业活动平台是延伸产业链、整合建设环节。继续克服传统计划体制在建设工程建造全过程中的环节分割，克服由此造成的资源浪费和低效率。逐步尝试在适合的工程建设项目上，围绕最终产品，以成本、工期、品质为核心，组成更加综合的项目管理机构或专业咨询服务班子，采用设计、施工、采购、运营等环节一体化的建设组织方式，加强不同环节的协调和互动，实现不同环节的相互参与、深度融合、协同推进、整体优化。

第三，优化管理手段，保障质量，创立品牌。由于建筑产品流动、项目具体、组织弹性，提高管理水平存在较大难度，长期以来，我国建筑企业和项目管理总体管理水平低。企业和项目管理已经成为我国建筑承包商与国际著名承包商存在较大差距的领域，也是转变发展方式最有潜力的领域之一。建筑企业的管理水平是企业竞争力和品牌价值的重要组成部分。优秀建筑企业发展经验表明，先进的企业和项目管理成果可以独立创造价值。针对我国建筑业在企业和项目管理中存在的问题，企业和项目管理应当向着如下几个方向努力：一是标准化。总结形成适合企业自身特点、凝聚企业管理精华、充分采用国际先进的管理方法、既具体适用又根据项目特点能够具体化的企业管理手册，成为区别本企业与其他企业的显著标识。二是规范化。企业管理、业务流程、信息传递、事务处理都有制度、规则，全体人员严格遵守规则，形成企业良好的工作秩序和人员的行为规范。三是精细化。在资金、成本、材料、设备、工期、人力调配等方面，对于信息流、物流，从时间、空间上进行更加细致的管理，落实管理职责，任务分配明确，完成任务到位，不留失控环节、领域、死角，是精细管理的主要内涵。四是信息化。在企业管理、项目管理、专业事务管理工作中，积极采用先进的信息化手段，将不可能管理的事情变为可能，将复杂变为简单，将低效变高效，让现代信息技术帮助实现管理水平的跃升。五是重文化。在企业管理中更加重视建立先进的企业文化，用先进文化凝聚人，激励人，用更高尚的经营目标进行企业定位，积极承担企业社会责任，在未来的企业发展中越来越重要。

第四，发展高新技术，提升核心竞争能力。促进建筑业与先进的材料技术、制造技术、信息技术、节能技术的结合，将现代先进技术成果在建筑产品中整合运用并创新，使建筑业承载更多的技术含量，改善技术落后的面貌，增强产业竞争力是一个大有潜力和前景的领域，也是未来建筑业竞争力之根本。有研发能力的企业可以依据本企业的核心竞争能力，独立或与外部机构联合建立专门的技术研究机构或试验室，成为能够代表国家或地方某工程领域专业技术水平的领头企业，成为专项技术研发基地；中小建筑企业也要重视专门技术、设备工具、管理手段的研发运用，成为依托专项技术的经营载体，向着小而精、小而专、小而强的方向发展；各类企业都应当积极参与工程建设技术标准、工法的研究制定和应用，不断提高建设工程产品和建造过程的技术含量；在当前时期，企业应当高度关注相关的绿色建筑设计、施工技术、节能减排技术和装备、工业化建造、精致建造技术、节能和绿色建筑新材料技术、建筑垃圾处理技术和装备等，积极采用相关的新技术、新材料，主动承担建设资源节约型社会和环境友好型社会的责任，提高建造过程的工业化制造和装配水平。

第五，完善管理政策，为转变发展方式提供保障。调整投资建设政策，通过建设标准审查和施工许可控制，把住建设项目立项准入和进入建设实施的关口，遏制资金不到位、造价过低的项目进入建筑市场，避免继续建设品质低、耐用性差、节能效果差、使用过程中追加投入高、缺乏美学和人文内涵的建筑产品。

新的建设项目应当从规划、设计、施工等方面全面提高品质，与我国经济发展阶段相吻合，与转变经济发展相吻合。要进一步地从微观管理领域退出，减少政府对微观机制的干预，逐步克服计划体制、部门分割给企业发展造成的人为障碍，更加彻底地将企业推向市场。按照专业技术领域、专业技术能力划分的客观规律调整市场准入制度，进一步克服按照部门职责划分准入类别的问题，减少市场准入障碍，促进企业健康发展。加强工程建设标准工作，用先进、配套的建设工程建设标准和技术政策引导企业技术进步方向。进一步规范市场秩序，做好产业规划，提高整个产业素质，提高管理技术人员和一线操作建筑工人的素质，提高全行业的诚信水平，形成先进的产业和企业文化。分配和运用好公共资源，做好基础技术的研发和组织、实施、推广应用工作，通过国家和企业的共同努力，提升建筑业的技术含量。

5 中国建筑业企业转型发展——基于国有建筑企业规制改革视角

本章对我国的规制改革进行了介绍，并提出预算软约束、项目财政分权对国企改革成长作用的四个逻辑假设，采用线性模型对以上假设进行检验，研究结果分析了国企改革成长、预算软约束和项目财政分权三者间的相互作用关系。最后对当前我国政府规制改革道路提出相关建议。

5.1 经济发展与规制改革的理论解释

5.1.1 我国规制改革面临的问题

改革开放以来，尤其是我国确立社会主义市场经济体制以来，我国政府规制改革取得了很大的进展，传统计划经济体制下形成的计划管制体制正在逐步被与市场经济体制相对应的制度化、法治化的规制制度所替代。然而，在关注我国规制改革所取得的成绩的同时更应该看到当前规制改革所面临的巨大问题和挑战。

法制建设相对滞后。首先，规制法制制定的零散、不系统。立法机关的多层次与多元化可以保证立法工作的灵活性与统一性，对于经济生活中出现的新问题，如果尚无全国统一性法规加以规范，可以先由地方政府机关制定部门规章、条例进行规范，以减少立法工作中的盲点。然而，各地方法规、规章的零散、重复甚至相互抵触的现象对于及时将改革发展各阶段上的成熟经验和成功措施具体化、条文化和规范化，并及时上升到统一的具有全国效力的法律和法规的工作又是不利的，给执法和司法工作也带来了很大不便。

其次是法律规范的空白点较多。在转型时期，市场经济秩序条件还不完备，信息不对称问题严重，需要以法律强制力来保证利益相关者获得其应当知道的信息，以利于其维护自己的正当权益。然而时至今日，我国的政府规制仍然基本上是在行政系统内部建立和运行的，规制的对象又基本上属于国有企业和事业单位，所以，对完备的规制法律体系和规制的法律环境的"需求"并不很迫切。

行政性垄断仍相当突出。行政性垄断是指地方行政机关和国家经济管理部门凭借其经济管理权力对经济活动排他性控制、排斥和限制竞争的行为。经过数十年的经济体制改革，我国政府已经努力从许多竞争性产业中退出，由市场决定企业的生产和经营。然而由于利益因素和传统观念的影响，仍有许多地方政府和中央经济管理行政机关通过一种或明或暗的、自上而下的、在一定区域内或在一定行业内有约束力的经济命令对一些产业实施控制，作为规制者的政府主管部门与企业之间仍存在比较明显的政企不分甚至政企合一问题，形成一种人为的行政性垄断，严重制约了市场竞争秩序的建立，并对我国社会福利造成巨大损失。

政府规制缺位或越位的现象严重。这主要表现为：第一，政府规制能力不足，难以抑制和消除市场中存在的垄断力量。第二，建立在行政垄断基础上的某些产业进入规制过严，使得市场作用发挥受到制约，行业内竞争不足，企业效率低下，严重影响了经济运行的效率和人民生活的质量。第三，对竞争性产业的规制不到位。规制排斥竞争，但市场竞争不能没有规制。一般而言，政府对竞争行业的进入和价格不实行直接规制，但必须对竞争性行业所提供的产品质量和服务实施严格的规制措施。第四，不正当竞争仍然存在。一些竞争性行业中的企业并不是凭借产品和服务的质量以及公平的价格来平等地参与市场竞争，而是依靠欺诈行为参与市场竞争，严重损害了市场机制的有效运作。

规制效率较低。政府规制其目的就是对市场失灵的弥补和对社会福利的追求。然而在现实生活中，规制其结果并不能完全与之相称，规制的效率常常不尽如人意。究其原因，主要存在以下两个方面：一方面，政府规制权和规制机构的设置并不统一。从中央到地方的众多政府部门都有规制的设定权，而且各级政府及其部门设定的规制权限并不统一或相互结合，甚至存在互相矛盾。同时，各级各类的规制机构权限之间也存在一定的不协调，这必然导致规制的低效率。另一方面，则是指由于规制者本身的"有限理性"以及规制制定过程中的信息不对称都会导致政府规制的低效率甚至失效。

5.1.2 转型期政府规制改革的基本原则

转型期改革须在坚持以下原则的基础上进行才能保证其方向和进程，从而获得一个较为理想的结果。

(1) 公共利益指向原则。政府规制是对市场失灵造成的公共需求的最通常的回应。针对市场失灵，政府可以利用其独特地位和权力代表公众对市场失灵做出一定的理性计算，从而采取规制手段对市场的负面作用做出修正、限制和补充，引导社会资源的最优配置，以提高经济效率，增加社会公共福利。尤其要在改革过程中剥离政企关系，使规制者摆脱多重角色，多重利益关系的影响，确立独立、高效、权威的形象。

(2) 职权法定原则。市场经济是法治经济，对其进行规制必须坚决依法进行，这包括：所有的政府规制制度都必须有其法律基础并得到明确的规定；规制机构的所有职权必须得到法律的严格界定；所有的规制措施的制定和执行必须拥有充分的法律依据，符合法定程序；所有的规制制定和执行以及规制机构的行为必须受法律的严密监督。

(3) 竞争性原则。要求在政府规制改革过程中，把促进市场竞争、充分发挥竞争机制在稀缺资源配置中的重要作用作为检讨、修改、调整、补充和创新有关规制制度与措施的指导思想。

(4) 平等原则，也即非歧视性原则。在规制改革过程中，对不同所有制形式，不同股权结构的企业的市场准入、价格规制、产量规制等方面应一视同仁，不应以所有制形式或股权结构作为取舍、薄厚的标准。政府规制部门必须树立平等对待所有被规制者的原则，在规制过程中，对规制企业的进入、价格、产量和质量等规制都必须以被规制者对政府规制要求的能力和实力以及对规制的实际满足程度而决定。

5.1.3 经济发展与政府规制内在逻辑

1.经济发展与政府规制的理性

近三十年的理论发展和实践经验表明，基础设施产业普遍存在着重大的市场失败，适度的政府干预仍然是不可或缺的，更符合现实的选择是在承认市场失败和政府失败共存的基础上，仔细权衡两者的收益与成本并探索那些最有效率的规制方法。例如，行为经济学研究成果和历次经济危机表明，由于信息不对称和有限的认知能力等原因，个人行为会系统性地偏离理性，受此影响，房地产等市场会周期性地发生非理性繁荣或紧缩，最终往往引致更大范围的系统性风险。因此，作为社会风险管理者的政府应干预这种由非理性引发的系统性风险，包括对金融业实行更为谨慎的规制，而不像前期那样过度放松规制。

相较于发达国家，发展中国家在基础设施领域面临的市场失败问题要更加严重。首先，理论和经验都表明，私人市场不能自发地解决发展中国家的收入不平等与贫困问题，甚至可能恶化分配结果，有证据表明拉美国家在放松规制后，收入不平等上升到惊人的高水平，并且相对损失最大的是低收入群体。其次，由于低收入和不发达的社会保障体系，发展中国家抵抗系统性风险能力较低，重大危机后往往陷入长期停滞和低增长，收入不平等与贫困也进一步恶化。最后，在传统市场失败领域，经验表明发展中国家基础设施产业的垄断程度更高，放松规制后能够实现的有效竞争程度非常有限；经济发展水平也决定了难以充分利用基础设施的潜在正外部性和解决污染等负外部性问题；财务、统计制度不健全及缺乏必要的资源投入使信息问题非常突出。

2.经济发展与政府规制的有效性和效率

相对于有条件偏重于效率考虑的发达国家而言，发展中国家的可持续发展战略必须同时追求效率、稳定和减少收入不平等与贫困等三大目标。作为一项服务于发展战略的经济管理制度，政府规制政策的有效性意味着需要总体上仔细权衡这三项，使它们相互促进但又不时发生冲突的目标，包括在短期、长期目标中清楚地界定三者的政策优先性。

拉美、非洲等地区放松规制的失败充分证明了片面强调效率目标不可能帮助发展中国家实现可持续发展。因此，发展中国家规制改革政策的分配、稳定目标应至少具有与效率目标同等的优先性。例如，传统上发展中国家主要依靠交叉补贴、低于成本定价和政府补贴的方式解决城镇贫困家庭缺乏可支付能力的问题。在放松规制后，如果纯粹考虑效率将要求大幅度提高服务定价、取消交叉补贴甚至完全取消价格规制，但是在仍然有大量贫困家庭缺乏支付能力的条件下，这很可能导致更严重的收入不平等与贫困，并反过来阻碍长期效率收益的实现。

3.发展过程中的基本制约因素与政府规制能力

制度背景对于规制制度的运行和结果具有至关重要的意义。一项好的规制政策必须是获得政治、法律、经济等基本制度充分支持的政策。同时，尽管存在着双向的交互作用与影响，但一国的基本因素的变动相对缓慢，从而会限制规制制度的调整速度和方向，这决定了在制订规制政策时要充分考虑到调整、适应的滞后性与成本。既有基本因素也极大地约束了发展中国家的规制能力水平及其改进速度，从而进一步加大了改革失败的风险。由于政治、经济、法律制度的不完善，发展中国家更容易发生利益集团、政治的俘获和腐败问题；规制政策及程序不透明，内外部环境变动大往往使得政策缺乏连续性，加之规制机构普遍缺乏独立性，最终导致了规制承诺的低可信性；严重的信息问题也加大了规制决策失误的风险；由于内在的高执行成本特性，缺乏公共资金还限制了最优规制水平。

鉴于基本因素对规制改革施加的制约作用不可回避性，这就要求在政策设计时一方面要充分评价本国基本因素对于方案可行性、最终效果的潜在影响，并主要选择那些简化的但与基本因素相适应的次优规制机制，尽可能地将潜在的负面影响和风险降至最低，然后再根据规制能力的改善情况渐进地引入复杂的强激励结构，而不是简单地照搬发达国家的规制政策与工具；另一方面也要具有一定的前瞻性，需要考虑长期中改革对基本制度因素的反向促进作用，包括有助于加速规制能力的形成甚至能够促进基本制度因素变革的政策。

5.2　国有建筑企业规制成长与预算软约束分析

建筑业作为国民经济发展的先导变量，一直受惠于社会固定资产投资规模的扩大。社会固定资产投资规模的扩大来源于两种力量，一种是中央项目投资，另一种是地方项目投资。地方项目投资规模的扩张与其财政基础密切相关。财政分权制度极大地提高了地方政府发展经济的动力，但也产生了地方政府投资扩张的偏好[74]。中央为了平衡全社会投资方向，相应地加大中央项目的投资调控力度。无疑，此种引致扩张会造就全社会固定资产投资规模的快速增长，这为建筑业的成长奠定了利好的经济土壤。这种经济氛围对国有建筑企业的成长呈现何种作用？作用程度有多大？现有研究多关注预算软约束下上市公司绩效的杠杆治理[75-76]，直接的政府干预和政府补助、地区金融发展水平对上市公司预算软约束的作用[77]，从中央项目投资和地方项目投资的力量对比角度检验财政分权对国有建筑企业的成长绩效，还有待验证。

国有建筑企业因独特的历史使命和社会责任，在市场贡献和个体成长过程中具有不少竞争优势，比如获得中央项目资源配置的优先权、财政补贴、软信贷约束、软税收、贷款担保、政策补贴等。Sheifer 和 Vishney 认为国有企业是政府（或政党）谋取政治利益的工具，政府对国有企业困境的解救和再融资行为，不仅仅能够获得经济利益，还可以获得政治利益[78]。廖国民认为当政府所要维持的国有企业的相对规模越大，对其的转移支付也就越多，并且为平衡国有企业与非国有企业的发展差距，可能会抑制非国有企业的发展，这样经济便会陷入衰退[79]。董再平认为在经济转轨过程中，财政分权改革使国有企业预算软约束情况得到一定缓解，预算软约束导致的国企市场竞争低效率问题仍然严重[80]。申立银等提出资本结构的杠杆收购强化债务"硬约束"可提升国有建筑企业竞争力[81]。在国家预算投资背景下，分析预算软约束的现实经济走势与国有建筑企业成长之间的互动影响，仍然是一个值得关注的问题。

综上所述，项目财政分权和国家预算软约束造成了全社会固定资产投资扩张，这种扩张现象对国有建筑企业的成长具有一定的作用，但作用机理有待验证。本节以国有建筑企业为对象，分析预算软约束、项目财政分权程度及其政策变化对国有建筑企业改革成长的作用，从建筑业层面进一步深化地方财政分权和预算软约束对国有建筑企业成长的作用机理。

5.2.1 国有建筑业企业成长分析

1.国有建筑企业市场贡献分析

作为建筑业的骨干力量，国有建筑企业的成长发展关系着国计民生，国家重点基础设施和大型工程建设一般都由大型国有建筑企业承担，专业工程领域中的大型设计企业大部分是大型国有建筑企业。国有建筑企业综合实力位居国内建筑业顶端，2004年至2011年的中国承包商和工程设计企业双60强排名中，国有建筑企业占据了90％以上的份额；以施工面积和竣工面积两者之和为标准衡量国有建筑企业和非国有建筑企业的市场贡献，从图5-1可以看出，在经过改革缓冲后，国有与非国有建筑企业的市场贡献之比从2004年持续超越改革前的最高水平（1990年），2009年已达1.8倍，并呈上升趋势。

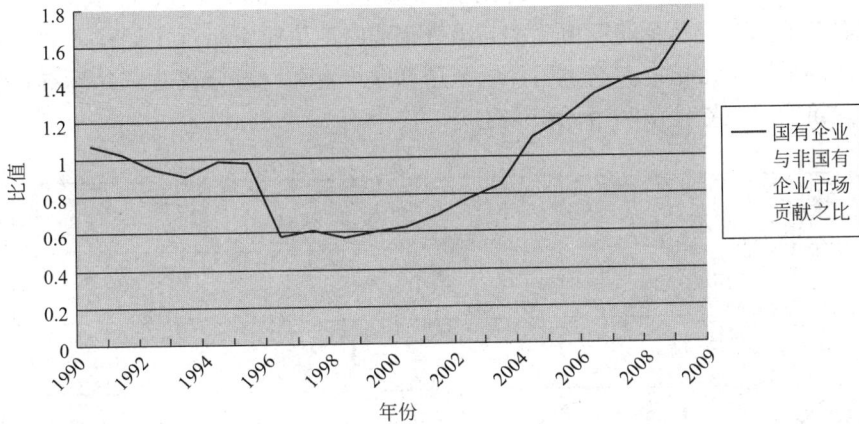

图 5-1　1990-2009 国有企业与非国有企业市场贡献之比

2.国有建筑企业市场获取能力分析

改革开放30年来，国有建筑企业产值与建筑业总产值保持着同步增长，从图5-2可以看出，在1980年至1994年期间，国有建筑企业产值几乎等同于建筑业总产值；自1994年起至今，经过改革，国有建筑企业产值曲线与建筑业总产值曲线保持了一定的幅度，但

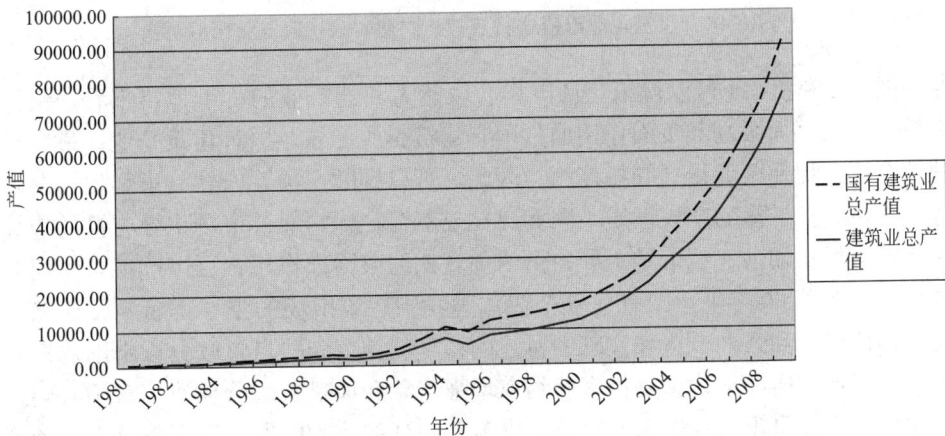

图 5-2　国有建筑企业产值与建筑业总产值趋势对比

很明显，两者仍保持同幅度的增长趋势。这也说明了国有建筑企业在建筑经济活动中的骨干地位。因此，在国家历年的投资改革和财政分权政策作用下，国有建筑企业产值与建筑业总产值是同相的，也就是说，国家预算投资和项目财政分权对建筑业产业成长与对国有建筑企业的成长是同步联动的，具有可比性。

国有建筑企业产值比重趋势如图 5-3 所示，从图 5-3 可以看出，改革开放 30 年来，国有建筑企业的产值比重呈现持续下滑趋势，从 1980 年的最高比值 2.5％下降到 2009 年的 0.5％，国有建筑业产值比重下降了 4 倍。在 1990 年至 1998 年，国有建筑企业的产值比重波动明显，在 1995 年重现达到 2.5％左右，然而在 1996 年又快速下滑至 1.5％，然后重新持续平稳下滑。但这并不影响国有建筑企业的产业影响力，采用同期建筑业总产值与国有建筑企业产值之差作为非国有建筑企业产值，并计算同期国有建筑企业产值与非国有建筑企业产值之比，其趋势如图 5-3 的比值曲线所示。在 30 年的改革历程中，该比值曲线显示国有与非国有建筑企业产值比例与国有企业的产值比重呈现出同样的波动趋势，并且两者之间的差距保持稳定。这说明，国家预算软约束和财政分权改革并没有影响国有建筑企业的建筑市场主导地位和市场获取能力。

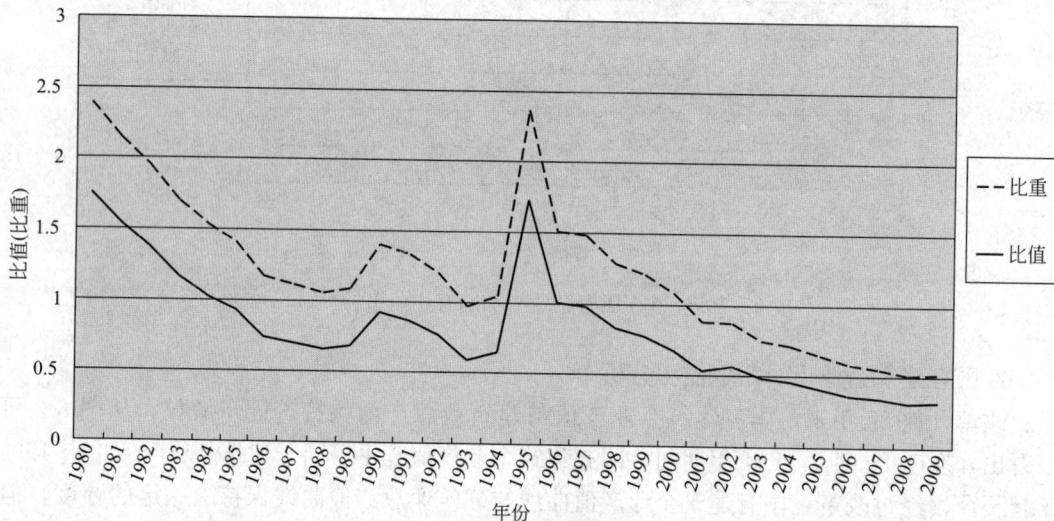

图 5-3 国有建筑企业产值比重及其与同期非国有建筑业产值对比

结合图 5-2 和图 5-3 可以得出，从市场获取能力和建筑业的骨干地位来看，预算软约束和财政分权的正面激励和负面作用通过国有建筑企业传导非国有建筑企业，最终反馈到国有建筑企业，促使两者受到同相作用。因此，可以推断，预算内软约束和项目财政分权并不因为建筑企业群体的产权性质不同而存在或不存在，它通过市场主导力量的传导而波及整个建筑市场。加强建筑市场主导力量的预算软约束治理作用，可以改善整体建筑企业的市场绩效。改革 30 年来，国有建筑企业作为我国建筑市场的主导力量地位巍然，市场获取能力保持稳定和强劲，这和文献中所述的预算软约束和项目财政分权将削弱国有企业市场能力的观点有所冲突，预算投资软约束增强现象和项目财政分权改革对国有建筑企业成长作用效果究竟呈现何种作用？这也是本节要验证的核心问题，以下将分别从预算软约束和项目财政分权角度对此问题作进一步阐述。

3. 国有建筑企业的市场工作能力分析

国有建筑企业与非国有建筑企业的市场工作能力之比。建筑企业的技术装备率是衡量企业工作能力的重要指标。本节以年末建筑业总的自有机械设备净值减去国有建筑企业年末自有机械设备净值作为非国有建筑企业年末自有机械设备净值，以年末建筑业从业总人数与国有企业从业总人数之差作为非国有建筑企业从业总人数，通过非国有建筑企业年末自有机械设备净值除以非国有建筑企业从业总人数求取非国有建筑企业的技术装备率[①]。然后求取国有建筑企业与非国有建筑企业的技术装备之比，如图5-4所示。

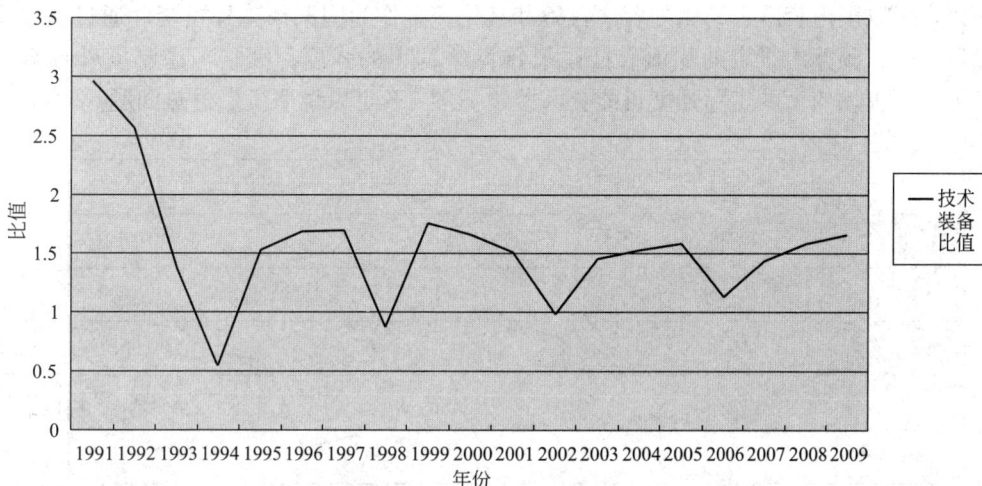

图5-4 国有建筑企业与非国有建筑企业技术装备比值

通过图5-4可以看出，除了个别年份（1994年和1998年），国有建筑企业的工作能力和工作效率略低于非国有建筑企业之外（比值小于1），其余年份均高于非国有建筑企业。国有建筑企业与非国有建筑企业的工作能力之比虽然呈现一定的波动，但整体趋势上国有企业技术装备水平远高于非国有建筑企业，并且比值有走高趋势。同时，技术装备比值波动的幅度逐渐走高并趋于缓和，这表明相对于非国有建筑企业来说，国有建筑企业的工作能力正在稳步提升。国有建筑企业与非国有建筑企业工作能力的对比表明了在预算软约束和项目财政分权时期内，它们对国有建筑企业的成长有一定的冲击效果，长期来看似乎并不影响国有建筑企业工作能力的市场主导地位。这也说明了改革过程中，国有建筑企业应用其市场主导地位在获取市场能力的同时在不断加大技术设备的投入去呼应、延伸和增强其相应的建筑市场地位。

因此，本节提出两个假设：第一，国有建筑企业的市场工作能力受到国家预算软约束硬化政策的正向作用。假设若成立，这种作用程度有多大？第二，项目财政分权带来的大规模基础设施活动对国有建筑企业市场工作能力的重建和提升具有正向作用，假设若成立，这种贡献度为多少？

[①] 非国有建筑企业的技术装备率的计算不一定精确，但整体上仍然可以反映两者技术装备率的差距。

5.2.2 预算软约束

预算软约束，是 KORNAI J[82] 首先提出的一个概念，即国有企业因为预料到政府会在其经营困难的时候出面资助，帮助企业摆脱困境。科尔奈本人[82] 及国内发表的许多论文认为，预算软约束是源于国有企业的公有制的产权结构。现在预算软约束理论有了较大发展，林毅夫等认为预算软约束来源于诸种政策性负担的存在[83]。另外，前后期投资的时间不一致性也被认为是预算软约束产生的根源。暂搁置预算软约束的来源争论，不容否认的是，预算软约束的确存在。因制度外预算软约束的度量问题，本节不考虑制度外预算软约束，仅以国内贷款、利用外资、自筹和其他资金作为国家预算外投资，通过国家预算外投资与国家预算内投资的比值表征国家预算软约束的强度。因未考虑制度外预算软约束，国家预算软约束的实际强度可能更大些，但图 5-5 足以说明投资过热问题。

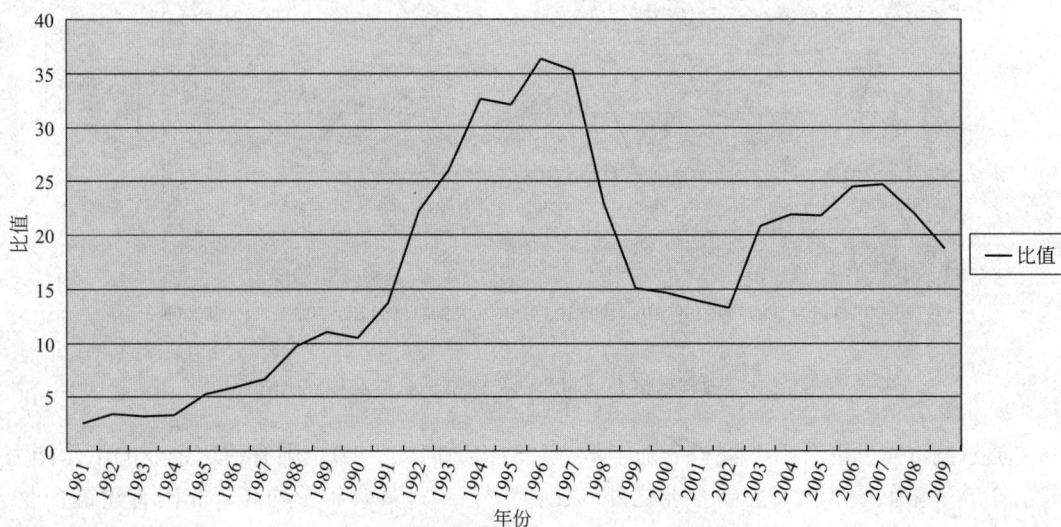

图 5-5 国家预算投资约束的强度

通过图 5-5 可以发现，90 年代以来，国家预算投资约束的强度大幅增长，最高达到 36 倍，1997 年至 2001 年快速下降，但是 2002 年后逐步提高。本节计算发现，90 年代以来，国家预算投资的平均强度为 22，就是说，预算软约束的平均投资规模至少是国家预算内投资的 22 倍。因此，本节认为国企改革以来，我国预算软约束虽有所强化，但其仍然存在，突出表现为投资过热。

随着财政分权体制建立，财政分权在提升地方政府水平竞争的同时，预算软约束也扩大了地方政府的资源能力，使得地方市场分割、基础设施的重复建设、招商引资竞争、地方政治"锦标赛"等地方投资扩张和企业投资扩张行为不断加剧。这种膨胀的投资扩张通过全社会固定资产投资的形式，激发建筑业的成长动力。中央为了调控地方政府的投资方向，必然加大基础设施项目的投资建设，这种投资调控博弈无疑会进一步推动建筑业的规模成长。相对于非国有建筑企业，国有建筑企业在市场能力、工作能力和产值规模上的优势地位已经表明在由预算软约束、投资过热和地方锦标赛所刺激的建筑业增长机会中，国有建筑企业占有了更多的市场机会。建筑业作为国民经济投资活动的景气行业，具有自身的特殊性，现有研究关注了国有上市企业或民营上市企业层面[76-77,84]、项目投资层面[85-86]的预算软约束问题，鲜见分析投资过热活动对建筑业改革的作用机制的研究，特别是国家预算软约束与改革过程中国有建筑企业的成长关系界定。从一般企业层面来讲，预算软约束可能降低企业效率；但是从国家层面来讲，预算软约束无法彻底回避，在加剧地方投资扩张的同时，理论上却为建筑业提供了蓬勃的建设活动，为建筑业的发展特别是国有建筑业的成长提供了机会。

因此，本节提出第三个假设：预算投资软约束硬化对国有建筑企业的改革成长具有正向激励作用。假设若成立，这种激励作用有多强？

5.2.3 项目财政分权

我国 1994 年根据财权与事权相适应的原则实施以分税制改革为基础的财政分权，财政分权调动了地方政府经济建设的主观能动性，也满足了中央对国民经济的宏观调控。中央对国民经济的宏观调控可以通过中央投资项目和地方政府投资项目之间的投资强度控制来实现。然而在转型时期的中国，目前的财政分权保证了中央政府对国民经济的宏观调控，却也产生了普遍存在的政府投资膨胀冲动[87]。以城镇项目中央投资为例，如图 5-6 所示，从 1995 年至 2009 年，中央投资持续增强，15 年间约增加了 5 倍。以同期城镇项目的地方投资与中央投资之比表示城镇项目财政分权强度，如图 5-7 所示，易见与中央投资同期的地方投资也表现出同样的增长趋势，并且 15 年间地方政府的城镇建设投资增加了 15 倍。图 5-7 显示城镇项目财政分权强度逐年增强，15 年间强度比值约扩大 3.2 倍，这表示虽然中央投资的强度在增加，但地方政府投资扩张比例逐年增强，充分表明地方政府通过预算软约束发展当地城镇建设的热情。

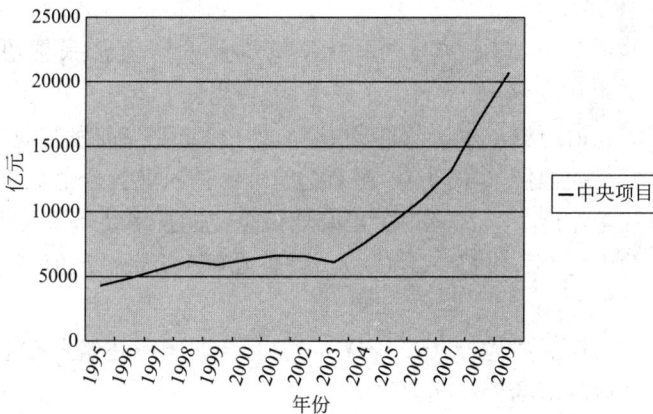

图 5-6 城镇项目中央投资

所以，财政分权刺激了地方政府城建投资扩张，而中央需要对地方进行宏观经济调控而不断加强投资，这种投资连锁反应无疑拉动了建筑业的经济增长。如前所述，相对于非国有建筑企业来说，国有建筑企业具备更好的技术能力、市场能力和政治联系优势，以获取中央投资和地方投资的城建项目。因此，本节提出第四个假设，城镇项目财政分权增强现象对国有建筑企业的改革成长具有正向激励作用。假设若成立，这种激励效度有多大？

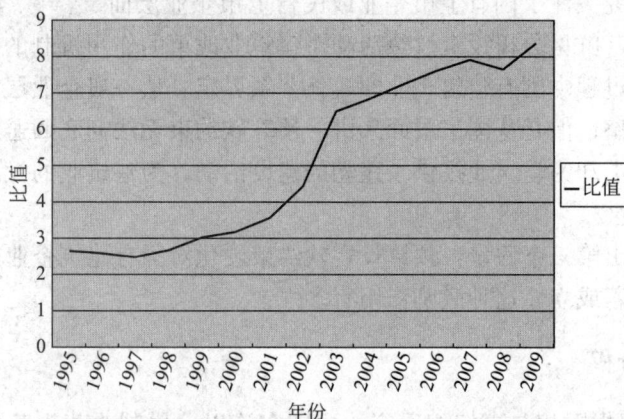

图 5-7　城镇项目财政分权强度

5.2.4　研究设计

以下从样本选取与数据来源、数据分析中所涉及的变量定义及回归分析中的模型设定等三方面进行阐述。

1.样本选取与数据来源

本节以 1981~2009 年的国有建筑企业产值和技术装备率、1981~2009 年的国家预算内固定资产投资和预算外固定资产投资、1991~2009 年的中央项目投资数据为样本对象，均采用同期的绝对值比较，数据均来源于 1991 年至 2010 年的《中国统计年鉴》、《中国固定资产投资年鉴》。

2.变量定义

国有建筑企业的成长性（$CGOV$）：国有建筑企业的产值扩张越快，表示其成长性越强。

国有建筑企业成长的历史依赖［$CGOV(-1)$］：建筑业当前发展规模的一阶滞后。

国有建筑企业的产业地位（GCW）：国有建筑业占建筑业的产值比重。

国有建筑企业的工作能力（$JSZB$）：国有建筑企业的技术装备率代表了其工作能力。

国有建筑企业的市场能力优势（$GSCY$）：同期国有建筑企业产值与非国有建筑企业产值之比。

国有建筑企业的工作能力优势（$JSZBY$）：国有与非国有建筑业企业的技术装备率之比代表了国有建筑企业的市场工作能力地位。

项目财政分权强度（PCF）：中央城建项目投资和地方城建项目投资的比值。

国家预算软约束（GYR）：国家预算内投资（YST）之外的所有投资之和。

国家预算软约束强度（$GYRQ$）：国家预算软约束与国家预算内投资之比。

国有建筑企业改革政策虚拟变量（GGZ）：1993 年以前国企改革政策变量为 0，1993 年至 2002 年国有企业公司化改造政策变量为 1，2003 年以后至今国有企业现代产权制度的股份制改革变量为 2。

预算软约束和财政改革虚拟变量（CGZ）：1994 年以后的财政改革变量为 1，以前为 0。

3.模型设定

根据一般经验，本节采用线性模型对上述四个假设进行检验。线性模型的系数均采用常数 C 表示。假设 1 和假设 2 隐含的条件模型是国家预算外投资对建筑业成长的激励作用。隐含条件模型形式为：

$$CGOV = C(1) \times CGOV(-1) + C(2) \times GYR \tag{5-1}$$

假设 1：国有建筑业的市场工作能力受到国家预算软约束政策（GUOJTZ）的正向作用，假设 1 的检验方程为：

$$JSZB = C(1) \times CGZ \times GUOJTZ + C(2) \times CGOV(-1) + C(3) \times GGZ \times CGOV \tag{5-2}$$

假设 2：项目财政分权（XIANGMTZ）对国有建筑企业市场工作能力的提升作用，假设 2 的检验方程为：

$$JSZB = C(1) \times CGZ \times XIANGMTZ + C(2) \times CGOV(-1) + C(3) \times GGZ \times CGOV \tag{5-3}$$

假设 3：预算投资约束硬化对国有建筑企业的改革成长具有正向激励作用，国有建筑业的改革成长从产值和产业地位两个方面表示，因此，假设 3 的检验方程分为产值方程（5-4a）和产业地位方程（5-4b），分别为：

$$CGOV = C(1) \times CGOV(-1) + C(2) \times GUOJTZ + C(3) \times CGZ \times GUOJTZ \tag{5-4a}$$

方程（5-4a）未考虑国有建筑企业自身改革的政策作用，增加之，得方程（5-4b）：

$$CGOV = C(1) \times CGOV(-1) + C(2) \times GUOJTZ + C(3) \times CGZ \times GUOJTZ + C(4)$$
$$\times GGZ \times CGOV(-1) + C(5) \times GGZ \times CGOV(-2) \tag{5-4b}$$

结合假设 3，投资预算约束强度 GYRQ、国有建筑企业的市场获取能力优势 GSCY 及其市场工作能力 JSZBY 都对国企改革成长产业地位 GCW 具有影响，国有建筑企业的产业地位方程为：

$$GCW = C(1) \times GYRQ + C(2) \times JSZBY + C(3) \times GSCY \tag{5-4c}$$

在方程（5-4c）的基础上，从国企改革政策和预算软约束硬化政策是平行实施的视角，进一步考虑国有建筑企业改革政策 GGZ × JSZBY × GSCY 的影响因素，得方程（5-4d）：

$$GCW = C(1) \times GYRQ + C(2) \times JSZBY + C(3) \times GSCY + C(4) \times GGZ \times JSZBY \times GSCY \tag{5-4d}$$

假设 4：城镇项目投资分权增强对国有建筑企业改革成长的正向作用，同样，分别从产值方程和产业地位方程进行测量，方程表示如下：

$$CGOV = C(1) \times CGOV(-1) + C(2) \times CGZ \times XIANGMTZ \tag{5-5a}$$

因为可获得项目投资分权变量 PCF 的数据正好落在财政政策改革变量为 1 的范围，财政政策改革变量与项目分权变量的综合效果 PCF × CGZ 等于项目分权变量 PCF 的作用效果，所以，目前的数据方程（5-5b）和（5-5c）也可表达财政改革引起分权增强现象对改革过程中国有建筑企业产业地位的作用。

$$GCW = C(1) \times GSCY + C(2) \times JSZBY + C(3) \times PCF \tag{5-5b}$$

同样，国有建筑企业改革政策 GGZ × JSZBY × GSCY 作用方程为：

$$GCW = C(1) \times GSCY + C(2) \times JSZBY + C(3) \times PCF + C(4) \times GGZ \times JSZBY \times GSCY \tag{5-5c}$$

5.2.5　模型分析

本文采用 OLS 方法对上述模型进行了回归检验，Eviews 7.0 软件计算的具体结果如表 5-1 和表 5-2 所示。

方程（5-1）的回归结果显示，国家预算外投资对国有建筑企业的成长起到 0.7％的正向激励作用，在 10％以内显著；国有建筑企业成长的历史依赖非常显著，贡献度达到 107.3％。因此，假设 1 和假设 2 的隐含前提假设得到验证。

方程（5-2）的回归结果显示，国家预算软约束政策 $CGZ \times GUOJTZ$ 对国有建筑业的市场工作能力 $JSZB$ 制约作用为 −10.6％。在国家预算软约束政策作用下，国有建筑企业前期产值对其市场工作能力具有显著的支撑作用，贡献度达 202.8％；国企当前产值改革政策对其市场工作能力有 45.1％的贡献作用。因此，假设 1 应该修改为国有建筑业的市场工作能力受到国家预算软约束政策的弱制约作用。

方程（5-3）的回归结果显示，项目财政分权政策 $CGZ \times XIANGMTZ$ 对国有建筑业的市场工作能力 $JSZB$ 的制约作用为 −12.2％。在项目财政分权政策作用下，国有建筑企业前期产值对其市场工作能力具有显著的支撑作用，贡献度达 195％；国企当前产值改革政策对其市场工作能力有 48.5％的贡献作用。因此，假设 2 应该修改为国有建筑业的市场工作能力受到国家项目财政分权政策的弱制约作用。

方程（5-4a）的回归结果表明，从国有建筑企业的产值成长来看，国家预算软约束改革政策 $CGZ \times GUOJTZ$ 对国有建筑企业的产值成长具有显著的弱制约作用（−2.8％）；方程（5-4b）显示，在国有建筑企业自身改革并行作用下，预算软约束硬化具有比较显著的弱制约作用（−2.4％），然而在国家预算软约束硬化改革政策影响下，国有建筑企业改革政策对自身成长的滞后二阶正向效果明显。综合方程（5-4a）和方程（5-4b）可得出，国家预算软约束政策对国有建筑企业的产值成长具有弱制约作用。

方程（5-1）至方程（5-4b）检验结果　　　　　　　　　　　表 5-1

变量 ＼ 因变量	方程(5-1) CGOV	方程(5-2) JSZB	方程(5-3) JSZB	方程(5-4a) CGOV	方程(5-4b) CGOV
$CGOV(-1)$	1.073 (0.0000)	2.0286925546 (0.0000)	1.9500696365 (0.0000)	0.9913789261 (0.0000)	1.01982427016 (0.000)
GYR	0.007 (0.0874)				
$CGZ \times GUOJTZ$		−0.096634820 (0.0011)		−0.0289292399 (0.0478)	−0.0242326970 (0.1144)
$GGZ \times CGOV$		0.4509568145 (0.0553)	0.48503853578 (0.0686)		
$CGZ \times XIANGMTZ$			−0.1226095149 (0.0041)		
$GUOJTZ$				0.03987868042 (0.0099)	0.035227269 (0.0243)

106

变量 \ 因变量	方程(5-1)	方程(5-2)	方程(5-3)	方程(5-4a)	方程(5-4b)
	CGOV	JSZB	JSZB	CGOV	CGOV
$GGZ \times CGOV(-1)$					0.2046899518 (0.1581)
$GGZ \times CGOV(-2)$					−0.250011555 (0.1066)
R-squared	0.994408	0.875870	0.806018	0.995954	0.996306
Adjusted R-squared	0.994201	0.860353	0.773688	0.995643	0.995664
D. W. 值	2.01234	1.98673	1.69752	1.7296	1.679667
样本区间	1981-2009	1991-2009	1995-2009	1982-2009	1982-2009

方程（5-4c）的回归结果显示，国家预算软约束强度 $GYRQ$ 对国有建筑企业产业地位 GCW 具有比较显著的弱贡献（0.2%）；国企市场工作能力 $JSZBY$ 具有显著的弱贡献（4.6%），国有建筑企业的市场获取能力优势 $GSCY$ 影响作用为34%。对国企市场工作能力和市场获取能力的综合优势施加国企改革政策约束 $GGZ \times JSZBY \times GSCY$ 后，方程（5-4d）显示，综合优势在国企改革政策作用下，对国有建筑企业的产业地位具有弱制约作用（−3.9%），但并不很显著。

综合方程（5-4c）和方程（5-4d），国家预算软约束强度、国企市场工作能力和国企市场获取能力优势对国有建筑企业产业地位 GCW 具有正向激励作用；但对国企市场工作能力和市场获取能力综合优势施加国企改革政策约束后，两者综合优势对国有建筑企业的产业地位呈现制约作用。

方程（5-4c）至方程（5-5c）检验结果　　　　　　　　表 5-2

变量 \ 因变量	方程(5-4c)	方程(5-4d)	方程(5-5a)	方程(5-5b)	方程(5-5c)
	GCW	GCW	CGOV	GCW	GCW
$GYRQ$	0.00242884 (0.0802)	0.003588491 (0.0187)			
$JSZBY$	0.04666881 (0.0101)	0.043432756 (0.0111)		0.1209511086 (0.0000)	0.1588284526 (0.0000)
$GSCY$	0.34007215 (0.0000)	0.368472791 (0.0000)		0.3162300466 (0.0047)	0.4609505184 (0.0000)
$GGZ \times JSZBY \times GSCY$		−0.039409744 (0.0820)			−0.136752114 (0.0035)
$CGOV(-1)$			0.9848633076 (0.0000)		
$CGZ \times XIANGMTZ$			0.0142958190 (0.0004)		

变量＼因变量	方程(5-4c) GCW	方程(5-4d) GCW	方程(5-5a) CGOV	方程(5-5b) GCW	方程(5-5c) GCW
PCF				−0.0089135108 (0.1647)	−0.004467197 (0.2253)
R-squared	0.85673	0.883696	0.992619	0.907546	0.970664
Adjusted R-squared	0.838847	0.860235	0.992051	0.892137	0.962663
D. W. 值	1.97865	1.85648	2.225601	2.097632	1.912748
样本区间	1991-2009	1991-2009	1995-2009	1995-2009	1995-2009

方程（5-5a）的回归结果显示，城镇项目投资分权政策对国有建筑企业的产值成长具有显著的贡献作用（1.4%），从产值角度来看，项目财政分权改革政策对国有建筑企业改革成长起正向作用，假设 4 得到了部分验证。

方程（5-5b）的回归结果显示，国企市场工作能力 JSZBY 和市场获取能力优势 GSCY 对国有建筑企业的产业地位具有显著的贡献作用，分别为 12.1% 和 31.6%；城镇项目投资分权强度 PCF 对国有建筑企业制约作用不显著。方程（5-5c）显示，国企市场工作能力和市场获取能力综合优势在国企改革政策 GGZ×JSZBY×GSCY 作用下，综合优势对国有建筑企业产业地位具有显著的制约作用（−13.68%）。

综合方程（5-5a）、（5-5b）和（5-5c），可以得出，从国有企业产值成长角度来看，项目财政分权改革政策对国企改革具有正向激励作用。从国企的产业地位角度来看，城镇项目投资分权强度 PCF 及其改革政策与国企的成长关系显著程度不高，可能是因为数据样本缺乏缘故，结合假设 1 和假设 2，国企产值优势增强了市场工作能力 JSZBY 和市场获取能力优势 GSCY，这些优势反过来又促进了其产业地位优势，这证明了国企产值增加、技术装备率投入、市场获取能力优势三者已形成了良性循环。但在项目财政分权改革政策并行作用下，国企改革政策 GGZ×JSZBY×GSCY 对国有建筑企业产业地位具有显著的制约作用。

5.2.6 结论

本节通过国企改革成长、预算软约束和项目财政分权三者的文献分析和统计分析，提出预算软约束、项目财政分权对国企改革成长作用的四个逻辑假设，通过对假设的验证，得出如下结论：

（1）国有建筑企业产值成长具有非常显著的历史依赖性，国家预算软约束对国有建筑企业成长具有弱贡献，这否定了现有文献中一般意义上关于预算软约束促使国企效率低下的定性描述。国有建筑企业的市场工作能力受到国家预算软约束政策和项目财政分权政策的弱制约作用，分别约为 −10% 和 −12%。国企改革政策对国家预算软约束政策和项目财政分权政策具有较强的纠正作用，虽然预算软约束和财政分权有制约作用，但在国企改革政策并行作用下，国有建筑企业前期产值对其市场工作能力具有明显的激励作用，推动了国企市场工作能力的成长，激励作用区间为 45% 至 48%。

（2）关于预算软约束改革政策与国企改革成长的关系，从产值角度来看，国家预算软

108

约束改革政策对国有建筑企业的产值成长具有约2.5%的弱制约作用。从产业地位角度来看，国家预算软约束强度 GYRQ 对国企产业地位的成长具有2.4%至3.5%的激励作用；在预算软约束改革政策背景下，国企的市场获取能力优势、市场工作能力优势与国企产业地位的成长分别具有约4.6%和34%的积极作用，但是国企阶段性改革与两种优势的综合作用对国企地位的成长具有约−4%的制约作用。

（3）关于项目财政分权对国有建筑企业的改革成长作用，从产值角度来看，项目财政分权改革政策对国有建筑企业产值成长约有1.4%的正向作用；从产业地位角度来看，在财政分权政策下，中央和地方城镇项目投资分权强度指标 PCF 对国企的产业地位作用不明显；在项目财政分权改革政策下，国企市场工作能力和市场获取能力优势对国有建筑企业的产业地位具有显著的贡献作用，分别为12.1%和31.6%；但国企改革政策、市场工作能力和市场获取能力优势综合的作用对国有建筑企业的产业地位具有−13.68%的制约作用，但这并不影响国企地位的稳定成长。

5.3 建筑业转型期政府规制改革的对策

通过借鉴理论研究和国际经验，并结合我国转型期改革实际，本项目认为，当前我国政府规制改革应走放松规制和强化规制并行的道路，放松规制与强化规制并重，在总体放松规制的前提下，强化部分规制。一方面，全面改革和放松计划经济体制下形成的高度机会规制体制，另一方面，逐步建立起适应社会主义市场经济体制要求的新的规制体制。因此，当前本项目的改革应着重从以下几个方面进行：

1.建立健全规制法律体系

我国经济体制改革的目标是建立社会主义市场经济体制，而市场经济是一种法治经济，任何社会主体的活动都必须在相应的法律框架内进行，市场经济才能得以正常运行和健康发展。由于市场机制在资源配置中固有的缺陷，决定了市场机制不可能在任何时候和任何地点都能实现资源的最优配置，因此就需要政府的干预和调节来弥补这些缺陷。现代市场经济国家的经验表明，各国在进行政府干预和调节时，尽管国情不同，干预和调节的手段也存在差异，但一个基本的共性就是这种干预和调节必须有相应的法律作为依据，干预和调节的过程也必须受法律的约束和控制。在建立社会主义市场经济体制的过程中，本项目只能在遵循市场经济法律制度的一般原则与规律的基础上，根据我国具体实际，制定和实施符合我国国情的法律规范。同时，随着时间的推移和改革的持续深入，这种法律规范也要在原有基础上予以完善和发展，这样才能更好地促进和保障本国市场经济的健康发展。作为政府规制改革的内容之一，建立健全规制法律体系是一个动态、发展的过程，不可能毕其功于一役。

2.建立独立、统一、高效、权威的规制机构

政府规制法律体系健全以及规制政策制定后，如何实施以及实施程度如何，还取决于一个独立、统一、高效、权威的规制机构。所谓独立，就是要求规制机构的职能必须与政府的其他职能相分离，以防止政府的其他职能影响和干扰规制机构依有关法规和政策规定公正地行使自己的权力。当前就是要使政府的规制者和所有者职能分离，分别由不同的行为主体来承担，切断两者之间的利益关系，保证政府规制的独立性和公正性。所谓统一，

就是要求消除现阶段规制机构庞杂、职能交叉、职权不明的现象，以规制法规为依据，建立法定的政府规制机构，并明确规制机构的职责及其相应权力，保证政府规制制定和执行的权威和高效。所谓高效，是指规制机构能以较低成本、较高效率执行好自己的职能。所谓权威，则主要指政府规制应确立规制机构明确的法律地位，保证规制机构的公正规制能得到良好执行。只有规制机构独立、统一、高效、权威，才能保证规制政策的良好、顺利实施，从而最大限度地保证公共利益的实现。

3. 明确政府规制的边界

政府由于其自身缺陷决定了其也不是万能的，在日益扩大的政府干预和调节中，出现了政府失灵的现象。政府对市场失灵而采取的各种治理政策和措施在实施过程中往往会产生事与愿违的情况，造成了社会经济效率的低下和社会福利的损失。这表明在市场失灵的范围内，政府并不一定做得更好。政府失灵的存在，使本项目对政府作用的范围分层次进行限定就非常必要。

4. 加强对规制者的规制

政府规制是指政府部门依据有关法规对微观经济主体及其活动施加直接影响的行为。在这种规制活动中，政府集执行权、自由裁量权、准司法权、准立法权等于一身，因而伴随着规制过程可能产生大量的寻租行为，规制者也可能被受规制者俘虏，使政府规制偏离社会公共利益。为了防止规制失灵，必须对规制者进行规制，就这点而言，关键是实行行政程序法典化。建立一套完整的行政程序制度包括一系列的内容，如：告知制度、职能分离制度、回避制度、说明理由制度、时效制度、救济制度、申辩制度等。通过建立一整套的行政程序制度，并在条件成熟时制定一部统一的行政程序法典，使受规制者的市场行为和规制主体——政府的行为都能受到规范和制约，使干预企业、侵害企业利益的行为和权钱交易、以权谋私的行为都能得到法律的制约和制裁，维护社会福利的良好实现。

5. 扶植行业协会并向其分权，由行业监管逐步走向行业自治

从统治走向治理以至达到善治是全球化的趋势。治理的最终目标是实现善治。善治就是使公共利益最大化的社会管理过程。善治的本质特征，就在于它是政府与公民对公共生活的合作管理，是政治国家与公民社会的一种新型关系，是两者的最佳状态。规制从本质上说是一种统治。而扶植行业协会、逐渐向其分权、弱化直至消亡政府规制、实现行业自治则是由统治走向治理的必经之路。行业协会的基本职能是服务，即通过提供信息、咨询、交流、促销、调研、培训、沟通等各项工作为政府和企业进行双向服务。服务是行业协会的宗旨，也是行业协会具有生命力的源泉。同时，行业协会也承担着一定的自律性行业管理职能。

目前，行业协会存在如下问题：第一，行业协会主要在体制内生成，由政府行业主管部门组建行业协会，在政府的授权或委托下，承担部分行业管理职能，但这种行业协会的社会合法性不够。协会往往是政府官员分流的途径，会长不是由行业协会成员自行选举产生的，这样就不可避免地把行政权力带入协会。依靠官方背景，协会的主要职能是收会员费，覆盖率低，而且提供的服务较少。协会的社会合法性来源于服务，如果丧失了服务职能，协会存在的意义就不大。第二，政府对行业协会的控制过于严格，有时规定每家企业必须加入指定的协会，而不是由企业基于自身利益自行选择和组织行业协会。这种行政式的"拉郎配"使得行业协会难以为协会会员服务，维护它们的利益。这种行政式的协会只

是发挥行业主管部门与企业之间的桥梁和纽带，在政府主管部门那里，协会代表企业；在企业面前，协会又代表政府。因此，几乎所有的商会都是政府权力的延伸，而不是企业自我治理、自愿监管的同业组织。而其中的服务功能几乎丧失殆尽，事实上是政企不分的延伸。第三，行业协会的法人治理机制不完善，往往形成某家企业一股独大，控制整个行业协会，这样难免会损害其他行业协会会员的利益。理想的状态应该是每个会员都应该具有选举权和被选举权，对行业的重大管理事项依据协会章程做出自己的决定，最后依照少数服从多数的原则形成最后决定，协会会员应无条件服从。这种利益协调机制虽然不是最好的，但相比较其他方式而言，却是比较好的。

6 中国建筑业企业转型发展——基于建筑产业现代化政策激励视角

本章主要提出了由技术、人才等不同维度构成的建筑产业现代化政策激励评价指标体系，构建了基于可持续视角的建筑产业现代化政策激励实施效果评价框架，并选取陕西省建筑企业作为研究对象进行实证研究，分析其未来的发展路径。

6.1 研究设计

6.1.1 研究背景与研究目的

1.研究背景

国家统计局和陕西省统计局的公开数据资料显示，2015年全国建筑业总产值达到180757亿元，约占当年国内生产总值的26.71%。同年陕西省建筑业总产值为4752.6亿元，国内生产总值为18171.86亿元，建筑业总产值占国内生产总值的比例达到了26.15%。根据上述数据可知，建筑业是当前陕西省乃至全国的重要支柱产业。

然而就总体而言，建筑业仍属于劳动密集型的传统产业，近年来的高速增长大多建立在高能耗、高污染的不可持续的发展方式基础上，实现建筑产业的可持续发展迫切需要产业现代化。在新型城镇化进程不断推进的形势下，如何促进建筑业加快转变发展方式，实现可持续发展，为建筑业提出了全新的挑战。

建筑产业现代化于20世纪50年代引进中国，经过近20年的发展，现已初具规模。以建筑产业化全面推进新型城镇化、新型工业化，开展生态文明建设，是新时期经济社会发展的重大战略举措。在此背景下要引导建筑业实现产业现代化，加快建筑业由"传统建造"向"工业化建造"的转变，有必要实施建筑产业现代化的相关政策激励。为此，中央及地方政府推行实施了一系列政策以推动建筑产业现代化。

然而在实践中建筑产业现代化的进展较为缓慢，仍未达到预期。与国外以及上海、深圳、香港等地的建筑产业现代化推进情况相比，陕西省建筑产业现代化当前尚处于起步阶段。

2.现实问题

总体而言，当前陕西省的建筑产业化在技术、管理、市场等领域还不成熟，在其产业化推广过程中面临着一些不可忽视的制约因素。根据国内的调研结果并结合国内外建筑产业现代化的推广经验，将当前陕西省建筑产业现代化的实践过程中存在的主要问题总结如下：

（1）现阶段政策激励缺乏

由于现代化的建筑产业链条尚不完备，企业发展面临着前期研发投入高与规模效应缺乏导致开发成本高的现状。在当前政府引导政策力度不足的情况下，企业缺乏发展建筑产业现代化的动力。如果相应的激励措施不到位，那么已建成投用的项目将因为价格高和配套问题导致无人问津，从而造成后续项目停滞，影响企业运营。陕西省现阶段建筑产业化相关激励政策较为缺乏，在建筑产业化体系上缺少必要的优惠政策和调控手段，不能有效调动社会各界积极参与建筑产业化的发展。而北京、上海、沈阳等地建筑产业化发展经验表明，激励政策对推动建筑产业现代化发展具有重要作用，尤其是在起步阶段，需要政策带动并引导全产业链条上参与方的积极性。

（2）行业标准和规范不完善

国内其余城市对建筑产业现代化领域中应用的新技术、新产品及新材料的推广取得了明显成效，然而，陕西省在技术和标准层面还有一定差距。首先，陕西地区在建筑产业现代化的基础理论与试验研究、工业化建筑设计、构配件优质高效加工制作和专业施工安装等方面均缺乏专门针对建筑产业现代化发展的技术支持、技术团队等资源。要形成与工业化建造方式相匹配的管理、设计、施工、安装建造体系，要全面提升现场装配和机械化的能力，要形成系列化、多样化预制构件和建筑部品供应体系，还要构建建筑产业化产品的认证体系、建立产业化建筑全过程管理信息系统。其次，在标准和规范制定方面，工业化建造技术和国家现行的建筑技术标准、规范之间的不兼容使得该领域的设计、审批、验收无标准可依据。虽然陕西省已初步形成了成品住宅技术标准体系，当前也正在制定产业化建筑从设计到验收的全过程技术标准，但是就当前陕西省建筑产业现代化的发展速度而言，在实际中满足项目中的上述要求亟需强大的推力。

（3）行业建设管理体制不健全

现行的建设管理体制中，针对项目规划、勘察、设计、生产、施工及验收等方面的管理程序及制度等大多只适应于传统建造方式，不能很好地对产业化建筑领域进行管理，严重制约了建筑产业化的发展。例如，质量监管方面，工业化建筑的构件质量检验和监督的隶属部门及责任分配界定不清，构配件的质量认证验收制度不完善。与此同时不明晰的设计图纸验收标准也有可能导致工业化建筑的质量问题；造价监管方面，目前陕西省预算定额和清单计价都是针对混凝土现浇结构，缺乏与预制装配式结构相配套的预算定额和工程量清单，不仅不利于行业监督管理，同时也会给造价核算工作带来较大困难；招标投标方面，当前大多数总承包企业尚不具备预制构件的生产装配能力，相关工业化建造集成商、生产商的市场准入认证制度也亟需建立。推进建筑产业现代化在一定程度上依赖于行业管理体制的转变，因此在现有管理制度以及工作模式上进行必要的突破是必要的。

（4）市场机制不健全

建筑产业化是未来的发展趋势，但从陕西省产业化建筑市场现状来看，当前市场形态并不能满足市场对于产业化建筑产品的需求。一方面是缺乏市场刺激，高昂的初期投入使得相关企业很难有动力去改变传统的建设模式；另一方面，出于市场风险与技术门槛的顾虑，开发商和施工单位对于推广建筑产业化的意愿也较低；再者，当前分散并且不完备的产业链条导致市场交易成本偏高。归根结底，建筑产业化初期是市场机制部分失灵的阶段，如要以市场为导向，运用市场机制，鼓励各行业广泛参与，那就亟需政府出台相关扶持政策，引导和培育市场。

综合上述四个方面存在的问题，可知现阶段缺乏政策引导、行业标准和规范、管理体制及市场机制不健全是陕西省推进建筑产业现代化面临的主要现实问题。而上述问题可以通过政府出台强制性政策激励和诱制性政策激励进行引导和规范得到解决。

3.研究目的

本次研究试图达到以下研究目的：

（1）将建筑产业现代化政策激励与用于可持续研究的 GMM 模型进行整合，构建基于可持续视角的建筑产业现代化激励政策实施效果评价框架。

（2）通过对陕西省建筑企业的问卷调查验证该框架在建筑领域的适用性并尝试为促进陕西省建筑产业现代化提供针对性对策。

4.研究意义

（1）针对建筑产业现代化政策激励进行研究，提出了建筑产业现代化政策激励评价指标体系，构建了基于可持续视角的建筑产业现代化政策激励实施效果评价及提升框架，为建筑产业现代化政策激励的实施效果评价及进一步提升提供了理论依据。

（2）实证研究验证了该框架在建筑产业政策领域的适用性，因此，该研究在实践中可以为建筑产业现代化政策激励的实施效果评价提供定量化的工具，并通过信息反馈结果提出针对性建议，从而推动建筑产业的可持续发展。

6.1.2 研究对象的解释

1.建筑产业现代化

第一个核心概念是建筑产业现代化。当前有关建筑产业现代化的研究尚处于起步阶段，并无统一定义。这里暂且给出一个具有代表性的定义：建筑产业现代化应是以人文绿色创新发展为理念，以顶层设计、统筹规划为先导，以现代科学技术进步为支撑，以工业化生产方式为手段，以工程项目管理创新为核心，以世界先进水平为目标，广泛运用信息技术、节能环保技术，将建筑产品生产全过程的融投资、规划设计、开发建设、施工生产、管理服务以及新材料、新设备的更新换代等环节联结为完整的一体化产业链系统，依靠高素质的企业管理人才和新型产业工人队伍，提高工程质量、安全生产水平和社会与经济效益，全面实现为用户提供满足需求的低碳绿色建筑产品[88]。

建筑产业现代化主要包含标准化设计、工业化生产、装配式施工三方面。将现代化的建筑产业生产方式与传统建筑生产方式进行对比，如图 6-1 所示：

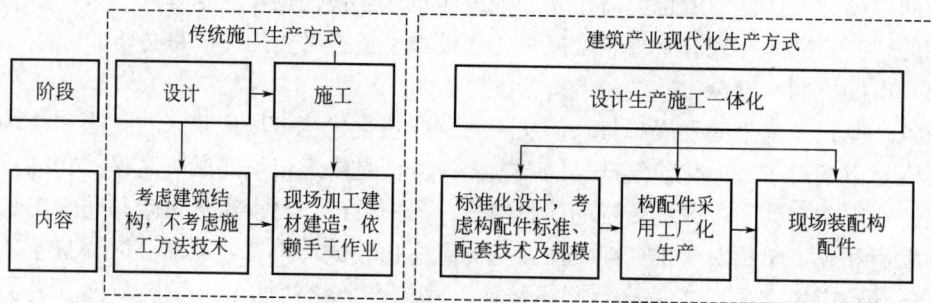

图 6-1　现代化的建筑产业与传统建筑业生产方式对比

观察图 6-1 可知，建筑产业现代化是建筑业全产业链的现代化，主要体现在设计生产施工全过程的一体化。与传统意义上的建筑业相比，现代化的建筑业属于知识密集型和技术密集型产业，是将现代化的建造技术与组织管理能力相结合，是劳动生产率与技术含量更高的产业。

2. 政策激励

政策激励是由不同类型的产业政策组成的复杂体系，通常会对行业发展产生较大影响。通常认为政策激励包括以下三种：

（1）规模激励。规模激励就是指产业政策能够改变企业、行业甚至是整个国家经济的投入产出规模水平。在实践中财政补贴、信贷配额等诱导性政策以及配额限制、允许或禁止等行业管制性政策都属于规模激励的范畴，有着极强的投入产出规模影响能力。

（2）边际激励。边际激励就是指产业政策能够改变投入产出的边际水平，通常包括边际产出、边际价格、边际成本以及边际利润。在实践中土地优惠、财政补贴、税收优惠、工资与物价管制等产业政策都属于边际激励的范畴，其边际激励的特征也较为明显。

（3）风险激励。所谓风险激励是指产业政策对企业、产业经济活动风险的调节变动，这种调节变动源于产业政策本身的不确定性和产业政策对企业与产业市场固有风险的扰动，如政府或主管部门经济展望与劝告导致信息误判，或者政府"倾斜性金融"和"倾斜性税收"等产业政策引发规模激励、边际激励产生的风险变化等，都是产业政策风险激励的表现[89]。

除此之外，还可以将政策分为概念性政策、经济政策、技术政策以及强制性政策。概念性政策主要是指中央或地方政府为促进某个行业发展而出台的指导性文件，通常在产业政策领域及其执行过程中发挥着纲领性作用，是对于特定行业发展目标的总体阐述；经济政策主要由税收政策、土地政策以及财政补贴政策等类型构成，其旨在通过运用宏观或微观经济手段对行业进行调整并引导其向某个方向发展；技术政策主要涉及技术领域，致力于鼓励行业内企业提高技术创新能力，通过增强技术储备提升行业核心竞争力。通过技术研发奖励机制，促进产业生产方式的升级与产业结构的优化；强制性政策是指政府制定的具备强制约束力的产业政策，对于特定行业内的所有企业均具有普遍约束力，并且强制性政策的实施效果由政府有关部门强制性手段保障。本次研究中对各地激励政策的整理及划分便是按照上述激励政策分类标准进行的。

3. 建筑产业现代化政策激励

建筑产业现代化政策激励是旨在推动建筑产业现代化的政策激励，包括针对供给端（房地产开发商、建设单位）的政策激励以及针对消费端（住房购买者）的政策激励。

建筑产业现代化的政策激励由激励主体、激励对象、激励模式以及激励内容四部分构成，其基本框架如图 6-2 所示：

（1）激励主体。在建筑产业现代化的起步阶段，政策激励的实施主体主要是政府；当步入建筑产业现代化的发展阶段，政府和市场将共同作为政策激励的主体；步入成熟阶段后，则主要由市场扮演激励主体的角色。

（2）激励对象。建设单位、住房购买者属于核心的政策激励对象，设计院、材料及设备供应商与施工单位等属于次要政策激励对象。

（3）激励模式。在建筑产业现代化起步阶段时，由于开发成本及技术门槛较高，建筑

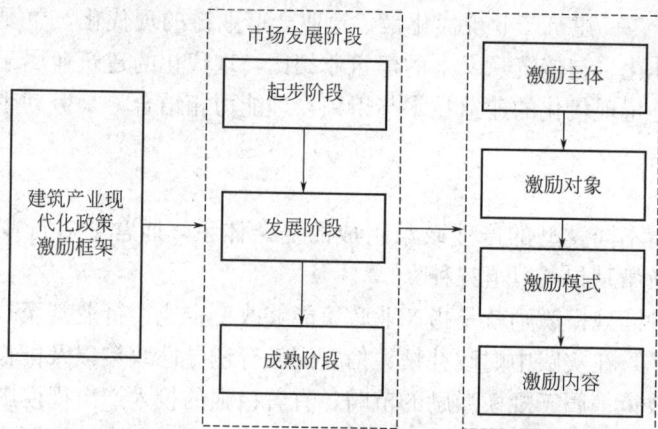

图 6-2　建筑产业现代化政策激励基本框架

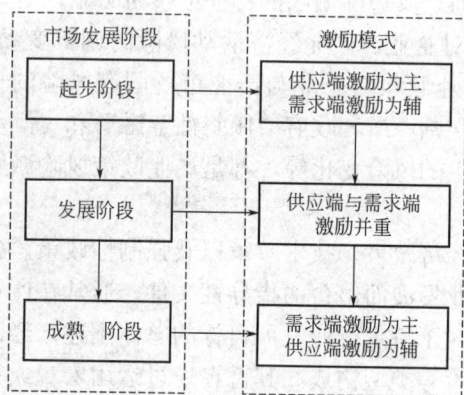

图 6-3　不同阶段的建筑产业
现代化政策激励模式

企业普遍缺乏参与积极性。与此同时，鉴于社会对于建筑产业现代化了解不清，因此应当采取以供给端政策为主、需求端政策为辅的政策激励模式；在建筑产业现代化发展阶段时，随着社会对建筑产业现代化的认识不断加深，建筑企业对参与建筑产业现代化的兴趣大大增强，此时应采取供给端政策与需求端政策并重的政策激励模式；在建筑产业现代化成熟阶段时，随着技术规范与监管体制已趋于完善，市场总体需求将进一步释放，此时应采取需求端政策为主、供给端为辅的政策激励模式。建筑产业现代化发展的不同阶段中对应的政策激励模式如图 6-3 所示：

（4）激励内容。从供给端和需求端两方面进行建筑产业现代化激励政策内容设计。从供给端角度来看，政府可以对运用建筑产业现代化生产方式进行开发的项目给予适当的财政税收优惠、土地出让金上的政策优惠以及提供适当的信贷优惠政策等，从而建立包含政策法规体系、技术标准体系、管理制度体系、经济激励体系、市场服务体系在内的全面的保障体系，为建筑产业现代化提供有力支撑；从需求端角度来看，应从各需求者角度出发提升需求。政府可以增加对该类项目的采购从而引导市场行为主体积极开发。对于其他购买者在税收、信贷和财政补贴等方面给予政策优惠。

6.1.3　研究视角及研究方法

1. 研究视角

本节首先通过文献分析，对建筑产业现代化政策激励的相关研究进行了回顾与评价。由文献分析发现有关研究以定性分析为主，定量分析的研究方法并没有得到广泛的使用，同时也缺乏基于可持续视角对建筑产业现代化政策激励的实施效度进一步研究。在此基础上，本节采用定量研究方法，将 GMM 模型加以改进并应用于建筑产业现代化政策激励的实施效度研究中。

为了验证本文提出的建筑产业现代化政策激励评价及提升框架的合理性，选取陕西省建筑企业作为案例实证，在问卷调查的基础上对回收结果进行统计分析。采用熵权法对统计样本进行分级，继而尝试寻求障碍因素，并在上述研究结果的基础上为进一步提升陕西省建筑产业现代化政策激励实施效果提出针对性对策。

2.研究方法

首先运用熵权法对建筑产业现代化政策激励进行分级。在统计学中平均分法简单方便，然而现实中各个指标的权重往往各不相同，使用平均分法会导致计算结果存在偏差，无法真实的反映实际情况。因此本文采用熵权法对问卷统计结果进行样本分级，并在分级的基础上进行障碍度计算从而得出各个指标的阻碍程度。在本研究案例中，在对问卷回收结果进行打分时，为方便统计，更直观、清楚、明确的测量态度，借鉴了李克特（Likert）量表设计思想，根据问卷中的不同结果分别进行赋值。

6.2 理论框架及评价指标体系

6.2.1 理论框架

随着产业政策评价研究的不断推进，越来越多的定量分析方法逐渐被应用于该领域。根据文献分析可知，当前关于产业政策评价的研究主要从以下两个角度着手：

1.产业政策实施效果分析

产业政策的实施效果评价是产业政策评价的关键。刘宪法、方亚林[90] 运用运筹学中的数据包络分析法（简称 DEA 方法）分析了深圳市 32 个行业的资源配置效率，通过比较行业资源配置效率对深圳市各行业产业政策的绩效进行评价。李金华[91] 从产业政策的投入成本与影响力两方面来测度产业政策的效用，构建了测度产业政策直接成本的直接消耗系数与产业政策影响力的两级影响力因子，试图通过比较产业政策的成本和影响力来对产业政策进行评价。梁东黎[92] 分别分析了产业政策的两种主要贯彻方式——财政和信贷过程中各部门的成本和收益变动，并得出在两种途径下使产业政策收益大于成本的条件。刘希宋[93] 等则运用模糊数学和层次分析法相结合的综合评价方法，通过构建评价我国支柱产业政策的指标体系，计算得出评价我国支柱产业政策效果的具体值。朱海、王立杰、张嗣超[94] 也运用 DEA 方法对我国四大产煤大省的煤炭产业政策的有效性进行评价，并采用改进后的方法对四省区煤炭产业政策的有效性进行了对比。王进[95] 通过构建回归模型来验证广东省科技产业政策的效应，模型中将产业政策作为虚拟变量来检验其对科技产业实际价值的贡献大小。陈瑾玖[96] 在其博士论文中提出了资源配置倾斜度指标和产值超前度指标，并对具体产业中的这两个指标进行了格兰杰因果检验，以此考察某项产业政策通过对该产业的资源配置倾斜是否达到了该产业产值超前增长的目的。此方法在运用过程中同样受到其他政策的干扰和影响。杨贵彬[97] 运用综合评价方法中的人工神经网络模型（ANN），将构建好的产业政策作用力评价指标进行模糊数学处理后输入到该模型中，最终得出衡量产业政策作用力的具体的数值。刘冰、马宇[98] 同样构建了将产业政策作为虚拟变量的回归模型来验证我国自 1978 年至 2007 年间煤炭产业政策对政策目标是否有效。

宁凌、汪亮、廖泽芳[99] 从政策投入及产出两方面构建高技术产业政策评价指标体系,并利用 DEA 分析法对广东省的高技术产业政策绩效进行了评价。

2.产业政策全过程分析

除此之外,还有一些学者从产业政策全过程的角度对其进行评价。赵大晖.卢凤君[100] 尝试从可持续发展的角度对产业政策全过程进行评价。将产业政策的全过程分解为目标、功能、手段、主体这四个要素,运用专家评分法和模糊数学法确定出这四个要素的强度值,以此来对产业政策的全过程进行评价。用目标、功能、手段、主体四个要素来反映产业政策全过程仍不全面,可随着研究的深入进行深化。韩小威[101] 从产业政策的实施与绩效两个角度构建了产业政策的评价指标体系,但是并未深入研究该评价指标的原理及其构建方法。史铭鑫[102] 从博弈论的角度分析了产业政策的制定及实施效果,在研究过程中考虑了中央政府与地方政府之间的博弈行为可能会对政策的执行产生的潜在影响。赵英[103] 采用访谈与问卷调查相结合的方法对研究对象进行了实证研究,邀请专家对产业政策的制定及实施效果进行评价。杨龙斌[104] 构建了衡量区域建筑业政策实施效果的综合评价体系,以重庆市建筑业政策作为评价对象,运用模糊优选法对政策效果实施定量化评价,并通过纵向和横向的对比最终得出评价结论。

通过上述对于产业政策评价研究的文献分析可以看出,当前关于产业政策评价领域的研究大多集中在评价产业政策的实施效果,站在产业政策全过程高度的研究分析较为缺乏,并且很少基于可持续发展的视角展开研究,在研究过程中也面临着方法匮乏的问题。因此,从全过程角度入手并基于可持续视角对产业政策评价进行研究是非常有必要的。

由于当前关于建筑产业现代化政策评价的研究缺乏对于建筑产业政策实施程度所处阶段的定位,同时也没有基于可持续视角对其进行深入分析,于是需要在前人研究的基础上引入可应用于可持续评价的模型。需要寻找可以与上述评价体系相结合的增长管理模型,把两者加以整合从而提出可持续的建筑产业现代化政策实施效果评价模型。

GMM 模型是一种基于可持续视角的增长管理模型,在组织诊断领域中得到了广泛的应用。需要指出的是,该模型在本质上是适用于任何行业的,其范围包含农业、制造业以及更多。在此基础上,本节提出建筑产业现代化政策评价增长管理模型,如图 6-4 所示:

在这个模型中,纵轴代表管理能力,横轴代表样本分数,分数的成绩由样本统计得

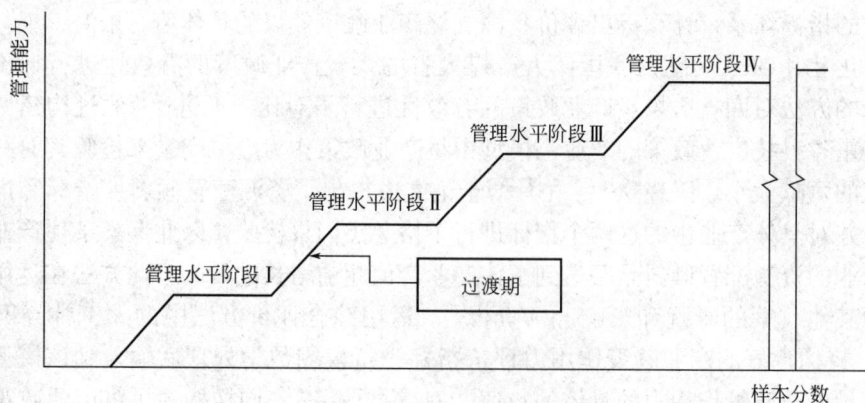

图 6-4　建筑产业现代化政策评价增长管理模型

118

出。管理效率与分数之间的关系由一系列管理水平阶段（从Ⅰ到Ⅳ级，如果有必要还可以更多）表达，并且由若干代表过渡时期的线段相连。这些水平阶段意味着建筑产业现代化政策管理效率处于一个稳定的水平，而过渡时期表示需要采取一定措施以达到更高层级的阶段。

该模型为判断当前建筑产业现代化政策激励效果所处的阶段提供了工具，可以有效测度其管理效率所达到的水平。基于上述模型，可以更好地理解管理效率与样本打分之间的关系，并通过提高管理效率实现建筑业可持续发展。

6.2.2 指标体系

1. 技术

刘永平[105] 认为，政府应当转变职能并将技术创新主体地位让给企业。通过构建技术创新制度体系，为促进建筑业技术创新提供政策保障以提升建筑行业的核心竞争力。金维兴、唐晓灵、张建儒[106] 采用理论分析与实证分析相结合的方法，对建筑业技术创新的阻碍因素进行了研究，并以此为依据尝试对提升建筑业技术创新能力及相关政策有效性提出具体的建议。赵雪凌[107] 认为，建筑业进行技术创新已迫在眉睫，它关系到建筑业今后能否实现可持续发展。在对阻碍建筑业技术创新主要因素进行深入分析的基础上为促进建筑业技术革新提出了若干建议。刘桦、卢梅、尚梅[108] 认为建筑业技术创新是实现建筑业发展战略目标的重要途径，应进一步完善建筑业科技与创新政策，促进技术创新以尽快缩小与发达国家的技术差距。李佳[109] 认为，建筑业因其独特的行业特点导致在技术创新领域对政策支持的要求较高。总体而言技术创新对建筑业而言至关重要，政府应当不断完善政策支撑体系以提升建筑业的技术创新能力。

2. 人才

顾严、聂明学[110] 认为人才是促进产业以及国民经济发展的关键力量，针对我国的具体国情，应当通过完善相关产业政策来加强产业人才的引进及培养，以提高产业的核心竞争力。栾琳[111] 认为，人才政策是产业政策的重要组成部分，实施有效的人才政策有助于产业政策目标的实现，从而促进经济增长。许敏娟[112] 认为，人才政策在促进产业发展的政策体系中具有核心价值地位。应建立规范的人才培训机制以及产业人才政策体系，从而为产业发展提供政策支持和保障。黎春燕、李伟铭、刘骋[113] 认为，人才作为知识和技术的掌控主体，对于产业发展而言意义重大。应当完善人才引进及激励政策，并在此基础上加强人才培训支持，拓宽培训渠道。李锡元、边双英、张文娟[114] 认为，人才政策是政府主体对人才进行吸引、培养、使用的杠杆，完善的人才政策对于产业发展及经济增长有着重要的意义。

3. 成本

饶骋毅[115] 通过对价值工程在工程建设项目中设计、施工阶段应用的研究，得出在建筑业的工作阶段节约成本对于提高经济效益意义重大。同样的，成本领域也是政府制定产业政策时必须考虑的重要问题。王梅[116] 在其硕士论文中以"营改增"为例对政策对于建筑企业运营成本的影响进行了分析。通过研究得出，该政策将会对建筑企业产生较大影响，行业企业应采取有效的管理措施降低成本费用以提高其经济效益。唐菁菁[117] 对建筑业劳动力成本持续上涨的现状进行了分析，并基于CAS理论提出建筑业适应劳动力成本上涨的对策模型。由此可见，成本是制定产业政策时应当考虑的重要因素。吕佳[118] 针对营业税改增值税对建筑业的影响进行分析进而得出相关政策对建筑业的成本具有较大影响。罗明[119] 对建筑业人工成本的现状及影响进行了总结，并运用模型对成本领域的影响因素进行分析。在上述研究的基础上，从成本视角出发对政府利用产业政策工具进行宏观调控提出了若干建议。

4. 产学研合作

科技部专题研究组[120] 在产学研合作的课题报告中提到，政府促进产学研合作是国家创新体系有效运作的重要环节，通过有效配置资源促进科研成果的转化，从而推动产业的发展。熊季霞、李洁、朱佩枫[121] 等认为，产学研合作对促进科技与经济结合具有重要意义，政府应加强政策导向，研究及制定相应措施为产学研合作创造条件。王玲玲、李植斌、谢新宇[122] 认为，浙江省特级建筑企业大多重视产学研合作，通过产学研合作能够提高企业技术创新水平、增强企业核心竞争力。刘媛[123] 认为，江苏省的产学研合作政策主要包括产学研专项政策、促进科技成果转让政策等若干方面，对产业发展起到了明显的带动作用。今后应进一步完善相关政策的实施细则，为实现产业机构升级和发展提供政策保障。

5. 政策

胡锋[124] 认为，税收是市场经济下政府调节建筑业产业结构的重要手段。但在建筑工业化的过程中存在着工业化程度越高税收成本就越高的问题，不利于建筑业产业结构的优化，针对该问题应尽快制定税收优惠政策加以解决。傅立力[125] 对建筑行业的融资租赁模式进行了研究，研究发现建筑工业化的推进需要资金和设备的支持，这使得建筑企业面临着巨大的资金压力，存在强烈的融资需求。然而当前我国的融资租赁业务在建筑行业的应用尚不够普遍，模式单一且缺乏政策支持，制约了建筑工业化的持续推进。纪颖波、李晓桐[126] 从政策角度为推进建筑工业化发展提出了若干建议，认为政府应当利用土地、税收及金融等一系列配套政策为促进建筑工业化创造有利条件。尹新新、赵永生[127] 对推进建筑工业化发展的激励政策进行了剖析，认为在实践中财政税收压力大、金融体系不成熟以及土地政策不完善等政策因素制约了建筑工业化在国内的推广。针对上述情况应借鉴国外经验，制定合适的建筑工业化激励政策。倪青青[128] 对中小建筑企业融资困境进行了实证研究，研究表明中小建筑企业难以从银行取得贷款，难以从资本市场获得融资，融资难已经成为中小建筑企业发展的瓶颈，急需政府相关政策的支持。

6. 市场

陈琪[129] 以江苏省钢结构住宅产业化为例，对其在进行推广过程中遇到的难题从社会舆论、构配件标准化等几个方面进行了归纳。研究表明，建筑产业现代化在实践中面临着市场热度不高的挑战。郑方园[130] 对我国保障房工业化设计体系的推广进行了研究，认为保障房建设是推进住宅产业化的良好契机，应当采用相关政策措施大力推广保障房工业化设计模式以促进行业的发展。许仲、吕莉莉[131] 认为建筑工业化是今后建筑市场的发展趋势，但是当前社会了解不足以及产业配套尚不成熟导致其在国内的应用有限。政府应尽快出台倾斜政策，通过相关扶持机制促进建筑工业化的发展。张丰洲[132] 对我国保障房实施工业化建设的现状及影响进行了分析，并总结建筑工业化在实践中的影响因素。在系统动力学模型实证研究的基础上得出结论，认为政府应进一步完善建设单位经济优惠政策，提高技术水平以提升项目的市场认可度。肖桃李、李巧艳、郑文娟[133] 等在论文中提到，不完整的产业链是制约建筑工业化发展的重要因素，而高昂的成本则是产业链形成的最大阻力。政府应加快出台相应政策及规范标准，大力支持建筑工业化的发展。

7.管理体制

吴涛[134] 对建筑业项目管理体制的改革进行了回顾，认为行业管理体制改革促进了建筑业的发展，今后应继续推进和深化管理体制改革以适应加入 WTO 后面临的机遇和挑战。肖斌[135] 分析了建筑业管理体制在实践中存在的问题，并尝试为促进建筑业管理体制创新提出了相应针对性对策以促进建筑行业的健康发展。李永胜[136] 对建筑工程质量管理的现状进行了总结，认为工程质量监督是产业政策的关键一环，通过完善政府的监督职能以及规范建设市场主体的市场行为可以推进建筑业健康发展。赵勇根[137] 对我国建筑业安全监督体制进行了分析，并就存在的问题及其深层次原因进行了探讨，尝试为持续推进建筑业安全监督工作提供对策。周元楼[138] 认为，建筑市场监管是政府运用经济、行政和法律手段对市场活动进行的适当管理，是产业政策领域的重要手段。可以有效维护行业市场秩序并监督主体执行，对于建筑业的长远发展有着重要的意义。

制定初步问卷后将其交由业内专家学者评审，并进行意见反馈回收，经 Coding 归纳整理后最终构建出了一组由技术领域、人才领域、成本领域、产学研合作领域、政策领域、市场领域、管理体制领域共同组成的产业政策综合评价指标体系。

6.3　实证研究

6.3.1　数据收集与整理

在发放量表前首先就问卷内容和选项进行简要解释，确保调查对象对于问卷的理解没有偏差。本次问卷通过现场发放和网上问卷的方式共发放问卷 420 份，实际收回问卷 408 份，其中有效问卷 327 份。问卷回收率为 97.14%，有效回收率为 80.15%，满足调查研究中回收率不低于 20% 的要求。

制定的初步问卷结构如表 6-1 所示：

初步问卷结构　　　　　　　　　　　　　　　　　　　表 6-1

序号	1	2-1	2-2	2-3	2-4	2-5	2-6	2-7	2-8	总计
题项组成	填卷人信息	总体认知	技术领域	人才领域	成本领域	产学研合作领域	政策领域	市场领域	管理体制领域	
题项数目	3	8	7	3	4	8	14	13	6	66

资料来源：自行整理

由表 6-1 可知，初步问卷中的题项共计 66 项，而实际与我国建筑工业化政策实施影响因素有关的要除去填卷人信息和总体认知，余下的 55 项指标左右了陕西省建筑产业现代化激励政策的实施效度。由于指标数量仍然较多，因此在量表开发过程中，要对量表进行多次精炼。下面我们通过项目分析、信度分析以及探索性因子分析对题项进行精炼。

6.3.2 数据质量

针对初步问卷中的题项，我们使用 SPSS 软件进行独立样本 T 检验、信度、效度分析和探索性因子分析等步骤，对问卷进行精炼。根据成分荷载矩阵，精选后的题项及其主成分如表 6-2 所示：

题项及其主成分表 表 6-2

主成分	指标	题项
F_1	P2-5-3	您认为由高校及科研机构研发适用于工业化建筑的新型材料对于推广建筑工业化的影响程度如何
F_1	P2-5-4	您认为高校及科研机构研发适用于工业化建筑的建筑结构对于推广建筑工业化的影响程度如何
F_1	P2-5-6	您对当前与高校及科研机构关于技术成果转让的产学研合作满意程度如何
F_1	P2-6-3	您认为政府出台的扶持政策的数量与其对推进建筑工业化的态度相关度为
F_1	P2-6-4	您认为税收减免政策对于推进建筑工业化的作用是
F_1	P2-6-5	您对当前政府出台的工业化税收减免政策的了解程度为
F_1	P2-6-7	您对当前政府出台的工业化财政补贴政策的了解程度为
F_1	P2-7-1	您认为当前市场对于新型工业化建筑的接受程度如何
F_1	P2-7-2	您认为社会认可度对于建筑企业工业化项目资源投入的影响程度如何
F_1	P2-7-3	您认为各种渠道的宣传普及对于推动建筑工业化的作用为
F_1	P2-7-5	您认为标准化设计及施工的建筑结构对于用户的需求影响程度如何
F_1	P2-7-11	您认为专业的技术及设备供应商对于推广建筑工业化的重要程度如何
F_2	P2-7-4	您认为不同地区建筑市场的发展水平对于开展建筑工业化的影响程度如何
F_2	P2-7-10	您认为工业化建筑的质量对于推动其发展的重要程度为
F_3	P2-6-2	您认为制订相关技术规范标准对于推广建筑工业化的影响程度为
F_3	P2-7-7	您认为政府投资的试点项目对于推进建筑工业化的作用是
F_3	P2-7-8	您认为建筑工业化对于加快棚户区改造的作用为
F_3	P2-8-2	您对当前政府新型工业化建筑的审批程序的满意程度为
F_4	P2-8-3	您认为多部委共治对推动建筑工业化的重要程度为
F_4	P2-5-5	您认为高校及科研机构优化施工方法对于推广建筑工业化的影响程度如何
F_5	P2-7-9	贵企业对以保障房、棚户区改造为代表的政府投资项目的参与意愿为
F_5	P2-7-6	您认为当前建筑工业化生产链的完整程度为
F_6	P2-5-8	您认为当前建筑工业化过程中产学研合作中技术转化为生产力的程度如何
F_6	P2-8-1	您认为推动工程管理体制改革以适应新型建筑工业化项目的紧迫程度如何

资料来源：自行整理

6.3.3 计算结果

1.权重的计算结果

本节运用熵权法进行权重计算，计算结果如表 6-3 所示：

指标	P2-5-3	P2-5-4	P2-5-5	P2-5-6	P2-5-8	P2-6-2	P2-6-3	P2-6-4
权重	0.043	0.042	0.042	0.042	0.041	0.04	0.04	0.039
指标	P2-6-5	P2-6-7	P2-7-1	P2-7-2	P2-7-3	P2-7-4	P2-7-5	P2-7-6
权重	0.042	0.043	0.04	0.042	0.043	0.042	0.043	0.043
指标	P2-7-7	P2-7-8	P2-7-9	P2-7-10	P2-7-11	P2-8-1	P2-8-2	P2-8-3
权重	0.042	0.042	0.042	0.042	0.039	0.043	0.043	0.039

资料来源：自行整理

2.熵权法分级的结果

根据赋分表可知，当问卷列出的情况在实际发生得越多，问卷的得分越高。结合本研究中的实证案例，其中评价对象 m 为问卷调查回收的 327 份有效问卷数，评价指标 n 为问卷中基于 6 个主成分展开的 24 个指标，每个评价指标有 5 个分数。在本研究案例中，基于熵权法的样本分级共分为 4 级。

通过计算得出 327 个样本的加权总和均值为 3.368。根据加权平均分划分的等级区间如表 6-4 所示：

基于熵权法的等级划分标准 表6-4

等级	一级	二级	三级	四级
区间	$[1,2]$	$[2,3]$	$[3,4]$	$[4,5]$
政策激励水平	低	一般	中	高

资料来源：自行整理

按照上述区间划分标准，则评估对象的样本位于第 3 等级，政策激励水平属于中等级别，仍然有提升的空间。因此，需要进一步研究阻碍建筑产业现代化政策激励的关键因素。基于熵权法的阶段定位如图 6-5 所示。

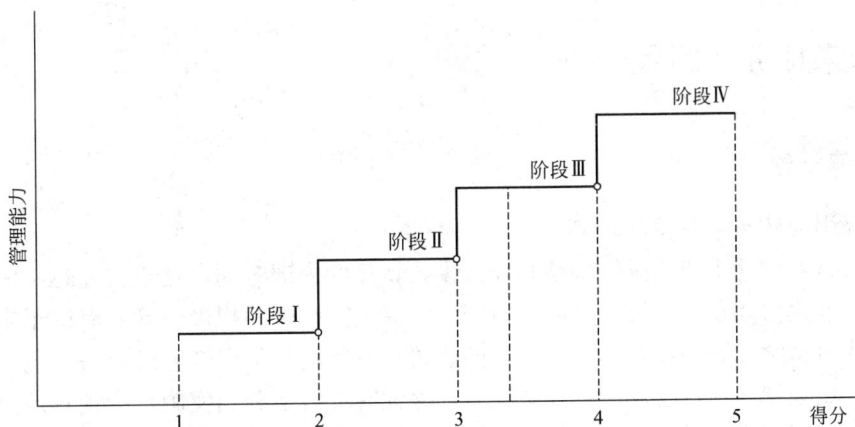

图 6-5 基于熵权法的层级定位图

3.结合熵权法的障碍度计算结果

结合熵权法进行样本分级之后，为了寻求影响建筑产业现代化政策激励程度的主要障碍因素，确定障碍度 $A_i \geqslant 4\%$ 为划分障碍因素的标准。根据 327 个有效样本中障碍因素出现的频率来判定。通过计算得到了样本中 24 个指标的障碍度如表 6-5 所示：

基于熵权法的障碍度统计　　　　　表 6-5

指标	P2-5-3	P2-5-4	P2-5-5	P2-5-6	P2-5-8	P2-6-2	P2-6-3	P2-6-4
二级	0	0	0	0	0	0	0	100
三级	47.508	44.186	62.126	45.847	45.847	70.432	70.100	72.757
指标	P2-6-5	P2-6-7	P2-7-1	P2-7-2	P2-7-3	P2-7-4	P2-7-5	P2-7-6
二级	0	0	0	0	0	0	0	0
三级	55.814	46.512	44.518	46.844	48.173	58.140	54.153	55.150
指标	P2-7-7	P2-7-8	P2-7-9	P2-7-10	P2-7-11	P2-8-1	P2-8-2	P2-8-3
二级	0	0	0	0	100	0	0	100
三级	48.837	47.176	62.791	61.794	75.415	54.153	48.505	73.754

资料来源：自行整理

结合熵权法的样本分级结果显示当政策激励效度处于中级水平时，阻碍政策激励的主要因素为 P2-6-2、P2-6-3、P2-6-4、P2-7-11 与 P2-8-3。因此，专业的技术及设备供应商、多部委共治与税收减免政策是当前阻碍建筑产业现代化政策激励程度的主要障碍因素，而相关技术规范标准、扶持政策数量与政府态度的一致性这两点属于次要障碍因素。

如果从精炼后的问卷 6 个维度出发分析障碍因素，那么 F_1 维度阻碍作用最强的为 P2-7-11，即专业的技术及设备供应商；F_2 维度阻碍作用最强的是 P2-7-10，即工业化建筑的质量；F_3 维度阻碍作用最强的是 P2-6-2，即相关技术规范标准；F_4 维度阻碍作用最强的是 P2-8-3，即多部委共治。F_5 维度阻碍作用最强的是 P2-7-9，即企业对政府投资项目的参与意愿。F_6 维度阻碍作用最强的是 P2-8-1，即工程管理体制。

在得到上述障碍因素的基础上，为了有效提升建筑产业现代化政策激励所处层级，需要针对主要障碍因素加以改进。

6.4　未来任务及路径分析

6.4.1　未来任务

1. 积极引导建筑产业发展趋势

当前各行业均处于产业机构调整和发展模式转化的关键时期，建筑行业也不例外。陕西省建筑产业化尚处在初步发展阶段，亟需方向指引。政府的积极引导将有助于未来建筑产业化形成可持续发展的良好局面，完善的建筑产业化创新与促进管理办法，能够规范建筑产业化发展规划、项目建设、管理全过程，保证有关对策顺利实施，实现建筑产业化发展的法制化、规范化、科学化。就长远发展来看，法律的先导性能够赋予建筑产业化更大的发展空间和更长远的发展战略。

2. 完善监管机制，提供制度化保障

建筑产业化推进工作面临着一些体制机制问题的制约，包括产业化建筑的设计、生产、装配、造价等各个环节的监督和管理无据可依；产业性财政资金投入缺乏整合，对产业和企业创新推动力度不足。这些问题，无法在单一部门的层面上予以解决，需要通过立法形式予以协同推进。同时，随着建设活动的发展，产业化规模不断扩大，各产业化主体之间的合作不断扩展和深化，仅仅依靠行政手段已经难以协调产业化各个主体之间的关系。条例的制定可以明确各主体的权利和义务，通过立法手段建立一套完善的管理办法，有利于形成统筹全局、统一协调的决策机制和有效的监管机制，并建立公平竞争的市场秩序，有效集聚各方力量，激发各主体从事建筑产业化活动的积极性，营造良好的创新环境。

3. 鼓励技术研发，促进技术革新

建筑产业化要发展，技术支撑是关键。立法措施是促进新型技术发展提供的硬性保障。一方面，通过立法手段直接制定对技术研发人员的激励政策，有利于鼓励技术研发，促进产业化技术的革新。另一方面，适当的政府扶持政策有利于培育建筑产业化市场，形成市场需求，以市场机制刺激产业链上下游进行技术创新，这样才能有效推动技术成果转化为生产力。

4. 有效整合建筑行业资源

建筑产业化立法将极大促进陕西省建筑产业化的市场资源整合，推动市场形成较为完善的产业链，实现规模化生产，从而降低交易成本、生产成本。此外，陕西省执法部门针对建筑产业化的管理也存在较多的责任交叉，造成管理障碍，通过立法能够明确建设管理各相关部门职责，整合行政资源，提升体制机制性问题，集聚各个创新主体合力，保障建筑产业化的监管工作顺利实施。

6.4.2 未来路径分析

1. 构建建筑产业化技术体系

优先制定和完善涵盖设计、部品生产、施工、物流和验收等方面的装配式混凝土结构技术保障体系、建筑体系、部品体系、质量控制体系和性能评定体系，从而推进现代化的建筑产业领域中工程设计、构建生产以及施工安装的标准化。对不同类型的结构体系以及建筑类型的产业化技术体系进行研发，不断积累装配式混凝土结构体系、装配式模块化钢结构体系等领域的核心技术，并针对高层住宅展开重点研究，力争尽早形成与之相匹配的"设计—生产—装配"一体化的全产业链技术体系。

2. 加快培育龙头骨干企业

支持大型工程总承包企业与勘察设计、项目管理、投融资服务等企业联合重组，调整结构，提升企业资质水平，拓展上下游产业链。引导大型房建企业向航空、矿山等专业领域拓展，占领高端和新兴市场。鼓励优势勘察设计企业转型为具有项目前期咨询、工程总承包、项目管理能力的工程公司。从而在行业内龙头企业的带动下，推进建筑业全产业链的协同发展，通过对科研力量以及市场资源的聚集，构建建筑工业化的产业联盟，打造建筑业全产业链的发展平台。

3. 加快人才培养和引进

人力资源社会保障、住房城乡建设部门应联合制订全省建设人才培养和引进规划，加快复合型、创新型人才和紧缺专业带头人才的培养和引进，适当放宽执业注册人员报考条件。引进人才符合国家"千人计划"和我省"百人计划"的，按规定予以奖励。开展省级勘察设计大师和优秀项目经理评选活动，发挥高端人才的引领作用。对承（参）建工程荣获省级以上优质工程和勘察设计奖的主要人员，优先晋升职称。在人才培训方面，开展项目经理上岗培训，积极培育建筑产业现代化的技术工人队伍。应定期组织相关管理和技术人员到国内外建筑产业化发达地区进行学习。还应加大企业人才培训支持力度，促进建筑产业企业与相关高校、职业教育机构合作，培养实用技术人员。从全产业链的角度出发，加快复合型人才的培养。除此之外，应当对传统建筑业中的农民工加强教育培训以加速其向产业工人的角色演变，打造一支适应行业发展的产业工人队伍。

4.重点推进示范工程建设

西安、渭南、咸阳等具备装配式建筑技术应用条件的保障性安居工程和重点示范镇的住宅工程，应先行采用装配式建筑技术，以示范工程为载体带动和推动建筑产业现代化的发展。针对保障房建设、城市棚户区改造等安居工程以及其他政府投资项目，对于成绩突出的项目应对参与企业予以表彰。除此之外，针对采用装配式建筑技术开发建设的项目，应当在企业资质、规划审批、财税政策、土地政策、竣工验收、设施配套建设等方面加以适当扶持。

5.加快产业化基地建设

按照优化资源、合理布局的要求，以产业关联度大、技术集约化程度高、带动能力强的行业优势生产企业为主体，积极推动产业化基地建设，通过住宅产业标准化管理，推行住宅部品部件标准化和通用化生产。支持西安、咸阳、宝鸡、渭南、榆林等有条件的区域，创建国家和省级产业化基地。培育完善建筑产业链，努力打造集技术研发和部品工业化生产、展示、集散、经营、服务等为一体的国内一流住宅产业集聚区。各地要根据发展需要，将产业化基地建设作为推进建筑产业现代化发展的重要抓手，纳入相关规划。

7 中国建筑业转变经济发展方式的发展战略与动力机制

7.1 发展战略

"十二五"时期，国内建筑市场环境仍然宽松，骨干企业发展基础相对完备，各类企业发展方向明确，行业建造能力处于巅峰状态，国际市场机遇增加，是建筑业健康发展十分重要的战略机遇期，拓展市场、调整结构、提升水平、提高效益、完善机制、转变发展方式，应当是建筑业新时期发展的战略选择。

7.1.1 调整优化产业结构，形成现代产业体系

（1）形成适应新的市场需求的产业。适应我国"十二五"时期建筑产品需求结构的变化，各类企业应当关注新的开发建设方式和建设热点，在区域、城市综合体开发建设领域，在保障性住房、新型工业化住宅、高速交通、大型公共工程、地下空间的设计、建筑、专业工程技术提升等方面，进行相应的技术、人才、管理能力储备，提高融资能力和风险管理能力，加快结构调整和经营模式转型，满足市场需要。

（2）形成各行业龙头企业。促进一批行业龙头企业发展。这些企业应当具有多个专业领域工程开发建设能力、大资金运作能力、技术研发能力、建设过程设计、施工、采购、运行等多环节一体化协调组织能力。能够开发建设国内外规模大、技术复杂、专业性强、商务要求高的工程项目或为其提供管理咨询服务，有能力组织建筑生产力，带动中小企业的发展。

（3）促进建筑业中、小型企业健康发展。通过完善中小企业市场准入制度，提升中小企业从业人员培训水平及职业化门槛，降低税收、降低营业成本，为中小企业提供融资、信息、政府采购优惠、培训等公共服务，促进大量建筑业中小微型企业向着企业实体化、员工职业化、管理现代化、生产工业化、运作法制化方向发展，促进中小型企业向着专业化方向和满足社会零星多样需求发展，使中小型企业形成积累发展机制，大量承载建筑技术工人，成为先进的专业技术、专业设备和工具的应用载体。

（4）推进工程项目建设环节的一体化整合，在合适的工程建设项目上，以成本、工期、品质为核心，组成更加综合的项目管理或专业咨询服务班子，采用设计、施工、采购等环节一体化的建设组织方式，实现不同环节的相互参与、深度融合、协同推进、整体优化。

（5）优化勘察设计与工程咨询服务行业结构。逐步形成大型综合性设计院和专业化的设计事务所相结合的勘察设计行业结构，促进形成综合性和专业性相结合的工程监理、招标代理、造价咨询、项目管理、其他工程咨询服务组织结构。鼓励勘察设计企业与施工承包企业围绕项目形成紧密或松散的项目运作机构。

（6）大力发展专业工程咨询服务。逐步在全社会形成"小业主、大咨询"的工程建设模式，鼓励各类专业咨询服务行业的发展。鼓励勘察设计、建筑施工、工程监理、工程造价、招标代理、工程咨询等企业运用专业技术及管理服务，为政府部门、项目业主及其他客户提供单项或多项专业咨询管理服务，鼓励工程咨询服务产品的创新，在为客户提供增值服务的同时，提升自身的地位、价值和收益。

（7）促进建筑业和相关产业融合发展。促进建筑业与金融业、房地产开发业、现代制造业、建材业、电子信息业、物流业、工程咨询服务业的结合和融合，提高行业经营层次和附加价值。

7.1.2 用先进技术改造传统建筑业，推进新型建筑工业化

建立完善政府组织指导、技术政策与市场为指引、企业为创新研发主体、产学研相结合的建筑技术创新体系；依托行业骨干企业在超高层建筑、高速铁路、能源项目、交通电信、石油化工等重要领域掌握一批国际领先的核心设计建造技术。鼓励企业依据本企业的核心竞争能力建立专门的技术研究机构和试验室，成为能够代表国家或地方某工程领域专项技术研发基地；各类企业应当加大技术研发投入，依托工程实践研发自有创新技术、集成创新和引进消化吸收再创新技术，加快技术改造，形成专利、专有技术、工法的技术储备；有条件的中小企业也要重视专业技术、设备工具、管理手段的研发运用，成为依托专项技术的经营载体；各类企业都应当积极参与工程建设技术标准、工法的研发制定和应用，不断提高建设工程产品和建造过程的技术含量；加大政府对重大工程领域及住宅工程关键技术、共性技术的基础研究投入，及时总结、推广先进适用技术成果；在工程建设领域全面落实国家中长期科学和技术发展规划纲要提出的相关税收、费用优惠政策。

政府和行业组织应当研究制定新型建筑工业化政策体系，明确适合工业化建造的建筑产品类型、部位、部品、工艺、技术，形成技术标准和鼓励政策；推进预制化、装配化、机械化、信息化、工厂化建造，推进住宅产业化和菜单式精装修成品住宅发展，通过制造和建造相结合，提高建造效率，改善劳动条件，提高建筑品质。

7.1.3 大力发展绿色施工，推进建筑节能减排

（1）加大建筑节能减排整体规划和基础研发投入。国家和各地方应当进行工程建设节能减排整体规划，组织关键技术的招标研发和集中攻关，建设节能减排集成示范项目，明确评价标准，实现建筑节能由单体向组团、区域转变，节能建筑向绿色建筑的转变，由注重设计施工向注重全使用寿命周期转变。

（2）加快先进成熟的节能减排技术、产品向工程建设标准、应用的转化速度。严格进行建筑节能减排技术、材料的评审鉴定，对于节能减排效果好且有大范围推广应用可能性的，及时转化为标准或者进入国家、地方政府节能减排产品、服务推荐目录，加快转化应用。

（3）积极发展先进的节能减排产业。积极发展合同能源管理（EMC）、低辐射（Low-E）镀膜玻璃、聚氨酯（PU）保温材料以及光伏建筑一体化（BIPV）等先进节能减排行业。

（4）促进工程建设不同环节的协同创新。围绕节能减排目标，以"开发—建设"型企

业为主体，或者以"开发—建设"一体化的项目为载体，促进"建材—设计—建造—制造"的协同创新，大幅度提高节能减排效果；企业应当将已有的节能减排技术作为建设本企业核心竞争力的重要资源，悉心进行维护。

（5）各类企业应当自觉履行节能减排社会责任。勘察设计企业应当严格贯彻落实国家、地方的各项节能减排标准，积极采用先进的节能减排技术和材料，在工程建设节能减排工作中发挥引领作用；建筑企业应当认真落实业主、设计方的节能减排意图。在具有采购权的承包工程上，将节能减排指标作为产品采购选择的重要依据；监理企业、造价咨询、招标代理、项目管理等企业应当将节能减排强制性标准的贯彻落实作为项目控制的主要内容；各类企业在企业管理和运行的过程中，要自觉将节能减排作为企业的一项义务，加强员工教育，制定相关目标，严格责任落实，在节能减排方面争先创优，积极履行企业的社会责任。

7.1.4 完善质量安全保障，提高建筑品质及安全水平

（1）适时适当提高工程建设标准要求。与我国经济发展阶段和经济实力相适应，应当以提高建筑产品耐用性、安全性、节能环保、美学、人文品质为目标，逐步提高相关的工程建设标准。加强高强钢筋、高性能混凝土在工程建设中的运用，完善面向广大人民群众的住房标准规范编制，突出强调抗震设防、节能环保、功能完善、技术含量。明确和强化国家对于不同类型工程建设工期的基本要求，遏制盲目压缩工期、影响质量安全的不良倾向。遏制持续的大拆大建状态，延长建筑产品寿命，节约能源资源。鼓励企业制定高于国家、地方的技术标准和规范，自觉严格管控建设工程质量安全，企业技术标准和规范应成为企业竞争力的重要内容。改善技术标准实施监管，形成企业自律、第三方受委托检查、监管部门抽查、档案文件备查的保障体系。研究制定建设工程全寿命成本计算方法，为提高建设工程质量、进行投入产出决策提供工具。

（2）完善细化、公平区分质量安全责任。用责任制度保障建设工程质量、安全生产。按照有关质量形成、安全生产过程中全力与责任相匹配的原则，明确在质量安全生产中具有重要影响的决策权力单位、人员的相应责任。强化业主责任，促进业主自觉进行质量安全投入，选择质量安全业绩优良的承包商；落实承包单位责任，克服承包单位低价中标，在设计、施工过程中粗制滥造，偷工减料，转嫁质量安全风险的问题；落实施工图设计文件审查、工程质量检测等有关机构和人员的责任，遏制在质量安全生产工作中的弄虚作假，不履行职责，不承担责任现象；在落实单位责任的同时，加大落实个人责任、明确质量形成和安全生产过程中的责任人和责任内容，切实实现工程各参建单位的法定代表人、工程项目负责人、工程技术负责人、注册执业人员的质量终身负责制；采用信息化手段，逐步建立建设工程质量形成及安全生产全过程的记录签字、责任文件归档制度，保证责任落实；研究制定建设工程质量和安全生产过程的履责规则，科学公平落实责任。

（3）加快机制创新，夯实基础工作。建立质量安全的经济制约机制，逐步使担保、保险机构制约主体参与质量、安全控制过程，改变过于依靠政府和单纯依靠承包商的质量安全控制模式；建设工程造价政策要切实保证质量、安全的投入，在行政法规中明确安全措施费用来源及不可竞争的费用性质，并落实业主、承包方相关费用提供和支付责任；形成国家、企业、个人共同投入的行业从业人员培训和继续教育制度。重点实现一线操作人员

的全面培训、持证上岗、技能评级、流动有效，使一线操作人员的技术业务素质能够适应提高建设工程质量、保证安全生产的需要；企业要按照质量、环境、职业健康安全三大管理体系要求，以完善的制度、标准为保障，以标准化、程序化为抓手，逐步实现同一企业所有的施工项目按照同一标准管理，夯实质量安全的管理基础；遏制挂靠、转包等严重影响质量安全的市场混乱现象；推行安全总监制度，在企业和项目上分别设立专职的安全总监，加强企业安全管理机构和队伍建设；研究建立工程质量评价制度，通过科学合理地设置评价指标，引导企业明确提供工程质量的方向；推动建立完善国家和地方的建设工程质量、安全生产情况统计制度。

7.1.5 深化改革，完善制度，全面提高从业人员素质

（1）形成新型建筑劳动制度框架，建设稳定的职业化工人队伍。"十二五"时期，应当有针对性地克服建筑工人非职业化导致的队伍稳定性差、节能素质不高、用工短缺加剧等问题。变"建筑农民工"为享受产业工人应有待遇的建筑工人。有资质企业应当保有稳定的技术工人队伍，建立与建筑劳务基地、劳务企业稳定的共建协作关系。通过建立国家、企业、个人投入相结合的建筑工人基本技能培训考核制度，建筑工人职业经历、技术水平记录证明制度，与个人职业经历能力匹配的劳动保障及流动认可制度等，形成新型建筑工人职业发展模式，建设稳定、高素质的建筑工人队伍。

（2）配套责任全力保障，促进专业技术管理人员队伍健康发展。在国家相关法规和企业管理制度中，给予业内建筑技术人员，尤其是执业资格人员相应的技术控制权力、法律及技术控制地位和薪酬待遇，同时，全面严格落实职业责任，增强主业技术人员执行国家法律法规、强制性标准的自觉性，发挥专业技术人员在控制质量安全、规范市场行为中的独立性及中坚作用，促进专业技术队伍的健康发展。

（3）突出培养引进市场需要、高素质、创新性经营、管理、科技人才。建筑业企业调整产业结构首先要调整人才结构，保证人才结构能够适应结构优化升级需要。新的产业板块搭建首先要解决新的人才队伍构建，改善建筑企业的经营管理人才结构。充实具有现代投资、金融、风险、信息等专业知识、经验的人才，积极引进企业项目管理复合型人才，高端设计人才，整合设计、施工不同阶段的项目管理人才等。有条件的企业，应当在全球范围内招聘高端技术、管理人才。

（4）打造吸引各类工程建设人才的企业平台。改变建筑业作为劳务密集型行业的传统单一归属，通过建筑业组织结构的优化调整，搭建技术密集型、科技开发型、资本运作型、咨询服务型、资金密集型、综合承包、专业承包、劳务分包等企业平台，形成适合不同专业、层次人才从业发展的岗位和环境，用事业平台和社会用人成本吸引人才。

（5）更新人才观念，进行行业人才体制机制建设。在全行业树立技术、管理、技能人才并重的理念，在政府和企业两个层面更加重视不同类型人才的吸引、培养、使用、提高工作。加强国内大专院校、中等职业院校适用人才的培养，重视并提高在职人员继续教育、岗位培训的质量。

7.1.6 不断健全企业产权治理制度，破除企业体制机制障碍

（1）企业制度的完善仍然是各类企业面临的艰巨任务。企业产权治理制度的不完善仍

然是拖累企业发展的重要因素之一。目前此问题的解决面临着更深层次的障碍和更大难度。国有企业和民营企业共同的问题是"人治"还是"规治"及科学的治理结构的健全完善问题。国有企业更为突出的问题是如何建立有效的激励和监督，形成内生动力并自我约束，如何增强国有资产考核制度的科学性，处理好保值增值目标与创新风险之间的矛盾、短期效益与长远发展的矛盾，如何真正实现政企分开，使企业成为自主经营、自负盈亏、独立享有民事权利和承担民事责任的法人实体和市场主体等。非国有企业则需要进一步明晰产权，建立科学治理、长远发展的机制，进一步提高社会责任意识，以先进文明的经营理念，处理好发展中的各类矛盾和问题。

（2）分类确定国有企业改革方向，破除国有企业发展障碍。大型国有企业通过上市促进产权治理制度健全完善是一条有效途径，有条件的企业通过上市解决企业发展的资源瓶颈问题，发挥已有优势，提升经营层次，强化在行业中的骨干龙头作用。大型国有企业要不断促进科学的企业治理制度的完善，除了要严格董事会、监事会、职工代表大会的相关制约关系外，企业内部的组织管理应当更加科学规范，要按照企业内部机构的性质和层次，完善以产权纽带、事业、专业纽带、区域分布纽带的内部组织和管理。不适宜上市的国有企业、中小型国有建筑业企业应当围绕形成竞争优势、优化资源配置、增强内生动力的目标推进本企业的产权制度改革，部分企业可以走民营化道路。建立兼顾当前和长远，技术管理层与广大职工，体现技术要素、管理要素参与分配的企业产权制度。国有大型勘察设计企业应当集中本企业的关键技术、专利、创新成果等竞争资源，以竞争资源和领军人物组织勘察设计咨询的生产能力，并逐步按照贡献进行股份制改革。各级政府都应加强对国有建筑企业改革的指导、协调和服务，引导企业通过产权收购、转让、增资扩股、资产重组、主辅分离等方式推动改制，全面落实国家有关国有企业改革改制的各项优惠政策。

（3）民营企业产权治理制度改革应当集中于制度规范、促进发展两个主题。制度规范就是不仅真正实现产权明晰，治理制度也要相应建立并运作，改变已有的改制"有其名，无其实"、"换汤不换药"，甚至加剧了"一人说了算"的做法，改变少数企业固有的"家族管理模式"。促进发展就是用科学先进的企业治理模式和企业管理制度来统帅企业，通过制度的完善和规范运作，真正建立其能够吸引人才、促进优质资源聚集的发展平台，保证企业的长远健康发展。各级政府从政策上应当进一步营造各种所有制经济依法平等使用生产要素、公平参与市场竞争、同等受到法律保护的体制环境，加强对民营建筑企业的服务、指导和规范管理，疏通融资渠道，提供信息服务，鼓励其参与国有企业改制改组，促进民营建筑业企业在国家、地方重大工程中发挥骨干作用。

7.1.7 提高建筑业国际竞争力，加快"走出去"步伐

（1）突出重点市场和领域，加大市场开拓力度。充分发挥我国建筑业在超高层建筑、高速铁路、水电站、火电站、核电站、公路、桥梁、化工等领域累积的丰富建设经验，加大这些领域的市场开拓力度，争取更多的国际市场份额。

（2）形成资金、设计、建造、设备配套综合优势。通过证券市场融通资金，取得银行贷款支持，加强企业间的合作，提高融资、设计、建造、设备制造系统对外的合力，推动我国建筑业"走出去"的步伐。通过工程承包带动建材、设备出口，注重发展设计、施

工、采购一体化的工程总承包。

（3）努力推动中国工程建设标准国际化进程。通过在国际工程中应用中国工程标准，将中国工程建设标准语言国际化，向国外介绍中国工程建设标准，推动中国工程建设标准国际化，为持久拓展国际市场奠定基础。

（4）采用灵活多样的交易手段，提供优质高效建造服务。各类建筑企业除用建造能力换取外汇外，国家支持用建造能力换取资源、用建造能力换取市场、用建造能力换取人才技术。通过采用多种灵活交易手段，充分发挥我国建筑业的建造能力优势，进行国际贸易优势互补，取得持久的盈利。

（5）加强风险管理，探索成功国际化的道路。企业应当积极采用先进的风险项目评估方法，建立科学的项目安全风险评估和成本核算制度，全方位防范境外经营、安全风险。国际型企业应当注意与外国本土化商务环境很好地结合，借鉴学习当地经营管理经验，探索更为国际化的道路。

7.1.8　严格政府监管，强化公共服务

（1）完善建筑市场监管体系，科学有效地规范建筑市场秩序。完善全国统一的基础数据库，为建筑市场与工程质量安全监管工作提供系统、科学的技术支撑和保障；健全建筑市场信用管理体系，加大对企业、注册人员的信用监督，加强建筑市场资质资格的动态监管，进一步完善企业、注册人员市场清出机制；继续健全规范有形建筑市场建设，提升服务功能，不断完善工程招标投标制度，探索科学合理的评标办法和机制；健全风险管理制度，用经济手段规范市场主体行为。完善施工许可制度，适应新形势监管要求。加强合同管理制度建设，规范市场主体交易行为；引导鼓励区域间加强合作，逐步打破地域封锁和行业垄断，维护全国统一、规范、公开、有序的建筑市场秩序。

（2）严格建设工程强制性标准实施，加强质量安全监管。将建设工程强制性标准的实施作为质量安全监管的重要内容；通过修改和制定法规，建立完善科学的质量安全责任制度；推行城乡全地域网络化质量安全巡查制，促进执法检查的制度化和常态化；完善日常与重点相结合的监督检查机制，继续推进分类监管和差别化监管，加大薄弱环节和重点领域的监管力度；全面推行住宅工程质量分户验收制度，在竣工验收备案中落实分户验收要求；建立质量安全监督执法统计制度，及时通知监管执法不作为的地区和部门，争取在"十一五"的基础上明显提高执法结案率；充分运用现代信息化手段、科技含量高的检验检测手段，促进政府监管的标准化和规范化，实行科学监管，提高监管效率；提高质量安全监管执法的综合性，以综合统一监管执法为抓手，全面履行政府对建设工程的各项管理职能；加强政府对工程建设淘汰技术、设备、部品、材料的监督检查；充分发挥专业力量作用，加强监管队伍建设，规范监管单位行为，提高监管执法队伍素质能力；采用政府、协会、专业服务相结合的方法，建立质量投诉和纠纷解决机制；切实保障各级政府用于质量监督、安全生产监督的财政经费。

（3）利用机遇，加快培养本地的支柱性施工企业，整顿好工程总分包市场。抓住机遇，加快地方城乡建设是政府最关心的事，但政府还应该更关心本地施工企业的成长与壮大。要在人才、资质、资金等方面给企业包括民营企业以更多的支持。尤其是对陕西建工集团，要创造条件，促进其尽快进入特一级总承包行列，并具有较强的国际竞争能力。混

乱的总分包市场、挂靠式的分包已经给企业和社会造成了极大的危害，解这铃铛的应该是政府。应由政府建设主管部门出面，从源头上把好招标投标的关口；税务部门严格审查所有工程是否建立财务成本账目；监察机关审查好业主的行为，这样总分包市场一定能治理好。

（4）关注民生，解决好农民工的管理问题。对农民工的关心和管理要上升到民生工程的高度去看。要填补对劳务企业在资质审批后无人管理的空白，要通过多种途径加强对农民工的技能培训与素质提高，定期进行质量和信誉的综合评价，激励先进企业，约束欺诈行为。同时也要解决好农民工的住房、社保、子女上学等问题。与时俱进，适时调整人工定额单价。由于近年人工单价上涨过快，由政府某一部门定期调整定额已不适应市场的变化。应该改为由政府权威部门将人工单价以信息价的方式，及时、多阶段地发布与调整，以指导招标投标报价和工程结算的客观性。

7.1.9 完善市场制度，加强行业自律

更加重视企业的市场口碑、用户评价，鼓励企业诚信经营，打造自身品牌，逐步减少和弱化对于企业的行政评价，将市场选择权更多地交还给市场主体，将行政监管资源更多地集中于企业的质量安全行为监管方面。发挥各类市场主体之间的经济制约作用，发展各类建筑市场真正需要的中介服务业务和组织，形成以市场机制为基础的建筑市场秩序格局。

"十二五"期间，行业协会应当积极开展如下工作：反映企业诉求，为政府科学决策提供参考；加强行业自律，倡导企业诚信经营并积极履行社会责任；强化专业培训，提高行业各类人员的专业、操作水平；开展评优创优，引导企业实施"品牌"发展战略；提供科技推广、经验交流、资金拆借融通、企业协作牵线搭桥等服务工作；探索和尝试建立劳资对话机制，完善企业用工诉求表达、谈判机制，维护行业和谐。同时，应当加强协会自身建设，不断提高服务质量和工作水平，使协会成为符合时代发展要求，具有较强凝聚力、较好社会公信力、较强自我创新发展力的新型社团。

（1）抓住机遇，调整结构，做大做强一批集团企业。当前大的形势是稳中求进，虽然总体发展规模降速不大，但在房地产和局部行业已经出现明显的拐点。企业尤其是大型施工企业一定要抓住机遇，加快调整经营结构和商业模式，在市场上高端发展，为地区城市化建设和开发做出贡献，同时实现新一轮的发展跨越。

（2）在转型中实施集约化经营，提升企业利润率。企业在转型升级中要针对项目成本的竞争压力，下决心实施集约化经营和精细化管理。由企业法人直接管理重要的资源配置，重视管控经营的风险。通过技术和管理创新提高企业的生产能力和工作效率，从根本上改变施工企业利润率低的现状。

（3）理顺总分包关系，建立企业稳定的劳务公司。技术劳务人员紧缺已经严重地影响到企业的发展。大型企业要重新认识当年"两层分离"后的新路，重新培养隶属于企业但又相对独立的劳务队伍。企业有一支较为稳定、素质较高的劳务队伍，就能抵御新的劳务风险。当然，这支新的劳务队伍不能再叫"农民工"，而应是产业建筑职工的重要组成。

7.2 动力机制

加快转变经济发展方式,是党的"十七大"提出的全面实现小康社会奋斗目标的重要途径,也是未来10年各个行业的关键任务。从我国经济、社会发展阶段、市场机制和环境建设状况、未来经济社会发展面临的主要矛盾、国家和企业发展实力等方面综合考虑,从现在开始,努力转变经济发展方式已经刻不容缓,正当其时。转变经济发展方式从国家层面来讲,是要大力推进经济结构战略性调整,更加注重提高自主创新能力、提高节能环保水平、提高经济整体素质和国际竞争力;落实到建筑业,其主要任务可以具体化为:提升建筑产品品质,实现传统产业与现代先进科学技术的紧密结合,提高建筑行业效益,减少二氧化碳排放,开拓国际承包市场,提高国际竞争力,即"提升品质,融入科技,提高效益,减少排放,拓展市场"。针对建筑业实现发展方式转变的主要任务和各类企业在转变发展方式中的突出问题和矛盾,建筑业转变经济发展方式重点应当从如下几个方面入手。

7.2.1 与需求结合,有效拓展市场空间

对建筑业来讲,充足的市场空间、良好的市场环境,是转变经济发展方式的必要条件。企业只有坚持不懈地关注国内外建设形势,研究建设产品需求结构、地域结构,发现并主动迎合新的市场需求,抓住市场机遇,创新自己的业务内容和模式,才能拥有市场,任务充足。不同规模、不同类型企业拓展市场的方式各不相同,但总结企业市场拓展经验,途径有如下几个方面:

(1)前瞻性拓展。即认识和确定未来需求旺盛的市场,尽早介入,进行项目跟踪、技术储备、市场准入资格获取,业绩积累、内部外部资源整合等,以尽早形成生产能力,获取市场份额。

(2)综合性拓展。即在市场有需求、企业有能力的情况下,在现有的基础上,扩大承包范围或者延伸产业链,由单一业务向多项业务,由一个点向多个点、向一个面或者一个链,甚至点、面、链相结合的拓展。

(3)跨地域拓展。扩大企业活动地域,是拓展市场空间的有效手段。有条件的企业应当打破只在"家门口"活动的传统经营模式,适应不同地域建筑市场此消彼长的不平衡发展规律,面向国际国内两个市场,使本企业的经营优势在更大范围内得到认可并取得回报。

(4)跨领域拓展。即在企业经营过程中发现相关的市场需求和盈利机会,进行与本行业相关联但又属于跨产业的市场拓展,如建筑业实现与制造业的结合,进行相关机械设备研发制造,发展"设计—制造—装配"的新型设计建造模式,参与金融、物流、信息、生物、文化等产业发展。

(5)创新性拓展。发现潜在市场需求,通过业务模式创新,形成新的服务产品。如发展融资建设类业务,勘察设计企业、施工企业、监理企业承接多种形式的项目管理业务,或者代理业主进行相关的专业咨询和管理工作等。

(6)品牌拓展。各种类型、专业的大、中、小企业,依靠优秀的质量、安全、技术、服务,形成良好的市场口碑,建设和维护好企业品牌,依靠品牌拓展市场,是长久的经营

之道，是应当坚持不懈的努力方向。

7.2.2 与资本结合，提升产业活动平台

传统建筑业一旦与资本结合，整个产业的活动平台就能得到显著提升。设计建造与资本结合，就意味着由被动承包走向主动开发，由承包商向开发建设上甚至业主身份转变，就能够部分或者完全享有建筑物的后续的自身价值和经营价值，可以有效地改变建筑业附加值低、盈利水平低、市场地位低的"三低"状态。传统建筑业与资本结合，还可以在市场竞争中占据主动地位，承揽到更大规模、盈利水平更高的工程。在当前和未来时期，建筑业已经摆脱了政策限制，疏通了与资本结合的渠道，拥有了与资本结合的条件，可以通过上市与资本拥有方建立战略合作关系、联营等方式解决与资本结合的问题。建筑业与资本结合，除了在开发中占据有利地位外，企业还将有能力围绕开发建设的建筑产品，进行技术研发和积累，引进优秀人才，提高管理水平，整体地提升建筑业经营的内涵和层次。

现阶段下，我国建筑业解决资本运作问题的策略主要有如下四种方式：

第一，银企联盟战略。企业筹措资金的重要方法之一是建立银企联盟，效仿西方发达国家建筑企业的发展道路，推进银行资本与产业资本的融合，以财团的金融资本支持承包企业的发展。建筑企业依托金融机构在国内外的融资优势，可以在一定程度上增强企业的投融资能力。借助于金融机构提供的贷款、担保、结算、咨询等服务，建筑企业可以增强自身在投标中的竞争力，增大夺标的概率，并有效规避金融风险。

第二，发展直接融资。直接融资一方面可以降低企业对银行等金融机构的依赖性，另一方面还可以促使企业的组织机构向合理化方向转换。有利于企业经营机制的转换，优化资源配置。综合运用融资手段扩大融资渠道，通过不注入资本金，引进外资、金融贷款产权交易、社会直接融资等途径，吸收增量资产，建立增量资产投入机制。企业工资基金节余部分可转作内部职工持股会持股。同时可吸收职工个人增资入股，加快发育内部产权交易市场，使存量资产转化为增量资产。

第三，培育和发展项目融资能力。项目融资能力不仅要求企业自身具有雄厚的资本实力，而且要求熟悉国内乃至国际资本市场，熟悉各种现代金融工具具备很强的项目风险评估能力和项目投资控制能力。建筑企业一旦具备了足够的融资能力，包括资源组合的能力和资本运作的能力等就可以说是具备了夺取高端项目，从源头上争取项目的能力。在质量品牌管理水准方面，很多大型建筑强势企业大致相当，而在市场份额上独领风骚的往往是具有强大的融资能力，甚至可以直接投资代垫资的企业，用资金展开更高层次的合作。

第四，通过组建股份公司，在证券市场上市筹资。

案例1：中国铁建2008年第一季度财务报表显示，中国铁建持有无限售条件流通股的前10名均为银行或其他金融机构，总计21.33亿股，占总股数的26.67%。银企联合可以提高企业的声誉，借助金融机构提供的贷款、担保、结算、咨询等服务增强企业在投标中的竞争力，并有效防范金融风险。

案例2：美国福陆公司与世界上主要的出口信贷机构（包括美国、加拿大、德国、荷兰、日本、澳大利亚等）、多边金融组织（世界银行等）、商业银行及资本市场有固定的业

务往来。所有这些为福陆公司在承包大型复杂的项目以及降低整体项目融资成本及风险等方面起到了积极作用。在中国，福陆公司与业主一起共同为项目规划合理的融资方案，使得整个项目的融资方案、进度与项目的执行计划、采购计划有效地结合起来。福陆公司还积极争取境外资金用于项目的前期开发，如四川烧碱项目、宁夏二甲醚等项目是利用加拿大及美国的赠款来完成可研报告的。

案例3：中国建筑股份有限公司与中国工商银行股份有限公司签署银企合作协议。根据协议，工商银行将成为中国建筑股份有限公司长期战略合作伙伴和最主要合作银行，积极为中国建筑股份有限公司提供包括存款和理财服务、银行融资服务、房地产业务服务、直接融资服务、现金管理服务、国际业务服务、债务风险管理服务、投资银行服务、银行卡业务、中间业务服务等在内的全方位金融支持。在同等条件下，中国建筑股份有限公司也将优先选择工商银行作为上述业务的主办银行。协议的签订，标志着双方的全面合作迈向了一个新的战略高度。中国建筑股份有限公司成立于2007年12月8日，公司承袭了中国建筑工程总公司的全部资产。

案例4：国家体育场等北京奥运场馆六大主要项目总投资205亿元，其中85％的资金通过项目法人招标的方式，运用市场机制融资完成。北京城建集团凭着项目融资的强大实力而"连中三元"，承揽了奥运会国家体育场、五棵松文体中心、奥运村及国家体育馆三标四个工程，所撬动总承包工作量高达100多亿元。

7.2.3 进行建设环节整合，提高建设项目投入产出效益

继续克服传统技术体制在建设工程建造全过程的环节分割，克服由此造成的资源浪费和低效率，逐步尝试在适合的工程建设项目上，围绕最终产品，以成本、工期、品质为核心，组成更加综合的项目管理机构或专业咨询服务班子，采用设计、施工、采购、运营环节一体化的建设组织方式，加强不同环节的协调互动，实现不同环节的相互参与、深度融合、协同推进、整体优化。在推进的过程中，应当避免只是将不同环节纳入一个行政机构，环节之间没有实质性优化整合行动的行政性一体化。

7.2.4 与先进技术结合，改善产业面貌及竞争能力

促进建筑业与先进的材料技术、制造技术、信息技术、节能技术的结合，将现代先进技术成果在建筑产品中整合运用并创新，使建筑业承载更多的技术含量，改善技术落后的面貌，增强产业竞争力，是一个大有潜力和前景的领域，也是未来建筑业竞争力的根本所在。有研发能力的企业专项技术研发基地也可以依据本企业的核心竞争力，独立或与外部机构、单位联合建立专门的技术研究机构或试验室，成为能够代表国家或地方某工程领域专业技术水平的领头企业，成为专项技术研发基地；中小建筑业企业也要重视专门技术、设备工具、管理手段的研发运用，成为依托专项技术的经营载体，向着小而精、小而专、小而强的方向发展；各类企业都应当积极参与工程建设技术标准、工法的研究制定和应用，不断提高建设工程产品和建造过程的技术含量；在当前时期，企业应当高度关注相关的绿色建筑设计、施工技术、节能减排技术和装备、工业化建造、精致建造技术、节能和绿色建筑新材料技术、建筑垃圾处理技术和装备等，积极采用相关新技术、新材料，主动承担建设资源节约型社会和环境友好型社会的责任，提高建造过程的工业化制造和装配水

平，增加绿色建筑比重，促进建筑产品品质的提高。

7.2.5　与先进管理手段相结合，保障质量，创立品牌

由于建筑产品流动、项目具体、组织弹性，提高管理水平存在较大难度，长期以来，我国建筑企业和项目管理总体粗放、随意、松散，管理水平低。企业和项目管理已经成为我国建筑业与国际著名承包商和发达国家建筑业存在较大差距的领域，也是转变发展方式最有潜力的领域之一。建筑企业的管理水平是企业竞争力和品牌价值的重要组成部分。优秀建筑企业发展经验表明，先进的企业和项目管理成果可以独立为企业创造价值。针对我国建筑业在企业和项目管理中存在的问题，企业和项目管理应当向着如下几个方向努力：

（1）标准化。总结形成适合企业自身特点、凝聚企业管理精华、充分采用国际先进管理方法、既总体适用又根据项目特点能够具体化的企业管理手册，成为区别本企业与其他企业的显著标识，也构成企业竞争力的主要部分。

（2）规范化。企业管理、业务流程、信息传递、事物处理都有制度、规则，全体人员严格遵守规则，形成企业良好的工作秩序和人员的行为规范。

（3）信息化。在企业管理、项目管理、专业实务管理工作中，积极采用先进的信息化手段，将不可能管理的事情变为可能，将复杂的管理变为简单，将低效率的管理变为高效率，让现代信息技术帮助建筑业实现管理水平的跃升。

（4）精细化。在资金、成本、材料、设备、工期、人力调配等方面，对于信息流、物流，从时间、空间上进行更加细致的管理，落实管理职责，任务分配明确，完成任务到位，不留失控环节、领域、死角，是精细管理的主要精神。

（5）重文化。在企业管理中更加重视建立先进的企业文化，用先进的文化凝聚人、激励人，用更高尚的经营目标进行企业定位，积极承担企业社会责任，在未来的企业发展中越来越重要。

7.2.6　调整完善管理政策，为转变发展方式提供保障

未来时期，政府部门促进企业转变经济发展方式，一是要从宏观调整投资建设政策，通过建设标准审查和施工许可控制，把好建设项目立项准入和进入建设实施的关口，遏制资金不到位、造价过低的项目进入建筑市场，避免继续建设品质低、耐用性差、节能减排效果差、使用过程中追加投入高、缺乏美学和人文内涵的建筑产品，新的建设项目应当从规划、实际、施工等方面全面提高品质，与我国经济发展阶段相吻合，与转变经济发展方式的要求相吻合。二是要进一步地从企业微观管理领域退出，减少政府对微观机制的干预，逐步克服计划体制、部门分割给企业发展造成的人为障碍，更加彻底地将企业推向市场。三是按照社会主义市场经济的要求，按照专业技术领域、专业技术能力划分的客观规律调整市场准入制度，进一步克服按照部门职责划分企业和技术政策的缺陷，引导企业技术进步方向。四是更加重视工程建设标准的作用，用先进、配套的建设工程标准和技术政策引导企业技术进步方向。五是在发挥市场机制优胜劣汰的作用的基础上严格监管，严厉打击扰乱建筑市场秩序、影响建设工程质量安全的现象和行为，让优秀企业脱颖而出，逐步形成市场、社会认可的企业品牌。六是精心制定实施产业规划

和政策，切实提高整个产业素质，尤其是产业"两头"——高层次管理技术人员和一线操作的建筑工人的素质，提高全行业的诚信水平，形成先进的产业和企业文化。七是分配和运用好公共企业的共同努力，提升建筑业的技术含量。按照以上思路，政府需要多部门配合，从宏观层面，进行全方位的制度、政策、法规的调整和完善，为企业实现发展方式转变创造良好环境。

附　　录

附录 A：“中国建筑业产业现代化政策激励影响因素”调查问卷

附录 B：“陕西省建筑业转变经济发展方式的新增长点和动力机制”
　　　　调查问卷

附录 C：陕西省建筑业转型发展调研分析

　　因篇幅所限，附录正文内容请登录中国建筑工业出版社官方网站，在配套资源下载版块下载，网址为 http：//book.cabplink.com/zydown.jsp，搜索书名即可。

参 考 文 献

[1] 张新海.产能过剩的定量测度与分类治理 [J].宏观经济管理，2010，(1)：50-51.

[2] 赵颖.产能过剩的定量测算及其与宏观经济的相关性研究 [D].合肥：安徽大学，2011.

[3] 周劲.产能过剩判断指标在部分行业测算中的应用 [J].中国科技投资，2007，(7)：52-54.

[4] 周劲.产能过剩的内涵、评价及表现特征 [J].中国投资，2011，(9)：61-65.

[5] 刘晔，葛维琦.产能过剩评估指标体系及预警制度研究 [J].经济问题，2010，(11)：38-40.

[6] 汤祚楚.资本结构与产能过剩形成机理研究 [D].杭州：浙江财经学院，2011.

[7] 江飞涛.中国钢铁工业产能过剩问题研究 [D].长沙：中南大学，2008.

[8] 沈婷婷.钢铁行业产能过剩痼疾治理 [D].武汉：华中科技大学，2010.

[9] 李静，杨海生.产能过剩的微观形成机制及其治理 [J].中山大学学报（社会科学版），2011，51 (2)：192-200.

[10] 中国建筑业协会.中国建筑业发展战略与产业政策研究报告（上册）[M].北京：中国建筑工业出版社，2011.

[11] 王立国.重复建设与产能过剩的双向交互机制研究 [J].企业经济，2010，(6)：5-9.

[12] MUELLER D C，CUBBIN J S. The Dynamics of Company Profits：An international comparison [M].Cambridge：Cambridge University Press，2005：77-104.

[13] 金维兴等.中国建筑业新的经济增长点和增长力 [M].北京：中国建筑工业出版社，2008.

[14] 何健.西部高校行政管理有效性缺失的原因及其对策 [J].哲理，2009，(6)：35-48.

[15] 张正强，王磊峰.行政管理与思想政治教育关系之探析 [J].文教资料，2009，(30)：158-159.

[16] 李小鲁，袁本新.论高校思想政治理论课建设中政府行政力与学术影响力的有效统合 [J].思想理论教育导刊，2008，(1)：71-74.

[17] 邱霈恩.目前我国行政管理体制中存在的突出问题及相关分析 [J].甘肃行政学院学报，2009，(5)：37-45.

[18] 梁志勇.产业集群发展与政府经济职能定位 [J].大连干部学刊，2005，(9)：34-36.

[19] 马涤明.开发商囤地拷问政府行政 [EB/OL].http://www.china.com.cn/review/txt/2007-08/02/content_8617335.htm.

[20] 张铁.应急管理考验行政力 中国政府实践中走向成熟 [N].人民日报，2007-08-31.

[21] 秦玉琴，向洪，陆人杰，等.新世纪领导干部百科全书·第2卷 [M].北京：中国言实出版社，1999.

[22] 叶天泉，刘莹，郭勇.房地产经济词典 [M].沈阳：辽宁科学技术出版社，2005.

[23] 曾庆敏.法学大辞典 [M].上海：上海辞书出版社，1998.

[24] 北京大学法学百科全书编委会.北京大学法学百科全书·宪法学行政法学 [M].北京：北京大学出版社，1999.

[25] 许崇德等.中华法学大辞典·宪法学卷 [M].北京：中国检察出版社，1995.

[26] 杨海坤，黄学贤.行政指导比较研究新探 [J].中国法学，1999，(3)：67-80.

[27] 贾冬梅.企业行政管理系统浅析 [J].管理观察，2009，(29) 170-171.

[28] 毛克.基于主成分分析法的我国金融创新水平测度研究 [J].理论与实践，2009，29-32.

[29] 薛薇.SPSS统计分析方法及应用 [M].北京：电子工业出版社，2005：326-340.

[30] 袁勇志.创新行为与创新障碍——企业家创新论 [M].上海：上海三联书店，2003.

[31] 马振华，穆瑞田.如何增强企业的凝聚力 [J].工业技术经济，2005，(3)：44-45.

[32] 袁杰明.四川丝绸文化与嫘祖文化研究 [J].四川丝绸，2001，(1)：50-54.

[33] 欧阳冬子.论欠发达地区文化力的发展问题 [J].湖湘论坛，2004，(4)：40-41.

[34] 宋效峰.试析中国和平崛起中的软权力因素 [J].求实，2005，(8)：76-79.

[35] 白仲尧.历史文化名城的经济作用 [J].现代经济探讨，2002，(1)：9-12.

[36] 李瑜青.现代化的主题与法治之路 [J].上海市政法管理干部学院学报，1999，(6)：29-33.

[37] 牟光义.文化力是构成生产力的重要要素 [J].重庆社会科学，1994，(2)：74-77.

[38] 万是明.论科学发展观的内在文化价值 [J].河南师范大学学报（哲学社会科学版），2005.(3)：41-44.

[39] 张旭明.浅议当代企业管理的发展趋势 [J].吉林商业高等专科学校学报，2000，(1)：17-19.

[40] 邱小玲.综合国力中的文化力量 [J].中共天津市委党校学报，2000，(3)：55-57.

[41] 王祥俊.关于有中国特色社会主义文化建设的几个认识问题 [J].广西师范大学学报（哲学社会科学版），1999，(1)：10-15.

[42] 金元浦.文化生产力与文化产业 [J].求是，2002，(2)：38-41.

[43] 肖冬松.论文化力 [J].安徽教育学院学报，2002，(5)：1-5.

[44] 周浩然.重视文化力在综合国力发展中的作用——"文化力与综合国力"研讨会综述 [J].理论前沿，1997，(20)：22.

[45] 崔国强，吕运涛，胡德池.以文化力提升竞争力——就发展外向型农业访杨泰波副省长 [J].学习导报，2005，(7)：21-22.

[46] 黄扬清.试论企业文化力的作用 [J].湖南第一师范学报，2005，(1)：114-117.

[47] 张桂芳.辽宁国有企业脱困与文化运营 [J].社会科学辑刊，2000，(2)：46-50.

[48] 白小明.WTO规则与企业文化建设 [J].改革与理论，2002，(12)：49-50.

[49] 李兴成.关于中国企业精神文化的几点思考 [J].信阳师范学院学报（哲学社会科学版），1997，(4)：27-31.

[50] 王文臣.关于企业制度文化的几点思考 [J].信阳师范学院学报（哲学社会科学版），1998，(2)：51-54.

[51] 杨浩.我国企业文化力的评价与发展对策 [J].科技管理研究，2008，(2)：128-133.

[52] 管理世界.[EB/OL].http：//www.hroot.com/wiki/article/2003-11-12/0081112182748.htm.

[53] 周伟杰，牛惠民.基于AHP和DEA方法的公路建设项目评价 [J].兰州交通大学学报，2006，25(4)：43-46.

[54] 王祖和，孙秀明.基于AHP和DEA相结合的多项目管理绩效评价 [J].华东经济管理，2008，22(10)：154-158.

[55] 肖东生.企业组织创新中的诱因障碍风险 [J].企业活力，2002，(1)：14-15.

[56] 倪蓉.企业集群风险诱因识别研究 [J].生产力研究，2005，(6)：212-214.

[57] 王智宁，吴应宇.基于内部诱因的企业危机预警模型 [J].统计与决策，2007，(22)：165-167.

[58] BHAGWATI J N. Directly unproductive profit-seeking (DUP) activities [J]. Journal of Political Economy, 1982, (6)：90.

[59] 罗伟王，孟钧.我国建筑市场政府寻租行为分析 [J].统计与决策（理论版），2007，(4)：49-51.

[60] EATON B C, WEN J F. Myopic deterrence policies and the instability of equilibria [J]. Journal of Economic Behavior & Organization, 2008, 65 (3-4)：609-624.

[61] MORGAN J, Várdy F. The value of commitment in contests and tournaments when observation is costly [J]. Games and Economic Behavior, 2007, 60 (2)：326-338.

[62] LEVY D. Price adjustment under the table：Evidence on efficiency-enhancing corruption [J]. European Journal of Political Economy, 2007, 23 (2)：423-447.

[63] BALDURSSON F M. Rent-seeking and fairness：The case of the Reykjavik Savings Bank [J]. International Review of Law and Economics, 2006, 26 (1)：123-142.

[64] SAFAVIAN M S, GRAHAM D H, GONZALEZ-VEGA C. Corruption and Microenterprises in Russia [J]. World Development, 2001, 29 (7)：1215-1224.

[65] ROWLEY C K. Political culture and economic performance in sub-Saharan Africa [J]. European Journal of Political Economy, 2000, 16 (1)：133-158.

[66] 王洪研.对建筑企业资质问题的思考 [J].中国建设信息，2007，(15)：21-22.

[67] MASCITELLI R. From experience：harnessing tacit knowledge to achieve breakthrough innovation [J]. Journal of Product Innovation Management, 2000, 17 (3)：179-193.

[68] ALTENBURG T, SCHMITZ H, STAMM A. Breakthrough China's and India's Transition from Production to Innovation [N/OL]. World Development, 2007-11.

[69] TAJIMA M. Strategic value of RFID in supply chain management [J]. Journal of Purchasing and Supply Management, 2007, 13 (4)：261-273.

[70] PALANEESWARAN E, KUMARASWAM Y M, RAHMAN M and NG T. Curing congenital construction industry disorders through relationally integrated supply chains [J]. Building and Environment, 2003, 38 (4)：571-578.

[71] STEINLE C, SCHIELE H. When do industries cluster?：A proposal on how to assess an industry's propensity to concentrate at a single region or nation [J]. Research Policy, 2002, 31 (6)：849-858.

[72] LOW M B, ABRAHAMSON E. Movements, bandwagons, and clones：Industry evolution and the entrepreneurial process [J]. Journal of Business Venturing, 1997, 12 (6)：435-457.

[73] 刘嘉焜，王公恕.应用随机过程 [M].北京：科学出版社，2004.

[74] 孙晓琳.预算软约束与转型期我国地方政府的投资扩张研究 [D].济南：山东大学，2007.

[75] 徐善长.生产要素市场二元结构的体制根源及其改革 [J].经济研究参考，2004，(76)：2-9.

[76] 王鑫.预算软约束与公司治理机制：由国内 A 股上市公司观察 [J].改革，2008，（3）：125-131.

[77] 梅丹.政府干预、预算软约束与过度投资：基于我国国有上市公司 2004～2006 年的证据 [J].软科学，2009，23（11）：114-118.

[78] 龚强，徐朝阳.政策性负担与长期预算软约束 [J].经济研究，2008，（2）：44-55.

[79] 廖国民.预算软约束的危害：基于中国经验的研究 [J].改革与战略，2009，（3）：57-60.

[80] 董再平.经济转轨、财政分权与预算软约束 [J].审计与经济研究，2007，22（4）：88-92.

[81] 申立银，向党.杠杆收购对国有建筑企业竞争力的影响 [J].土木工程学报，2003，36（3）：84-89.

[82] 科尔奈.短缺经济学 [M].北京：北京经济科学出版社，1986.

[83] 林毅夫，刘明兴，章奇.企业预算软约束的成因分析 [J].江海学刊，2003，（5）：49-54.

[84] 郭剑花，杜兴强.政治联系、预算软约束与政府补助的配置效率——基于中国民营上市公司的经验研究 [J].金融研究，2011，（2）：114-128.

[85] 张文桥，王浣尘，陈明义.激励与项目投资预算决策 [J].上海交通大学学报，2003，37（4）：610-613.

[86] 后小仙，马小刚.预算软约束下的公共项目监管机制：现状与对策 [J].经济师，2012，（1）：50-52.

[87] 梁国越.可信承诺、预算软约束与国企改革 [J].上海市经济管理干部学院学报，2010，8（4）：18-25.

[88] 吴涛.加快转变建筑业发展方式促进和实现建筑产业现代化 [J].中华建设，2014，（07）：60-65.

[89] 江海潮.产业政策激励、产业剩余分配与产业政策效应 [J].产业经济评论，2007，（02）：105-123.

[90] 刘宪法，方亚林.资源配置效率与产业结构调整绩效评价——深圳市产业结构调整 DEA 方法实证分析 [J].开放导报，1997，（8）：33-35.

[91] 李金华.产业政策：一般范式及其效用测度 [J].武汉科技大学学报（社会科学版），2004，6（04）：1-5.

[92] 梁东黎.产业结构政策的宏观效应 [J].江苏社会科学，2005，（04）：52-58.

[93] 刘希宋，夏志勇，赵寰.我国支柱产业的产业政策实施效果评价 [J].技术经济，2005，（4）：9-11.

[94] 朱海，王立杰，张嗣超.基于改进 DEA 的煤炭产业政策相对有效性分析 [J].工业技术经济，2007，26（1）：79-81.

[95] 王进.广东省科技产业政策效应评价 [J].内蒙古农业大学学报，2007，（06）：71-73.

[96] 陈瑾玖.中国产业政策效应研究 [D].沈阳：辽宁大学博士学位论文，2007.

[97] 杨贵彬.基于 BP 神经网络的我国产业政策作用力评价研究 [J].科技进步与对策，2007，24（11）：16-19.

[98] 刘冰，马宇.产业政策演变、政策效力与产业发展 [J].产业经济研究，2008，（5）：9-16.

[99] 宁凌，汪亮，廖泽芳.基于 DEA 的高技术产业政策评价研究——以广东省为例 [J]. 国

家行政学院学报，2011，（02）：99-103.

[100]　赵大晖，卢凤君.产业政策对可持续发展的作用关系分析方法研究 [J].广西大学学报（哲学社会科学版），2000，（02）：33-37.

[101]　韩小威.经济全球化背景下中国产业政策有效性问题研究 [D].长春：吉林大学，2006.

[102]　史铭鑫.产业政策效果的博弈分析 [J].前沿，2005，（11）：41-43.

[103]　赵英.中国产业政策实证分析 [M].北京：社会科学文献出版社，2000：15-35.

[104]　杨龙斌.区域建筑产业政策实施效果评价研究 [D].重庆：重庆大学，2014.

[105]　刘永平.建筑业技术创新障碍分析 [D].重庆：重庆大学，2001.

[106]　金维兴，唐晓灵，张建儒.中国建筑业技术创新体制研究 [J].建筑经济，2004，（09）：17-22.

[107]　赵雪凌.我国建筑业技术创新障碍因素分析 [J].经济问题，2007，（04）：46-47.

[108]　刘桦，卢梅，尚梅.中国建筑业技术创新面临的问题与创新战略 [J].工程管理学报，2011，（04）：359-363.

[109]　李佳.湖南省建筑业技术创新能力评价与提升对策研究 [D].湘潭：湖南科技大学，2012.

[110]　顾严，聂明学.国外高技术产业人才政策：现状及启示 [J].经济前沿，2005，（08）：24-27.

[111]　栾琳.上海动漫产业的人才政策 [D].上海：上海社会科学院，2009.

[112]　许敏娟.安徽文化产业人才政策研究 [J].理论建设，2011，（2）：14-21.

[113]　黎春燕，李伟铭，刘骋.后发地区高新技术产业扶持政策建设研究——以海南省投融资、财税、人才和产学研政策为例 [J].科技进步与对策，2012，（15）：108-113.

[114]　李锡元，边双英，张文娟.高层次人才政策效能评估——以东湖新技术产业开发区为例 [J].科技进步与对策，2014，（21）：114-119.

[115]　饶骋毅.价值工程在建筑业中的推广应用研究 [D].杭州：浙江大学，2003.

[116]　王梅."营改增"对国有建筑企业的影响及对策研究 [D].成都：西南交通大学，2015.

[117]　唐菁菁.劳动力成本上涨推动的建筑业发展战略研究 [D].武汉：华中科技大学，2013.

[118]　吕佳.营业税改征增值税对建筑业影响研究 [D].大连：东北财经大学，2013.

[119]　罗明.建筑业人工成本发展现状及影响因素研究 [D].重庆：重庆大学，2014.

[120]　科技部专题研究组.外国政府促进产学研结合的政策措施 [J].中国科技产业，2007，（07）：85-90.

[121]　熊季霞，李洁，朱佩枫，等.江苏省产学研合作主要模式及发展对策 [J].经济与管理，2011，（07）：64-68.

[122]　王玲玲，李植斌，谢新宇.基于"市场失灵"理论构建浙江省建筑业产学研联盟研究 [J].科技管理研究，2011，（20）：91-94.

[123]　刘媛.江苏产学研合作政策体系研究 [J].江苏科技信息，2012，（06）：7-8，11.

[124]　胡锋.新型建筑工业化与税收政策研究加快税制改革，促进新型建筑工业化发展 [J].企业家天地月刊，2011，（8）：115-116.

[125]　傅立力.建筑行业的融资租赁模式 [J].浙江经济，2013，（22）：51.

[126]　纪颖波，李晓桐.建筑工业化发展的政策建议 [J].施工企业管理，2014，（5）：60-61.

[127]　尹新新，赵永生.推进建筑工业化发展的激励政策剖析 [J].聊城大学学报（自然科学

版），2015，28（4）：80-84.

[128]　倪青青.中小建筑企业融资困境及对策研究［D］.长春：吉林建筑大学，2015.

[129]　陈琪.江苏省钢结构住宅产业化推广研究［D］.南京：南京工业大学，2006.

[130]　郑方园.保障性住房的工业化设计研究［D］.济南：山东建筑大学，2013.

[131]　许仲，吕莉莉.建筑工业化的推广任重道远［J］.施工企业管理，2014，（5）：54.

[132]　张丰洲.保障房实施工业化建设的推进策略研究［D］.北京：北京交通大学，2015.

[133]　肖桃李，李巧艳，郑文娟，等.城镇化背景下新型建筑工业化发展问题探讨［J］.中国水运（下半月），2015，15（7）：57-58.

[134]　吴涛.中国建筑业企业工程项目管理体制改革15年［J］.基建优化，2002，23（3）：1-9.

[135]　肖斌.建筑业管理体制创新研究［D］.郑州：郑州大学，2004.

[136]　李永胜.中外建筑工程质量管理体制的比较研究［D］.杭州：浙江大学，2005.

[137]　赵勇根.我国政府加强建筑业安全生产监督管理的对策研究［D］.贵阳：贵州大学，2009.

[138]　周元楼.安徽省建筑市场监管政策研究［D］.合肥：安徽大学，2010.